百年基业引导技术系列丛书

FACILITATOR'S GUIDE TO PARTICIPATORY DECISION-MAKING, 3E

结构化研讨

参与式决策操作手册

（第3版）（升级版）

[美] 山姆·肯纳（Sam Kaner）等 著

阎永俊 王洪君（克克） 译

韦国兵 王金帅 审校

電子工業出版社

Publishing House of Electronics Industry

北京·BEIJING

Sam Kaner, Lenny Lind, Catherine Toldi, Sarah Fisk, and Duane Berger:Facilitator's Guide to Participatory Decision-Making, 3e
ISBN:978-1118404959

版权贸易合同登记号　图字：01-2015-2370

图书在版编目（CIP）数据

结构化研讨：参与式决策操作手册：第 3 版：升级版 /（美）山姆·肯纳（Sam Kaner）等著；闾永俊，王洪君译. 一北京：电子工业出版社，2021.4
（百年基业引导技术系列丛书）
书名原文：Facilitator's Guide to Participatory Decision-Making, 3e
ISBN 978-7-121-40079-7

Ⅰ. ①结… Ⅱ. ①山… ②闾… ③王… Ⅲ. ①决策学一研究 Ⅳ. ①C934

中国版本图书馆 CIP 数据核字(2021)第 046122 号

责任编辑：杨洪军
印　　刷：北京天宇星印刷厂
装　　订：北京天宇星印刷厂
出版发行：电子工业出版社
　　　　　北京市海淀区万寿路 173 信箱　　邮编 100036
开　　本：787×1092　1/16　印张：24.25　字数：466 千字
版　　次：2016 年 4 月第 1 版（原书第 3 版）
　　　　　2021 年 4 月第 2 版
印　　次：2022 年 11 月第 6 次印刷
定　　价：98.00 元

凡所购买电子工业出版社图书有缺损问题，请向购买书店调换。若书店售缺，请与本社发行部联系，联系及邮购电话：（010）88254888，88258888。
质量投诉请发邮件至 zlts@phei.com.cn，盗版侵权举报请发邮件至 dbqq@phei.com.cn。
本书咨询联系方式：（010）88254199，sjb@phei.com.cn。

“百年基业引导技术系列丛书”推荐序

引导重塑组织

当下，引导愈来愈被不同类型的企业和组织认同，成为组织发展、业务管理、绩效改善的一种工作方式，其理念和方法也被众多的企业管理者和专业工作者所接受，他们通过内训或外部学习，或者通过实际的工作坊体验完成了对引导的认知和认同，认为引导的应用场景无处不在，甚至扩展到教育工作者和父母等群体，未来每人都应该成为引导师，都应该掌握引导的基本技能和关键能力。

所谓“引导”，英文为 Facilitate，原意是“让事情更加容易、更加简单”。作为一个方法论，引导技术在国外管理界已经相当成熟，其主要用于推动一群人更有效地研讨、决策，形成高质量的结果。而以大中型企业、管理顾问公司为首的国内企业与组织也早已关注引导技术，并逐步将其引入、推广和应用，目前引导技术已经初步具备了一定的影响力。

引导技术的使用者主要包含两大类人群。一类是专业的工作者，他们是组织内部的 HR 和组织发展部门，或者外部顾问、教练、行动学习催化师等。他们参加专业引导课程学习与认证，以丰富自身的储备，同时在工作场所不断实践，积累经验，为业务部门打好场子，提供支持。另一类是企业或其他组织中的管理者，他们通过掌握一些引导工具，以便提升日常会议的效率。这两类人群有一个共同的需求，就是期望有一套引导技术的系列书籍，一方面可以快速掌握一些好用易用的工具技巧，理解引导的价值；另一方面可以将其作为技术进阶的辅助材料，随时翻阅检索。正是这种需求，成为我们推出这套引导技术系列丛书的初衷。

作为国内领先的行动学习与引导技术的研究、实践和推广专业机构，百年基业在中国企业中大量应用行动学习时发现，引导技术不仅可极大地帮助行动学习法更好地实施与落地，而且早已在国际上形成了一个完整的技术体系，二者相辅相成、形影不离。

经过百年基业同人的精挑细选，并在电子工业出版社的鼎力相助下，我们终于为国内读者奉上了这套“百年基业引导技术系列丛书”。该丛书涵盖了从理论到实务、从方法到案例的诸方面内容，相信对于专业引导者和各类组织的管理者，都能提供全面的帮助。

本系列丛书共六册，包括《结构化研讨》《引导的秘诀》《虚拟引导的秘诀》《大师级引导》《共创式战略》《引导式培训》，它们分别从引导的流程、技巧、平台、策略、战略共创场景、培训赋能场景应用等方面来说明引导的价值。

《结构化研讨》由工作社区（Community At Work）创办人、国际知名引导师山姆·肯纳等人所著。本书介绍了结构化研讨决策的经典模型——钻石模型，详细介绍了结构化研讨决策的三个阶段（发散期、动荡期、收敛期）的概念。在每个阶段都提供了丰富的工具，展示了多方面的案例，以呈现不同做法带来的不同结果。

《引导的秘诀》是美国引导界领袖人物之一迈克尔·威尔金森先生的核心著作，他是美国韬略公司创始人兼CEO、国际引导学院董事、美国引导师资库创始人。本书被公认为引导技术的经典著作，系统地讲解了如何引导一个团队进行深入研讨的基本技术，包括引导工作的模式、框架和流程。本书内容丰富，深入浅出，操作性极强，实为引导者必备的宝典。

《虚拟引导的秘诀》同样由迈克尔·威尔金森先生所著。虚拟引导是指通过使用视频、音频、会议软件等技术，对不集中在一起的参与者进行引导，这一操作方式对引导者提出了更高的挑战。本书系统介绍了虚拟引导的步骤，以及需要解决的一些重要挑战。例如，如何保持团队动能？如何保持人们的全程参与和投入？如何处理“匿名者”？此外，本书还介绍了一些常用的技术手段，提供了多个案例，使读者能够快速使用这一新的技术。

《大师级引导》是全球引导大师英格里德·本斯女士继《引导：团队群策群力的实践指南》后的又一力作。英格里德·本斯被引导业内人士称为“引导界的女王”。本书旨在帮助引导师获得实用的高级引导策略与技能，主要聚焦于五大方面：高级引导者应具备的胜任能力与个人价值观体系；帮助团队做复杂决策的核心手段与方法；团队冲突管理的九种干预工具；高级引导咨询策略；高级引导的十四个基本流程。本书势必会为中国引导从业者与应用者带来更高水平的专业发展指引，将引导技术的应用推向更加深入的阶段。

《共创式战略》是迈克尔·威尔金森先生的又一力作。书中详细介绍了战略驱动模型，引导战略规划的关键组成部分与流程步骤，战略规划计划、执行质量的评估精要和相应的工具模板，以及标杆组织战略规划最佳实践。通过作者开发的战略驱动模型和相应的工具模板，专业催化师和高层管理者可以轻松地引导团队完成战略规划和执行。

《引导式培训》一书是百年基业董事合伙人韦国兵老师和施英佳老师多年践行引导式教学的经验总结，借助引导技术助力培训实现“以学习者为中心”的初心，从工作问题或业务挑战出发，引导大家群策群力，在培训赋能的过程中，实现智慧共创与聚焦，最终解决问题，达成共识。需要指出的是，这种培训模式绝不仅是简单的“引导”+“培训”。《引导式培训》一书更倡导的是，用引导的理念实现培训的价值转化，将引导技术灵活融入各类培训场景中，通过培训师与引导者身份的无缝切换，实现培训能量的自然流淌，让学员真正成为课堂的主角，帮助个人与组织解决问题，助推业务发展。

我们欣慰地看到，在多次修改之后，本系列丛书终于付梓。在此，我们要感谢电子工业出版社编辑的辛勤付出，感谢百年基业同人的大力支持与帮助，还要感谢对引导技术长期关注的同行、客户，正是这一大群精英人士对引导技术的钻研与痴迷，才使我们有了不断前行的动力。

由于时间、水平所限，本系列丛书的译校和写作难免有不足之处，真诚欢迎读者不吝指教，裨使本丛书能够常读常新，为引导技术在中国的发展贡献绵薄之力。

是为序。

唐长军　韦国兵

北京百年基业管理顾问有限责任公司董事合伙人

2020 年 7 月 12 日于北京

唐长军　长江商学院 EMBA，百年基业创始合伙人，研究院院长，国际引导学院（INIFAC）全球首批认证资深引导师（CCF），美国韬略公司（LSI）“引导式战略”认证课程导师，新加坡引导师协会（FNS）“SPOT 团队引导”课程认证培训师，国际行动学习催化中心（CALF）中国分会会长暨认证行动学习催化师。他是《引导的秘诀》《SPOT 团队引导》《行动学习催化秘籍》等多本图书的联合译校者。联系方式：tangchangjun@gene100.com。

韦国兵　百年基业董事合伙人，百年优学创始人，美国韬略公司（LSI）“The Facilitative Consultant”授权认证导师，中国引导师协会（China Association of Facilitator，CAF）联合发起人，中国连锁经营协会（China Chain-Store & Franchise Association，CCFA）企业大学联盟首席专家、中国人才发展智库特聘专家。《引导式培训》作者，《结构化研讨》《大师级引导》《虚拟引导的秘诀》《玩转移动学习》等图书联合译校者。联系方式：weiguobing@gene100.com。

好评如潮

这本书是我们借以应对复杂的社会和商业挑战的绝佳武器，我们一直在科罗拉多州推广书中的知识，来进行国际认可的儿童福利项目和终结流浪者的创新项目的战略策划。这本书一直放在我的办公桌上，以便随时查阅。

——Roxane White　科罗拉多州州长办公室主任

这本书揭示了如何成为一名能引导团队走向有序运转的引导者的机密。肯纳无疑是这个领域的佼佼者。

——Harley K. Dubois　“火人节”发起人

我在斯坦福大学召开的有数百名非营利性组织领导人参加的年会中认识了山姆·肯纳，他在会上发表的依托本书形成的关于重大组织变革的讲话受到了广泛好评。

——Regina Starr Ridley　《斯坦福社会创新评论》编辑

我们创办组织，就是为了把持有多元化观点的伙伴聚集起来，针对各种社会问题，一起协同工作来找到解决方案。我们知道，最大的挑战就是在多个不同的利益相关者之间引导对话。这本令人赞叹的著作就是应对该种挑战的全面指南。在过去 24 年里，我与无数的顾问工作过，对于引导持续系统性的变革，山姆·肯纳的方法论有着绝对的优势。

——Kriss Deiglmeier　浪潮网络 CEO

与山姆·肯纳的合作是最受益和最值得的。面对参与者，他展现的是精准、清晰、丰富的想象力和良好的幽默感。运用书中描述的工具和技巧，山姆将40位有独立思维和固执己见的教职人员组成了一个有思想的、相互融合的战略导向型团体。如果你还没有机会亲自体验山姆带来的震撼，那么我向你强烈推荐这本引导指南。

——Edward Wasserman　加州大学新闻学院研究院院长

作为监管数十亿美元投资组合的组织领导者，我发现这本书中的原则和技巧在促进管理团队和董事会思考方面，有着令人难以置信的价值，它对我们有着直接的重要影响。任何组织的领导者和管理者都可以从这本书中传达出的睿智和实用的建议中获益。

——Mike Mohr　万象财务管理有限公司创始人、CEO

这本书中的非凡创新工具，对我们在普莱菲尔（Playfair）的会议方式有着深远的影响。许多经过这套方法培训的普莱菲尔的引导者，在与他们客户合作的过程中都取得了非凡的成果，帮助他们彼此以更加有趣的、创造性的方式互动。我极力推荐这本书。

——Matt Weinstein　普莱菲尔创始人、《趣味化管理》作者

我是工作社区的长期用户和合作伙伴。他们在引导团队及培训他人方面特别有天赋。他们以协作式伙伴关系的工作方式，来促进组织健康成长，并创造持久的解决方案。这本书揭示并详解了他们最令人信服的方法和实践。

——Ed Pierce　领导力特质公司创始人

这本书解决了团队引导过程中的迷惘和担忧，为每个团体工作者提供了有用的工具。这本书内容清晰，图示详尽，使所有复杂问题都得到了有逻辑的拆解和正确的关注。

——Thomas Broitman　普华永道高管教育执行董事

这是能帮助团体实现合作的一本切实有效的实务指南，包括详尽的图示，用来帮助你管理团体行为中令人困惑的部分。

——Marvin Weisbord 《具有生产力的职场》作者、《发掘共同点》和《未来探索》合著者

马歇尔医学研究中心以社群为基础，一直都很重视参与文化。我们经常要做兼收并蓄的决策，以让各方都能接受组织必须采取的艰难行动。这本书不仅帮助我们及时做出决策，还维持甚至增加了各方的参与度，锻炼了我们的能力。我们学习了如何召集各利益相关者进行有效的策划，做出可持续的决策。这样，我们在服务更大的社群时，也能保持协同合作的价值观。我大力推荐这本书。

——James Whipple 马歇尔医学研究中心 CEO

Dmitry Lazarev
莫斯科引导协会总裁
俄罗斯莫斯科

M. Bhakthar Vali Sab
WASSAN 副首席运营官
印度海得拉巴

Maureen Jenkins
荷兰国际引导师协会主席
荷兰

David Van Eyck
IWMI 培训总监
斯里兰卡科伦坡

Xavier Estivill
MOMENTUM 创始人、合伙人
西班牙巴塞罗那

Dale Hunter
《引导的艺术：引导卓越会议创造团体协同的精髓》作者
新西兰

Beatrice Briggs
国际引导学院总干事
墨西哥库埃纳瓦卡

Michael Walsh
大洋洲国际引导师协会总干事
澳大利亚墨尔本

Ed Rege
PICOTEAM EA 组织成员
肯尼亚内罗毕

Robbie Alm
合作领导者网总裁
夏威夷火奴鲁鲁

Jackie Chang
国际引导师协会亚洲区总干事
中国台北

“这本书对引导实践有着全球性的深远影响，我鼓励我的同事阅读它、研究它，并在实际工作中运用它。”

译者序 1

多年以前的一次机缘巧合，我参加了引导界资深人士许逸臻女士主持的一次开放空间引导技术工作坊，从此激发起我对“引导理论”的万丈热情。引导理念为何会如此深入吾心？大概在于它暗合了我内心深处根本的价值取向：平视权威，尊重个体，视差异为常态，追求多赢。这些理念长久以来一直根植于我的价值观。

之前在翻译加拿大引导大师 Chris Corrigan 的 *The TAO of Holding Space* 的时候，我体会到，来自西方的引导理论，吻合了我们祖先博大精深的哲学思想。在进一步接触了麻省理工学院学者奥托·夏莫先生、彼得·圣吉先生的一些理论之后，我愈发感觉到东西方文化的相通之处。这两位西方学者在提及中国国学大师南怀瑾的时候，崇敬之心常常溢于言表。在社会变革如此迅猛的今天，众多西方学者为了解决不断产生的社会矛盾，智慧地汲取了东方哲学思想的精髓，结合西方以往成功的管理思想，发展出各类实用落地的引导理论，为整个社会的和谐发展做出了卓越的贡献。

当国内引导界资深同人张树金、任伟先生推荐我翻译本书的时候，我感到非常荣幸，为能以菲薄之力贡献于中国引导事业而感到骄傲！我和合作者王洪君先生利用业余时间，在刘露明老师的支持下，历时数月，完成了本书的翻译。其中，我翻译了第 1、3、5、7、9、11、13、15、17、19、21～25 章，共 15 章，其余 10 章为王洪君先生翻译。翻译过程中我们尽量选择通俗易懂的语言，以期初涉引导的读者也能顺利阅读和理解。与此同时，感谢电子工业出版社和百年基业公司的精心甄选与细致审校，联合策划将本书纳入“百年基业引导技术系列丛书”出版发行，使得这本引导界经典之作如期与广大读者见面。

中国台湾的引导者多年前已经翻译了本书 10 年前的旧版本。对本次新版后的翻译，我们基本以大陆读者的阅读及用词习惯为基准，但考虑到老读者的需要，在不违背大陆用词习惯的前提下，我们尽量保留旧版翻译中一些术语的译法，希望新老读者在两个版本之间不会产生歧义。

以往中国大陆的引导爱好者，除了阅读英文版的引导理论原著，多数只能获得台湾版的译文。由于两地汉语在用词习惯、意义表达上的差异，一些大陆读者在某些引导概念的理解和解释上，产生了不少困惑。希望随着大陆版翻译作品的日益增多，这个现象能不断改善。让我们一起在引导之路上互相支持，越走越远，越攀越高！

闫永俊

闫永俊 1988 年毕业于上海交通大学。28 年来的职业经历，涵盖了大学讲师、科研项目主管、企业创办者、跨国集团分公司总经理及独立企业咨询培训师。主要工作区域包括中国、加拿大及澳大利亚，具有丰富的企业运营管理和培训经验。

以下感言反映了本人对“引导”的独特理解：“弱化阶层差别，平视权威，让最基层的群体来参与演绎人类最高水准的创造力。”这是我长久以来深埋于心的理念。对我而言，引导与其说是一门企业管理技术，不如说是一位引路天使，它引领着我，使我内心深处的渴望，随着喷薄而出的热情，转化成一场轰轰烈烈的组织行为变革。

译者序 2

对“引导”这个概念，如果没有接触过，就很难给出通俗易懂的解释。我们先从其应用谈起。从目的来讲，有的是为了决策，有的是为了交流，有的是为了团体融合，有的是为了深入探索和思考；从管理层面来讲，有的是为了思考组织未来使命、战略，有的是为了制订计划、进行总结，有的是为了启动项目、解决问题；如果再务虚一些，有的是为了激发未来畅想，有的是为了打造团队气氛，有的是为了调解团体冲突……

引导的应用领域有很多，只要是运用团体经验、激发团体智慧、促进团体融合的场景基本上都可以使用。这也恰恰是目前不同类型组织的管理者及一些专业人士一直苦苦追寻而不得的，即如何有效带动团体共同工作。

德鲁克先生在几十年前就预言过，未来是知识工作者的时代。知识工作者就意味着一切都在其脑子里，不那么显现，不那么容易被看见和掌控；意味着彼此独立和自我拥有知识；意味着更需要激发和连接；意味着管理的去中心化，即信息会越来越分散地掌握在不同人的手里，而传统的组织方式大多已不再奏效；意味着给管理者带来全新的挑战。目前，很多人研讨的“85 后”“90 后”的问题，其实不是新问题，本质上就是如何能够激发其潜能、发挥其优势、让其参与管理的问题。引导是解决以上问题最为得力的工具之一。

引导在中国的兴起，恰恰也符合这个时代的要求。随着互联网+时代的到来，组织面临的外部环境在飞速地变化着。这些现状要求组织能够快速地做出反应。内外部环境复杂性的指数级增长，又需要组织用更长的时间进行周密思考和审慎决策。这刚好是一对矛盾。而引导恰恰是解决这对矛盾的利器。引导可以极其有效地提升研讨和决策的效率，以及后续行动的承诺度，并可以让管理者进行不断的迭代思考。可以说，引导是未来企业管理者必须掌握的一门技能。

《谁说不能一起做决定》这是本书台湾繁体版的书名，其说明了绝大多数场景下引导的价值和意义。“让事情变得更容易”是引导的本意，也是引导要达成的目标，即更快速、更有效、更投入、更落地。对此引导既需要对事情进行关注，也需要对人进行关注。因此，引导者需要掌握实情，探讨流程、方法和工具，也需要对团队的内在动力和能量进行敏锐觉察。就像中国的太极图那样，一阴一阳，此消彼长，共同作用，达成目标。

2009 年年初，我第一次作为引导者，参与一个德资企业战略项目的引导工作，那时我是 5 名引导者之一。虽然是第一次，但觉得自己做得不错。可后来在真正学习引导之后，我才知道自己当时是什么样的状态；对照本书，更知道自己当时的差距在哪里。

在翻译本书期间，我也参与了两个不同的引导三阶培训项目的学习，这对我的帮助非常大。其中一个项目是跟 ICA 和 IAF 的顶尖老师学习，我发现学习的很多内容来自本书，所以对本书内容的理解和翻译起到了非常重要的作用。

通过学习和翻译，并对比自己以往的引导实践，我发现本书不仅在基础理论和方法上非常深入；同时，本书的工具、模板和具体实例也极其有效且实用。从理论性、实用性和工具性的角度来讲，本书的内容确实让人折服。本书不愧为亚马逊 5 星图书，可以作为引导者和引导学习者案头必备的一本宝典。

目前在中国引导的书籍和流派众多，我就不一一枚举了。但不论如何变化，均是“万变不离其宗”。本书可以说有正本清源的价值，其在引导界中的地位和作用是不言而喻的。

中国这个巨大市场目前正从快速发展期向低速发展期过渡。从趋势上看，未来必然会出现越来越多的兼并重组，会出现更多更深刻的变革和创新。另外，分散、互联、快速迭代式变革和创新的特点愈加明显。因此，灵活、快速、群体激发的自组织工作方式在未来必将成为主流。其场景就像《失控》中所描述的那样，组织中任何一个个体、小单元、小团队都将以有机复杂系统中基本元素那样的方式生长和互动，进而形成不同的子系统，再进行交互作用，最终浮现出系统的特征。这里，系统要素之间良好的有效互动的关键在于如何有效激发个体及子系统的自组织，并朝着组织所期望的方向努力，而引导能为此提供不可或缺的重要的解决之道。

引导不仅是流程和工具、开会和研讨、融合和激发，还是一种领导力，更是未来不同阶层管理者及独立贡献者的一种工作方式，带给我们的不仅是“快速、有效”这样关于做事和达成结果的惊讶，更是在人的层面的“尊重、平等、参与、互动、认可、价值和承诺”。

奥拓在 U 形理论中提到，伟大领导力的核心来自真正的倾听，即你是否能真正倾听你的下属、你的同事、你的上司、你的客户。只有真正做到了生成式倾听，才有可能在放下（旧）和生成（新）之间进行连接，才有可能让新的事物自然显现。这显然是企业未来创新和变革所期望的，也是企业领导者所追寻的。引导就是这样，让你可以打造并保持一个空间，有所为地实现“无为而治”，让创新和变革发生。

再引用德鲁克先生的话：“你雇用的不是一双手，而是整个人。”所以我们必须尊重和关心人，要致力于发掘每个人的优势和特长。也就是说，对人力资源的概念要有所调整，我们要关注的是“人”，而不是“资源”。以往人力资源注重的是如何利用人来达成组织绩效，而人的概念则侧重如何利用组织来发挥人的优势。可以说，组织的成果有两类：业务成果和人的发展。在这两方面，引导帮助组织的管理者进行有效的平衡。引导可以实现人性的管理，因而可以让我们绽放人性的光芒，帮助我们追寻冰山下内心的需求和渴望，同时达成业务成果。

我非常有幸在做独立顾问时决定开始学习引导，也非常幸运有机会翻译本书。学习和应用引导给我个人工作上的体验是“我从一个会跑的人变成了一个会飞的人”，引导为我的咨询和培训带来了全新的解决思路，也对我的个人生活带来了很大的影响。我变得比以前“柔软”了，8 岁的女儿也可以自己设计问题并主持家庭引导。

最后，我要感谢引导者任伟推荐我来翻译，这让我有了体验和学习的机会；要感谢闫永俊先生在语言上的指点，他承担了 15 章的翻译工作，对于如期完成翻译做出了至关重要的贡献；要感谢台湾繁体版译著的译者，让我有了很好的参照。最后我要感谢我的家人，翻译期间正值工作繁忙之时，谢谢夫人和小女儿在时间和精力上的理解与支持。

王洪君（克克）

邮箱：krucker@qq.com

王洪君（克克） 资深管理咨询顾问、培训讲师、引导者。曾在瑞士马利克管理中心、英国标准协会和美国睿仕管理等知名企业任职。熟悉公司通用管理的大部分主题，有系统的理论功底。在公司战略制定、业务流程改进方面颇有经验，并专于多模块管理发展项目的设计和实施，善于将引导与咨询和培训项目进行结合，实施引导式咨询和培训。“无引导不培训，无引导不咨询”是其风格。

在引导实践和培训过程中，译者发现了一个有趣的现象，即引导会让人“上瘾”，不论是老师、社区工作者、NGO 工作者还是企业管理者，无一例外，都欲罢不能。究其原因，皆来自引导的魔力——“让事情变得更容易”。虽然引导博大精深，但相比其他方法和技巧，它更容易操作，更容易出成果，也更容易让参与者喜欢。

第 3 版前言

团体的力量

1990 年，当我们开始撰写本书的时候，人们对“团体引导者”（group facilitator）这个术语还非常陌生，大多数人会说：“引导者？那是什么？”

但 25 年来各方面都发生了不小的变化。引导者，从一个模糊的“中立第三方”角色（狭义地聚焦于帮助团体做最佳思考），到现在成为一系列广义的团体领导力角色的同义词，从一个“培训师”到后来的“主持人”，再到“会议召集人”，最后到“管理者”，到本书 2014 年再次出版的时候，其影响已经涵盖了与团体正常运作有关的一切内容。

从另一个角度看，引导者角色的本质却始终不变：引导，最最重要和根本的，是必须与团体有关。无论指导一次讨论过程，还是引领一次讨论过程，或协调一次讨论过程，或只是简单地管理一个过程，引导者角色的意义，就是面对一群要解决问题的人，增强这个团体的运行效率。引导者在整个过程中帮助团体、服务团体，为团体做指导和向导，而解决问题、做出决定、产出方案、付诸行动，却只能靠团体本身。

人类 20 世纪最伟大的成就之一，就是意识到：团体成员面对面坐下来以小组的形式一起工作，具有潜在的变革创新效应。机会就在你眼前，如果你想抓住它，就要说出你心中真正所想，然后接受他人对你想法的反馈，并了解你的想法如何与他人交互，其他人在你想法的基础上发散出他们自己的价值观和想法，而你虚心倾听他们的想法并继续完善自己的想法，同时你在学习换位思考的过程中挣扎、纠结并最终走出瓶颈取得胜利。每当我们坐下来，卷起袖子，投入一场面对面的小组圆桌讨论，我们都是在领略一个充满机会的世界，这是一个可以改变自己并获得成长的世界。在这个变革及成长的过程中，我们也同时改变并丰富了每个团体成员的认知和经验。

而这反过来又使得整个团体更强大、智慧、自信，这往往也使团体成员更勇敢。作为一个团体，我们一直共同拥有一把改变世界的钥匙，然而我们几乎从来没有使用过它，甚至都没有想过要试一下。但是这个机会就摆在那里，一直默默等待着，随时听从我们的召唤。我们可以称为“参与式决策”“社会创新”，也可以称为“协商对话”“多功能交互团队”，或者称为“多方干系人共创”“群体激发”。无论我们称它什么，我们都在谈论“释放我们内在变革创新的能量”，这种能量就蕴含在面对面讨论的团体中。一开始，它只是唤起大家的意识、激发彼此的热忱，接着，潜移默化地，使每个参与者有勇气找到彼此共同的渴望，然后一起得出新的行动计划并实施，沿着这个行动计划指定的目标，我们怀着希望和勇气，去挑战甚至解决世界上各种艰难的问题。

当我们投入这场认真的、面对面的团体工作中时，机会就在那里等待着我们，在这个场景中引导者的角色至关重要。引导者——这些中立的第三方工作者，支持着团体面对面地讨论、工作，使得团体能以最佳方式进行思考。本书就是为这些引导者而写的，并以此向他们致敬。这个工作充满挑战，重任在身，尽管外界满是无尽的诱惑，而你却最终选择了这个角色，行走于深邃孤独的旅程中。对于这些把引导事业当作终身追求的读者，我们满怀敬意。

参与的文化

尽管团体成员可从身边的引导者那里获得帮助，但团体在这个参与式过程中，本身应该肩负一些责任和义务。或者换一种说法，假如一位优秀的引导者帮助团体成功解决了一个十分严重的问题，成员都积极投入，建立了互相理解的共识，找到了兼顾每个人的解决方案，并且制订出完美的行动计划，把方案付诸实践，每个成员都声称这样的体验“具有改变人生”的意义。现在，引导者完成了合约即将离去，这时的团体该怎么办呢？

根据对各种团体的观察与研究，我们认为，即使世界上最成功的引导过程，其本身也没有足够的、可持续的参与式价值观——共担责任。如果一次引导得很成功的参与式决策过程帮助团体开启了变革之旅，而团体成员想要持续地推进这个变革过程，他们就必须引入一种真正的参与式文化，并将其内化为团体精神。这并不是一件容易的事。

引导者在场的时候，他能使用各种方法和工具来维持团体的合作与热情。事实上，引导者指引着团体成员进入参与式思考模式，并在整个引导过程帮助团体维持着这种思考模式。为了做到这一点，引导者在过程中必须十分努力，以期在现场当下达成 3 个目的：建立和维持一个互相尊重、互相支持的氛围；抽离于内容但管理好流程；为了增强团体合作共创的能力，在过程不断展开的同时，教导团体成员新的思考技能。

践行以上 3 点非常关键，它们是参与式核心价值观得以扎根团体的土壤，是引导者在打造参与式环境时必备的核心能力。

在引导者完成合约离开后，接下来，团体会遇到这样的困惑：他们确实已经培养出参与式的思考模式，也能够真实地看见全然参与的好处，可以看见参与式价值观带来的所有好处，但是究竟应该由谁来承担责任，以维护互相尊重、互相支持的氛围呢？谁来负责管理团体对话的流程呢？因此，引导者在全程引导一开始，就应该教导团体如何承担起责任以维持参与式对话的氛围。

一些引导者很重视帮助团体建立起永续的参与式文化。对于这些引导者来说，仅仅使用诸如“良好的倾听技巧”之类的工具是远远不够的，还必须让团体成员明白引导者正在做什么。所以当引导者要教成员一种新的技能时，就要鼓励他们时不时地在会议议程中加入一个学习步骤，可能是 30～40 分钟，有时甚至可以是 1 小时。要让会议策划者懂得引导者正在做什么，这样他们就会留出足够的时间做体验式活动，这些活动能让团体成员进行自主学习，也就是实际操作、反馈、总结，然后在接下来的会议时间里，引导者再帮助成员找到合适的方式应用刚刚学到的新技能。

简言之，通过为团体成员提供新的思考模式、各种模板和模型、各种技能和工具，引导者可达到如下目的：

- 以尊重和支持的方式对待每位成员；
- 从成员间对话的内容中抽离，这样团体就能讨论和管理属于他们自己的流程；
- 鼓励成员自主学习，培养合作共创的能力。

现实中的团体会处于两种状态：一种是暂时的、由引导者促成的参与式环境；另一种是长效的、由团体成员内在驱动形成的参与式环境。当引导者决定把团体从前者转换成后者的时候，他会在与团体互动的一开始及在过程中的每一步，通过聚焦于打造团体“沟通和流程管理”的能力，把一些模型和工具传授给成员。

利用本书打造参与式文化

本书第 3 版新增了 60 多页与工具有关的内容，这本身是一件很好的事情，我们很高兴能把这些新内容呈现给读者。但从我们的角度来看，更有意义的是，我们对旧版内容做了重新整合排序，以细致入微且有助于引导者的方式，期望达成这样的目的：帮助引导者更好地向团体传授这些工具，帮助团体打造出属于他们自己的参与式文化。

实际上，本书介绍的很多工具，引导者都可以拿来传授给团体成员。读者可以挑选几页内容，让团体传阅；或者把内容写在白板纸或幻灯片中，让大家以小组或全体的方式进行讨论，这样就创造了一次体验式学习的机会。

结语

在参与式讨论过程中，尽管引导者可以用幽默和个人气场来化解某些复杂的情景，但他们在传授技能和知识时，必须用心服务，以发展团体的能力，个人魅力反而不那么重要。持续有价值的东西是，团体所获技术能力的清晰度和有效性。在引导者努力把这些礼物奉献给团体的时候，我们在这里，用本书全力支持引导者。

第 1 版前言

团体决策的益处已经被广泛宣传：更全面的思考、更一致的认同、更明智的决策，诸如此类的出版物随处可见。然而当理论真正被应用于实践时，却很难出效果。很多团体中的决策既不彻底也不全面，它们或缺乏想象，或流于平庸。

为什么会这样呢？

我们可以从根深蒂固的、被普遍认可的文化价值观中找到答案。在现今普适的价值观中，人们很难真正地在集体中思考。很多人甚至在不知不觉中就做出了价值判断，这就阻碍了团体中其他人自然地表露心声，打消了其他人畅所欲言的念头。例如，相对于一些措辞得当、文采飞扬的想法和观点，某些表达稍显笨拙、不太完善的观点更可能被人忽略，人们偏好那些简洁明了的判断和掷地有声的结论，却下意识地拒绝对问题复杂性的深入探索。制订行动计划，不管该计划多么脱离现实，都被认为可以“把问题搞定”；而分析探索问题背后隐藏的原因则被称为“离题走偏”。综合起来，这些现状充斥着这样的信息：说出你的想法，但不要多问；表现出热忱，但不要流露你的感觉；要富有成果，但请抓紧时间在第一时间做正确的事。总而言之，传统的价值观并不能有效地促进团体思考。

然而，如果各方面做得到位的话，团体决策依然是解决复杂难题的最佳途径，目前还没有更好的方式能够代替这种整合发散的多元化观点获得集体智慧的方法。成功的团体决策需要每个成员充分利用全体成员与生俱来的、全部的经验和技能，这就意味着要鼓励成员说出心声，平等对待不同观点，而不要害怕不同的声音。这意味着成员间会努力理解彼此，尤其在面对压力和冲突的时候。简言之，就是用参与式价值观来进行运作。

参与式团体	传统团体
每个人都参与其中，不仅是那几个能说会道的人。	思维敏捷、口齿伶俐的发言者得到更多的发言时间。
人们彼此进入对方的空间，全方位思考并畅所欲言。	人们常常频繁地打断、干扰对方。
正反对立的观点可同时存在。	不同的观点被认为“冲突”，而冲突就必须解决，或者冲突的某一方被扼杀。
人们用支持性的提问激发彼此，如“这就是你要表达的意思吗”。	提问常常被认为挑刺，似乎被提问的一方做错了什么。
每位成员都尽力聚焦于彼此的发言。	除非发言者抓住了听众的注意力，否则众人就游离话题、心不在焉，很难集中注意力。
彼此都能认真倾听对方的想法，因为他们知道自己的想法也会被认真倾听。	人们很难倾听彼此，因为每个人都急于表达和演绎自己的想法。
每位成员都能对不理解、不赞同的观点提出异议，每个人都知道彼此的立场。	即使观点和想法不同，但大多人选择保持沉默，没有人知道在场的每个人的真正观点和立场。
成员可以准确地呈现和描述每个人的观点，哪怕是他们不认同的观点。	当他人的意见和自己相左时，人们很少去弄清对方意见的内容及背后的理由。
有想法当面讨论，不在人后说三道四。	由于在会议中不能直截了当地发言，于是在散会后议论纷纷。
鼓励成员坚持自己的立场，哪怕和主管的立场针锋相对。	不随大溜、有主见的人，通常被压制而不说出真实想法。
除非每个事件相关者都理解了解决方案背后的逻辑理由，否则就不能认为问题“已经解决”。	一旦团体中思维最快的一些人得到了一个答案，问题就被视为“已经解决”。同时，团体期望其他人也妥协认同该解决方案，根本不管其他人是不是真正理解了该决策背后的逻辑和理由。
当大家做出一个共同决议的时候，该决定就被认为反映了团体成员最广泛的观点和诉求。	当大家做出一个共同决议的时候，推定每个人的想法都是一样的。

在团体决策上，参与式方法和传统方法分别遵循着两种截然不同的团体规范准则。

一部分的准则差异已经呈现于上页的表格中。就像表格中所揭示的那样，要想从传统价值观转变到参与式价值观，并不是说一句“让我们成为一个善于思考的团队吧”，就可以简单完成的。它需要我们改变思维方式，怀着坚定的信仰，不断努力才能让团体在“传统主流价值观”的大潮中逆流而上。

当团体开始迎接这种挑战的时候，团体成员需要在引导者的影响下少走弯路。如果光靠团体自己的力量，就很有可能回到传统习惯的老路上。引导者有丰富的技能来帮助团体跨越老的常规模式，尤其当引导者做到以下几点的时候：鼓励全员参与，促进互相理解，孕育包容的方案，培养共担责任。引导者的这四大功能都来自参与式决策的核心价值主张。

把参与式价值运用于实践

引导者是火种的守护者，是迈克尔·道尔在第 1 版序中所描述的愿景的承载者，这个愿景就是所谓的“一个公平、包容、开放的过程”。这就是为什么很多引导者要帮助团体理解什么是团体决策的动态过程和团体决策的价值主张。他们认识到，理解了这些，团体成员才能具备“参与式决策过程”中需要的共同语言和共同价值基准的能力。

当一个引导者帮助团体掌握此过程中所需的技能时，他就是在复制和践行“参与式决策”的核心价值之一：“共担责任”。这个价值观在本书中担当着显著而重要的角色，它被安排在一系列独立的页面中，以便引导者复印及分发给团体成员。

例如，新组成的团体，往往能通过阅读及讨论第 1~2 章的内容有所收获。这些章节篇幅短小，15 分钟就可以读完，而且颇具趣味性，还提供了有效对话的基础。

引导制定可持续的决议

制定可持续的决议的过程分为 4 个阶段：收集各种多元的观点，建立共享的理解框架（共享的价值参考体系），得出包容的解决方案，最后到达终点、完结讨论。一个优秀的引导者懂得如何推动团体经历从起点到终点的这些阶段。为了做到这一点，引导者需要对参与式决策的动态过程和价值观有一个全面的理解，需要掌握一系列标准的过程管理技能，还需要借助一整套先进的思考工具来计划和实施每个阶段的干预措施。

兑现团体决策中的承诺

践行过参与式方法的人们往往能领悟到：引导一次会议，不仅是一次解决问题、制订计划的过程，也提供了一次提高个人技能、团体效率的机会。我们要感悟到这些机会，即让团体决策的承诺得以兑现。只有通过不断的努力，才能把参与式决策的价值真实地、成功地运用于实践。

第1版序

我认为团体（group）[①]引导是诸多要素的整合：对人类智慧和创造性的深刻信任；对协同与共同目标的追寻；开放和主动倾听的能力；对团体动力的知识总结；对团体和团体内在能量的强烈信心；对每个成员及其观点的尊重；对决策过程中模糊状态的忍耐；对人际协作问题的解决技巧；对思考过程的深入理解；对问题解析和决策制定的灵活而非一成不变的方法。

对于任何要在团体和组织内工作的人来讲，引导式的行为和技巧必须具备。引导技巧可以让大部分团体内部潜在的知识和智慧得以聚焦、强化并释放光芒。若要拥有健康的组织、积极的团体精神、公平持久的共识、易于执行的行动计划，引导技能是不可或缺的。

山姆·肯纳与工作社区（Community At Work）团队开发并推广了许多工具，以激发开放民主式的活动，使各行各业的人们能以更有建设性和富有成果的方式一起工作。本书为读者提供了许多工具和洞见，以使参与式活动更加有效，更好地释放团体潜能，达成强有力的、忠于原则的结果，促进积极正向的社会变革。任何想要加强对团体动力的理解、精进团体有效运作的人，都可以从这本不可多得的好书中有所收获。

团体引导的意义

对于现今在组织中工作及领导组织的人来说，在过去25年对组织发展和变革的协同研究中发现的两个教训，是必须记住的。

---

① 本书作者在不同情况下分别用 group 及 team 这两个词，我们依照原文，分别译为“团体”及“团队”。——译者注

教训之一：如果人们不参与问题解决或认同决策，没有把这当成自己的事情来思考，执行就只能是应付了事，很可能产生误解，甚至更坏的失败。

教训之二：组织成功与否的关键因素不仅在产品和服务上，也不仅在技术和市场份额上，还体现在对深植于组织成员、员工、利益相关者内在的庞大智慧资源和良好意愿的聚焦、激发与利用上。一旦这些智慧资源和良好意愿得以重视和激活，组织就会在当下环境中成为激发正向的变革的强大力量。应用这两条经验，是成为学习型组织的关键要素。

领导者和他们的组织如何应用这两条经验呢？首先要创造有心理安全感和能激发团体成员参与的环境，并让人们在这样的氛围中发现和解决问题，一起策划，共同制定决策，化解冲突，排解烦恼，像负责任的成年人那样进行自我管理。引导，能让组织中的团体、团队和会议极富成效。并且，被引导的或自我引导的团体能从中得到极大的额外收益：被赋予权力的感觉、个人对于决策和计划更深的承诺感、对组织忠诚度的提升、团队精神的强化。

团体是最能将这两条经验落到实处的地方。全世界都在开会，统计结果让人震惊：美国人每天要开 2 500 万个会议，而世界范围内每天则有 8 500 万个之多。让大大小小的团体更有效地运作是一项艰难而有意义的挑战。因此，我们所谓的“团体素质”，即本书所阐述的，在团体动力、会议引导和共识打造工具方面的有效认知与熟练的技巧，是增进团体会议有效性的关键。它们能使团体运作更为机敏、深入、高效。这些工具有助于打造更加健康的团体、组织和社群。引导式的心智模式、行为方式和工具方法是高承诺/高绩效组织至关重要的组成要素，是把如学习型组织一样思考的想法转变为现实的关键。这些技巧和行为能与人们内心的“高我”（High Self）相符，人们自发地想要学习这些，以提升其在团体中的个人有效性，进而提升团体整体的有效性。

团体引导发展史

引导与引导者的概念就像部落时代一样久远。阿拉斯加原住民早在远古时代就有这种角色。人类社会可以说绕了一圈又重新开始：从部落时代围绕篝火的圆圈对话，到 3 000 年以前的金字塔结构，再回归到圆圈对话、扁平金字塔和当今的网络式组织结构。引导的哲学、心智模式和技巧与基督教友会、甘地、马丁·路德·金等几个世纪以来的非暴力运动组织及领袖所使用的方法有很多共同之处，还包括在 20 世纪六七十年代开始兴起的人权组织、环保组织等团体。

20 世纪 60 年代末 70 年代初，会议引导开始形成正式的流程，80 年代末期就比较普遍了。推动者主张把它定义为“帮助人们成为自己未来的建筑师”的工具，这是 60 年代初期出现的“学习引导者”（Learning Facilitators）角色演化而来的。

在“学习或定期会面”（Learning or Encounter）团体中，引导者的关注焦点是促进觉察和学习。在早期的开发人类潜能运动和女权运动中，这些学习/觉察引导者扮演着重要的角色。在今天终身学习的情境下，学习被视为对话的过程，而非死记硬背的过程，引导者继续扮演着同样重要的角色。引导之所以实用，是因为它根植于认知科学、信息处理理论、社会学、心理学、社群组织、仲裁调解的科学原理和实践经验。任务导向的团体引导，是从过去 30 年的社会环境中演化而来的，特别是在工业化和海量信息化社会里，分秒必争成为关键因素。我们需要找到方法，让人们能更有效地一起工作。质量圈、跨职能任务小组，以及公民组织就是这个方法早期最大的使用者和倡导者。在严谨的国会议事程序和“罗伯特议事规则”之外，引导是另外一个非正式的、灵活的选择。团体引导是前摄的主动防止冲突升级的一种方法，并且一方可以同时应对多方参与者。它是类似调解调停方法之外的另一种切实可行的选择。在学习团体或觉察提升团体中，当参与者提高了他们的自我认知时，他们就会采取行动。表现出来的是，他们要把新的理解和知识应用到实际工作中——采取行动，解决问题，策划并做出团体决策。这样，任务导向型引导者的角色便自然而然产生，用来服务于这些需求。与此同时，支持组织变革和更新的方法论也在 20 世纪 70 年代早期开发出来。

作为会议引导的共同创始人，大卫·施特劳斯和我致力于给人们提供工具，帮助他们建构更强大的未来。就是说，为人们提供框架和工具，使其所在的团体更加有效、健康，更富成果。我们把团体引导当成一种缔结社会契约的过程，也视其为一种新的内容中立的角色（团体中比较正式的第三方角色）。这里，我们需要明确地解读“内容中立”和“流程中立”的差异和影响。内容中立是指对研讨的议题不持观点，对结果不持立场，也没有相关利益；流程中立是指不倡议特定的流程，如头脑风暴。我们发现引导者的力量，来自内容中立和流程主张（主张公平、包容、开放的流程），在建立安全的心理空间让团体成员全情参与的同时，流程可以平衡参与状况和提高参与效率。

引导者的角色在设计上，就是要帮助团体尽可能地减少毫无意义的空谈及机能失调的研讨，让团体更有效地运转。在20世纪70年代，引导先驱杰夫·波尔和大卫·西贝特，在图像记录和图形引导方面做出了对后来有巨大影响的研究。在七八十年代，旧金山湾区内紧密合作的组织发展和培训社群催生了团体引导的核心概念和工具，山姆·肯纳和他的同事在其基础上进行了完善。“未来研究院”（Institute for the Future）的研究人员认为社会发明的普及需要30年时间，团体引导就是这样一种社会发明。在过去的25年间，引导技术在全美广泛普及，并传播到世界各地。现在，兜了一圈，又回到原点。引导再一次在学习型组织中得到应用，来引导对话流程，以呈现我们看待世界的深层假设和心智模式。这些既存的心智模式通常是冲突和机能失调的潜在源头。通过对它们的呈现、核查和改变，人们得以以全新的方式一起工作，建立可以帮助团体明确清晰地表达核心价值观和信念的新的系统的思考模式。在面对21世纪新的挑战时，这些全新的心智模式就是组织自身不断进化、成长和转型的内在基础。

引导定义的延展

引导技巧在组织中的应用，已扩展至引导者角色之外的领域：引导型个人、引导者、引导型领导、引导型团体。引导成了我们日常语言的一部分。引导（facilitate）的拉丁语词根的意思是“使能够，使变得容易”。目前，引导已经演化出许多不同的含义。

引导型个人 这种人容易共事，善于合作，有自我觉察和团体动力觉察的能力，其能协助同事一起更有效地共事；在人际沟通、合作式问题的解决与策划、建立共识和缓解冲突方面，引导型个人有丰富的知识，并熟练掌握相关技巧。

引导者 能让团体和组织更有效地合作的人：“内容中立”者，在会议中不持立场，不表达和主张观点，但提倡用公平、开放和包容的程序来完成团体工作。引导者也能对学习和对话进行引导，帮助团体对其假设、信念、价值观及其系统性和相关情境进行深入思考。

引导型领导 能觉察团体和组织动力，有能力在组织中建立全面参与的流程，让组织成员充分利用其潜能和天赋，来帮助组织清晰表达并实现其愿景和目标；同时，引导型领导也积极践行其所倡导的价值观。引导型领导通常理解引导和领导的内在动力之分，并经常在其组织内部引入引导者。

引导型团体 在引导型团体中，成员普遍具有引导式的心智模式和行为，团体合作度很高，很少出现机能失调的情况。这样的团体比较容易成功，与其他团体和个人也很容易合作。

我认为，不论你是团体领导、团体成员，还是引导者，只要你从事团体工作，就一定能从本书中获得益处。我特别向各位推荐那些对团体动力的定义、引导式倾听及价值观进行科学而深入的阐释的章节。我非常享受从本书中得到的知识和领悟，相信你们也会如此。

迈克尔·道尔

目　录

第 3 部分 可持续决议

第 4 部分 引导可持续决议

第 5 部分 完结讨论

第 1 部分

团体规则

1

团体决策过程的动态变化

“团体合作”的理想化模型和现实模型

- 关于团体决策流程的误解
- 整合多元化观点时的困惑
- 参与式决策的钻石模型

团体决策过程的动态变化

介绍

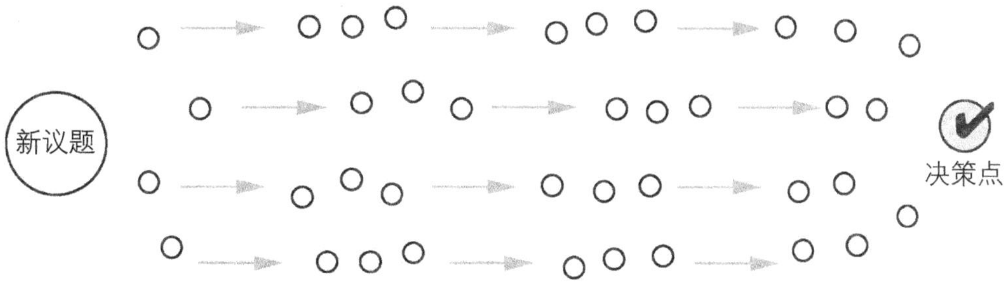

假设我们解决问题时，讨论的过程如上图路径所示。

每个圆圈代表团体成员的一个观点。“圆圈 ⟶ 箭头 ⟶ 圆圈”组成的每条线，表示每个人在讨论过程中的思维变化路径。

如图所示，看起来每个人都会根据别人的意见调整自己，很合拍，没有冲突。

可惜的是，在团体工作中，多数人相信这种讨论过程是理所当然的，他们认为图示的流程真实地描绘了一个健康而顺利的决策过程。而当实际情况和图示模型不一样的时候，他们便认为是自己的团体本身出了问题。

如果大家的日常工作真的像图中所示，那么决策就不会是一件那么令人闹心的事了。遗憾的是，现实中的团体运作并非如此！

团体决策过程的动态变化

可悲的事实

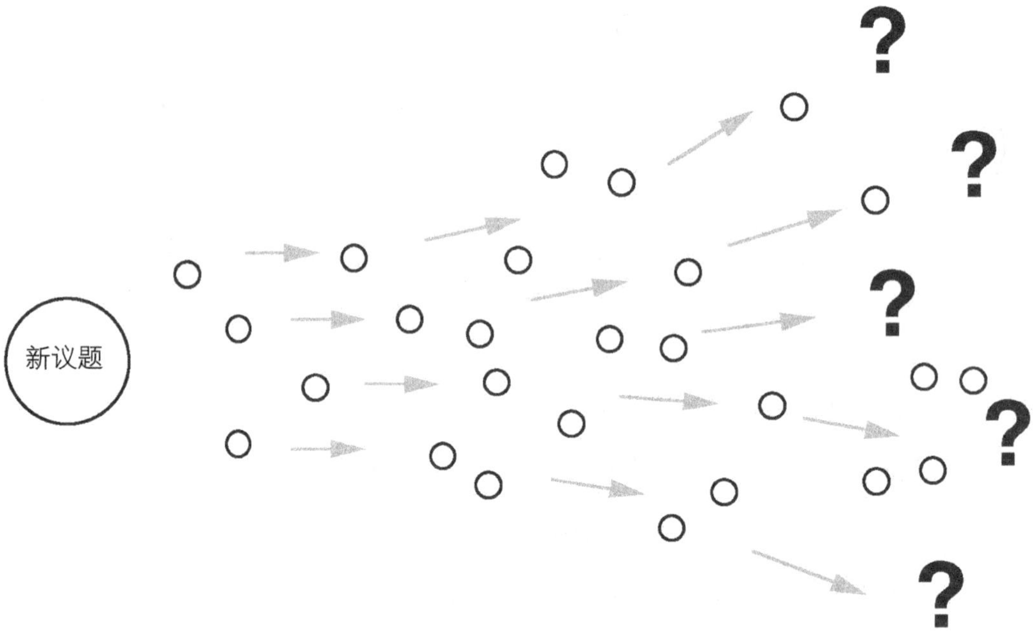

团体成员都是普通凡人，讨论问题时免不了分心、离题，或者钻牛角尖。尽管我们尽全力保持“聚焦议题，不偏离方向”，但我们改变不了这样一个事实：所谓的“我们”，是由每个观点不同的个体组成的。

当讨论偏离焦点，或者混淆不清的时候，多数人会认为流程即将失控。但实际上不一定如此，往往貌似混乱的状态，正是创意的序曲！

那么我们怎么来分辨哪种是有益的混乱，哪种是无益的混乱呢？ 哪种属于退步、空耗的混乱，哪种属于充满活力、脑洞大开的混乱呢？

团体决策过程的动态变化

比较接近真实的状态

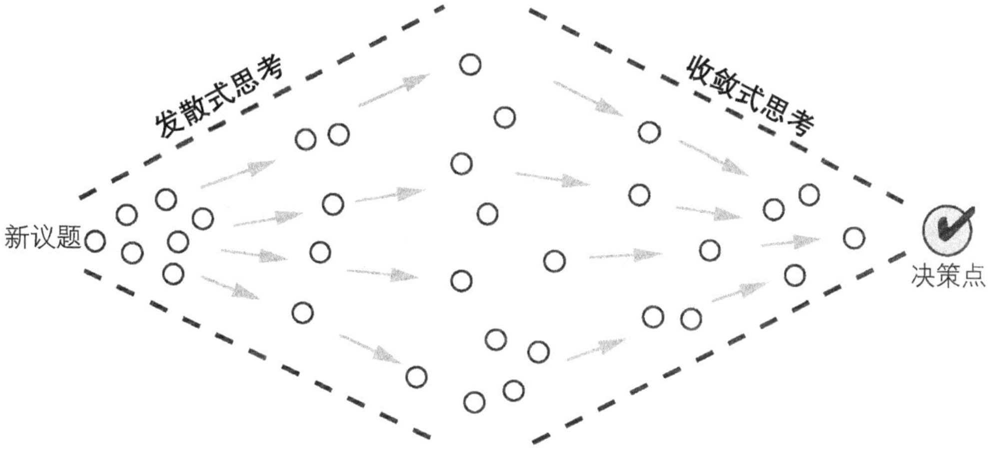

有时候团体成员们需要分别表达自己的观点；有时候，同一群人却又希望缩小各自的差异，让讨论聚焦。在本书中，我们把这两类思考过程称为发散式思考和收敛式思考。下面分别列出四个例子。

发散式思考		收敛式思考
持续产生新想法	VS	评价各类已有想法
天马行空式讨论	VS	总结要点
观点越多越好	VS	对各类观点归类
暂不预判	VS	进行判断

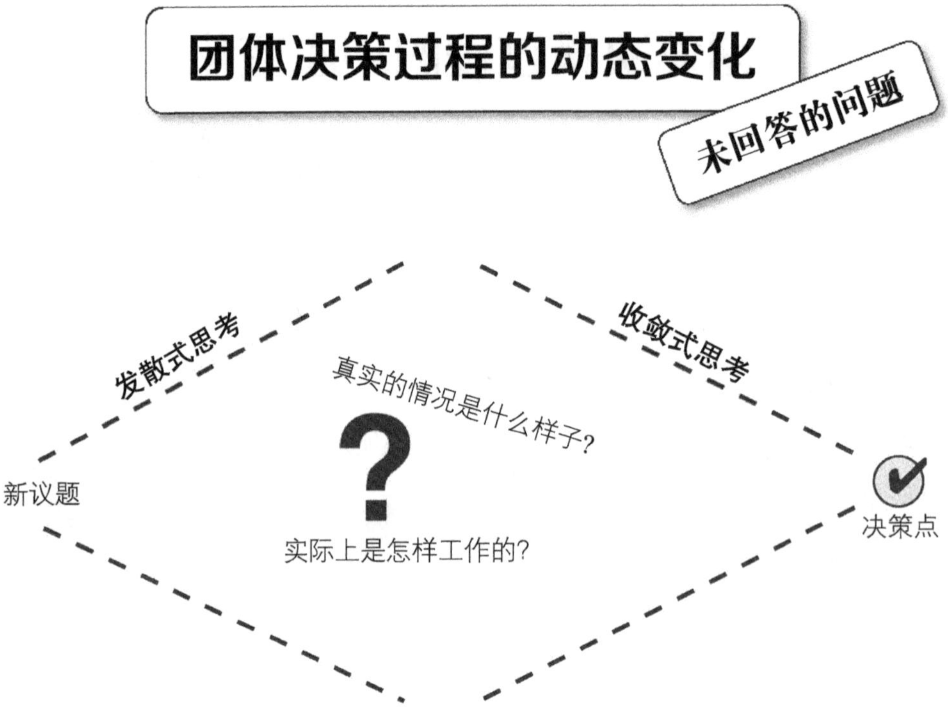

多年以前，一家著名的大型电脑制造商开发了一套解决问题的模型，该模型就是以发散式思考和收敛式思考为基础的。

全公司管理者都用了这个模型，但效果并不好。一个项目经理说："为了修改一个出差报销补贴流程，居然花了他们小组二年的时间！"

为什么会这样？团体决策究竟怎么做才真的奏效？

为了更深入地探讨这些问题，下面我们给大家展示一系列分解示意图来了解团体决策的整个过程。

团体决策过程的动态变化

讨论开始

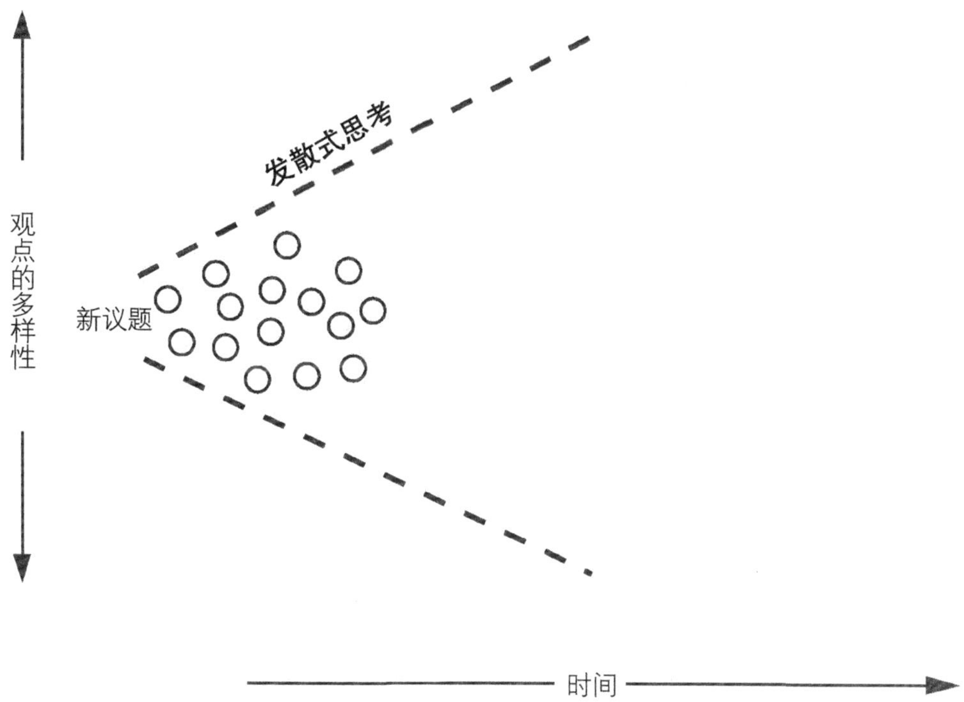

在刚开始的几轮，讨论范围都会局限在大家觉得安全熟悉的领域。大家以常规方式思考，重新讨论以往的争议问题，并为明确的解决方案提出自己的建议。

问题解决的讨论模式一开始都是这样的，这很自然，因为我们一开始表达的，总是最容易思考到的东西。

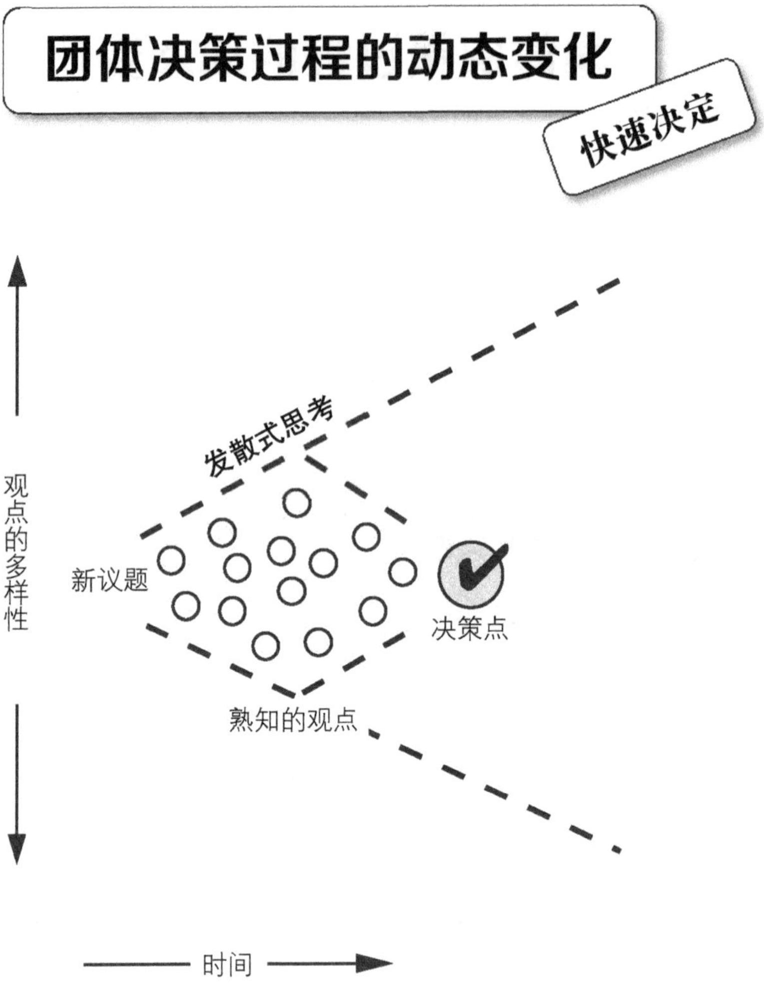

当某个问题有了明确的解决方案时，讨论自然就很快结束了，谁也不想浪费时间。

不过这里有一个问题：绝大多数团体总是想让每次讨论都如此高效。

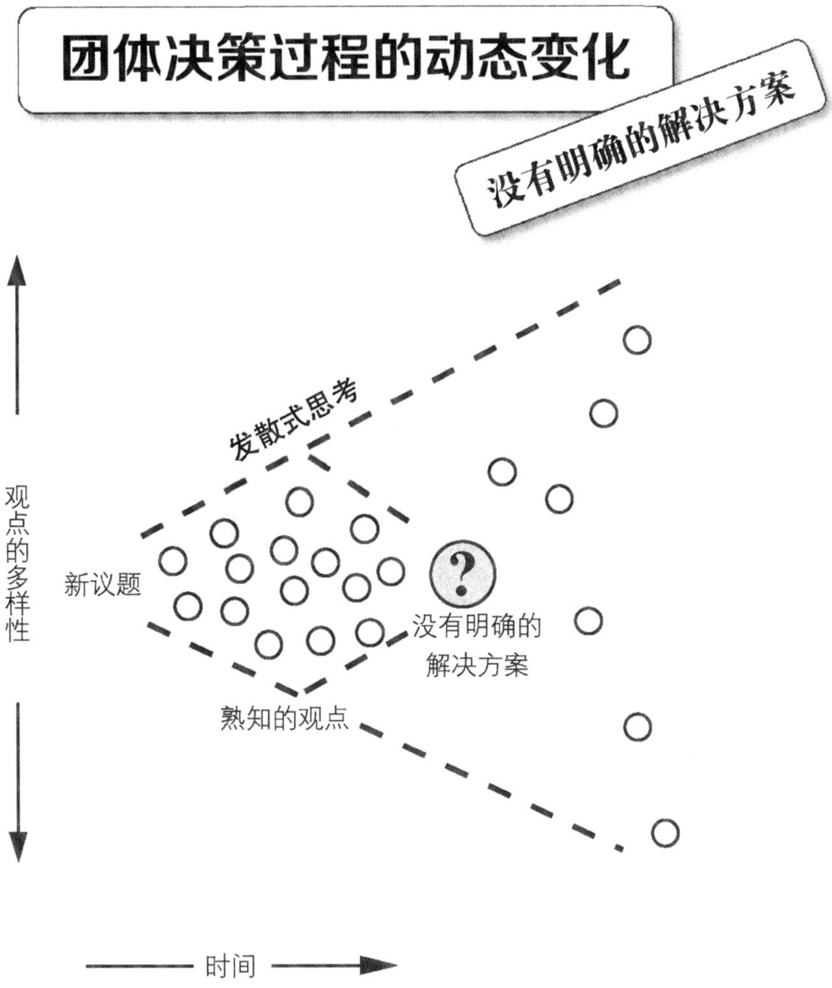

有些问题是没有便捷解决方案的，例如， 如何预防市区公立学校的校园暴力？员工需求越来越多元化，企业需要做些什么才能满足这些需求？类似这样的问题，需要很多的思考。这些问题相当复杂，用我们以往熟知的观点和常规的智慧是无法解决的。

当决策者们不得不绞尽脑汁处理复杂问题时，他们只有跳出被熟知观点框定的狭隘思维，寻求更广阔的可能性，最后才能成功。

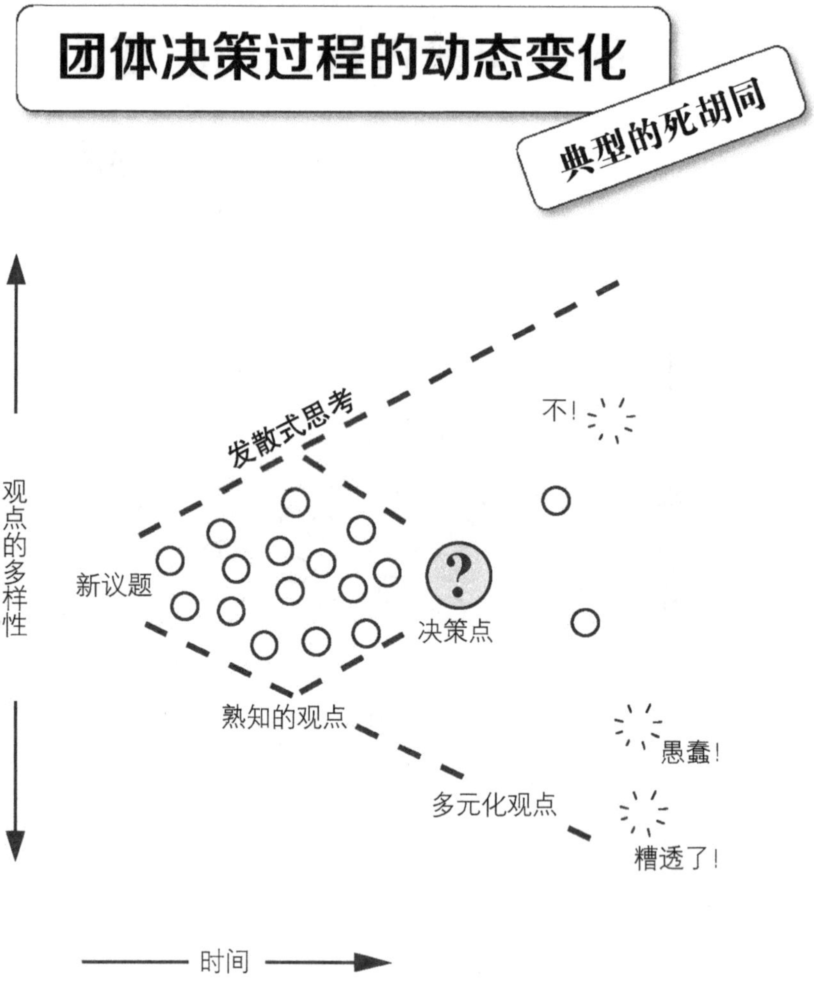

很遗憾的是，大多数团体都不善于培育陌生、未知且小众化的看法及观点。

团体决策过程的动态变化

探索可能性

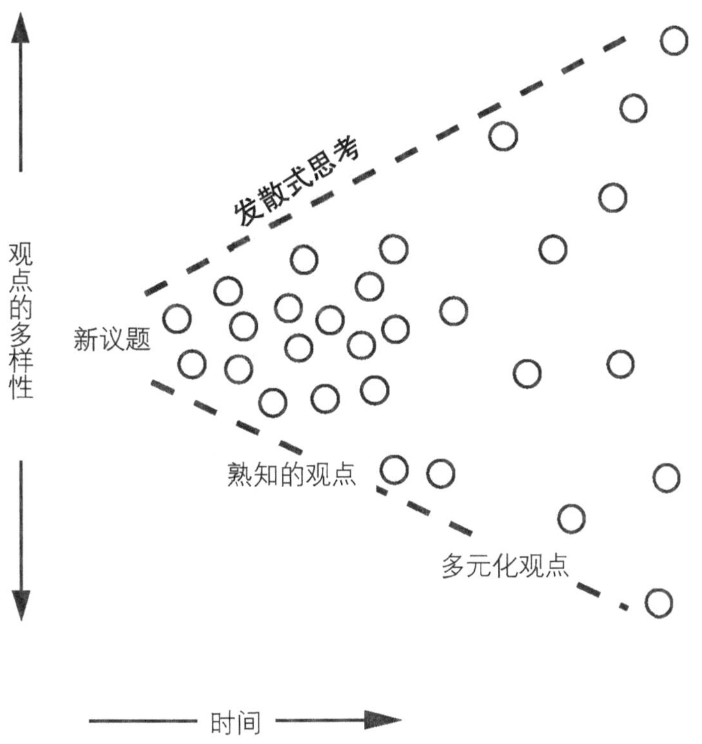

偶尔，当彼此利益关联足够大、状态又合适时，团体也能克服互相批评、压制的习惯。在这种情况下，大家会姑且考虑新的观点。一些参与者会有勇气表达有争议的想法，另一些人也会说出尚未成熟的想法。

既然我们的目标是寻找解决问题的新思路，自然我们是希望多元化的，但观点太发散，会过于累赘，难于处理，那怎么办才好呢？

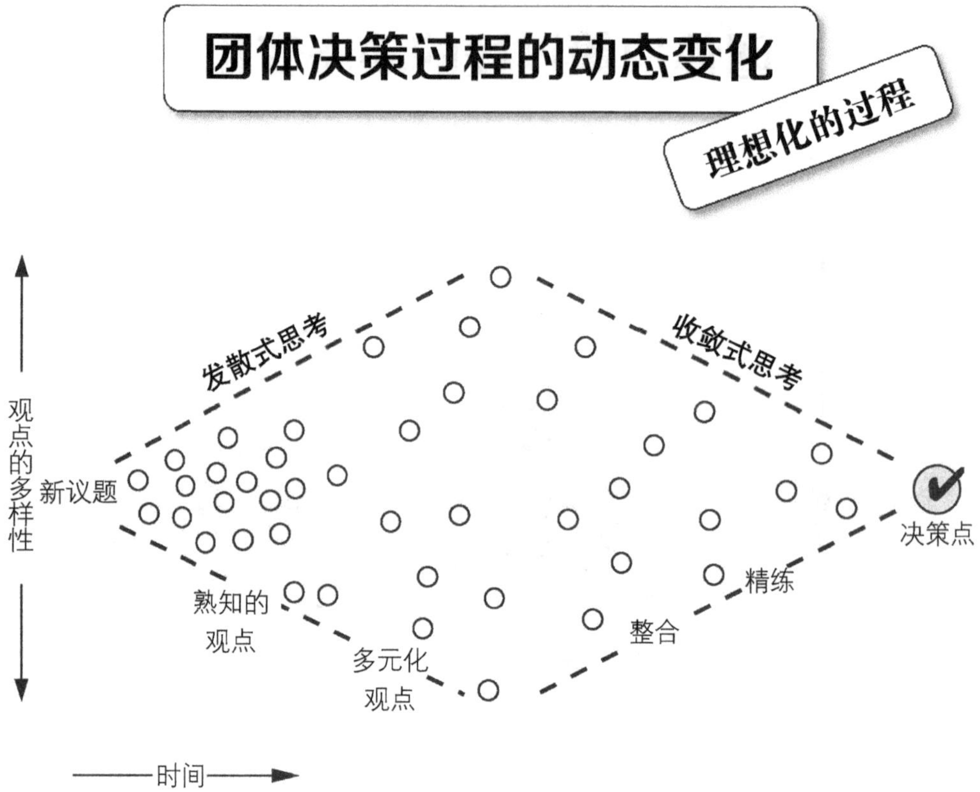

理论上，当团体有决心彻底弄明白难题的时候，他们会以有序的方式，深思熟虑，步步为营。首先，团体会产生、探索多元化观点；接着，他们把最佳观点打造成提案；然后，精练提案，直至得出一个最后决策，该决策能完全表达全部成员的观点。

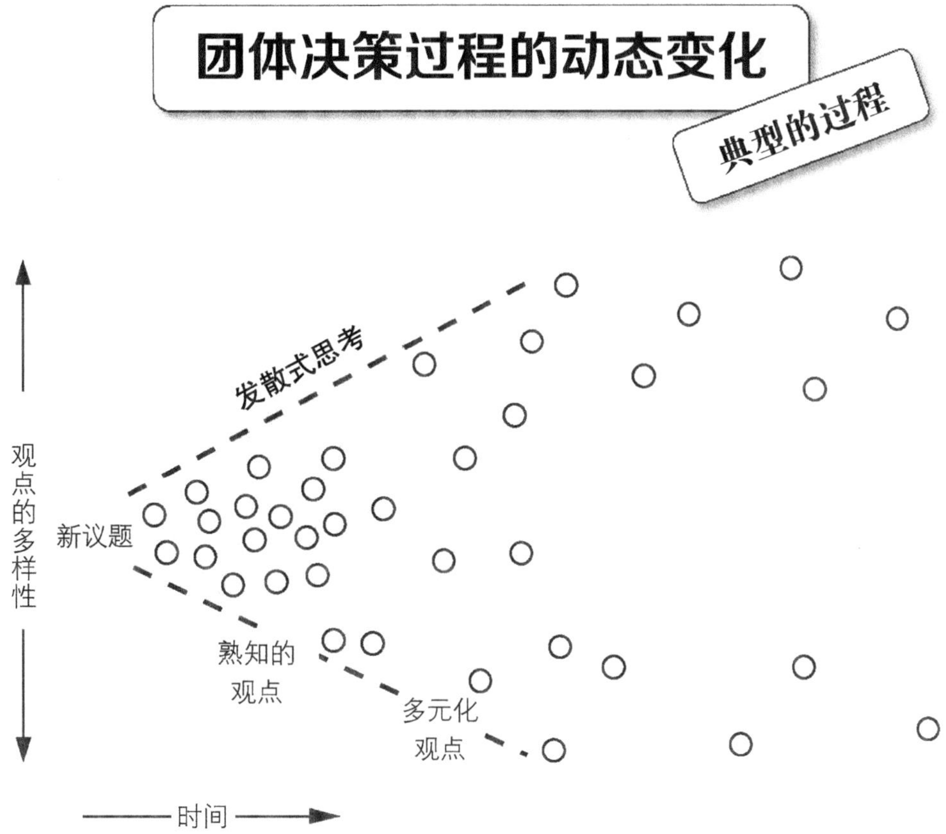

实际上，对一些人而言，要从不断表达自己观点转为聆听他人、理解他人，是有困难的。

当现场有大量多元化观点同时碰撞时，聆听、理解他人变得尤其困难。在这种情况下，人们会觉得不堪重负，失去方向，恼火，失去耐心，或以上各种情绪皆有。有些人觉得被误解而重复申辩，另一些人则催促快点了结。

这样，一场诚心实意想解决难题的讨论，常常演变为一团乱麻。

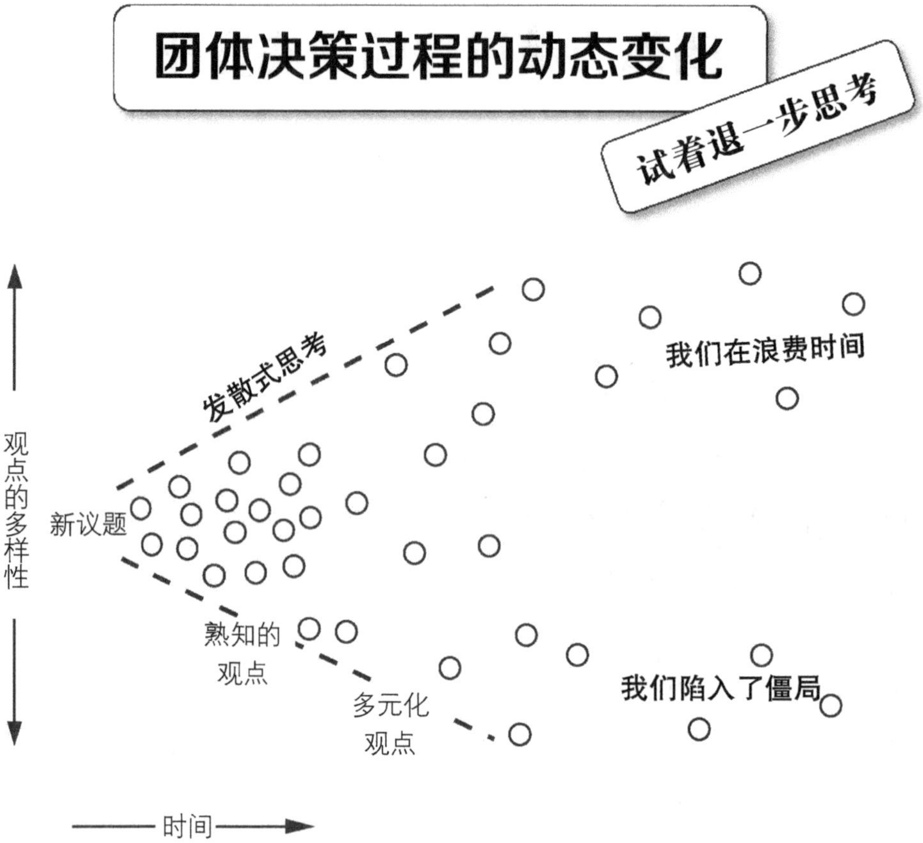

有时候一个或几个参与者试图让大家暂不讨论争议的内容，而是回到会议流程和议事规则的讨论上。他们可能会说："我想我们事先都同意不偏离议题的。"或者说："有人知道现在我们究竟在干什么吗？"

而此刻，团体成员几乎不会对这类声音做出明智回应，尤其是当该声音听起来像是不和谐的反问句时。更多情况下，这类关于流程规则的声音，只不过沦为诸多噪声中的一种，就像另一些不被理解的观点一样，被淹没在整体的混乱中。

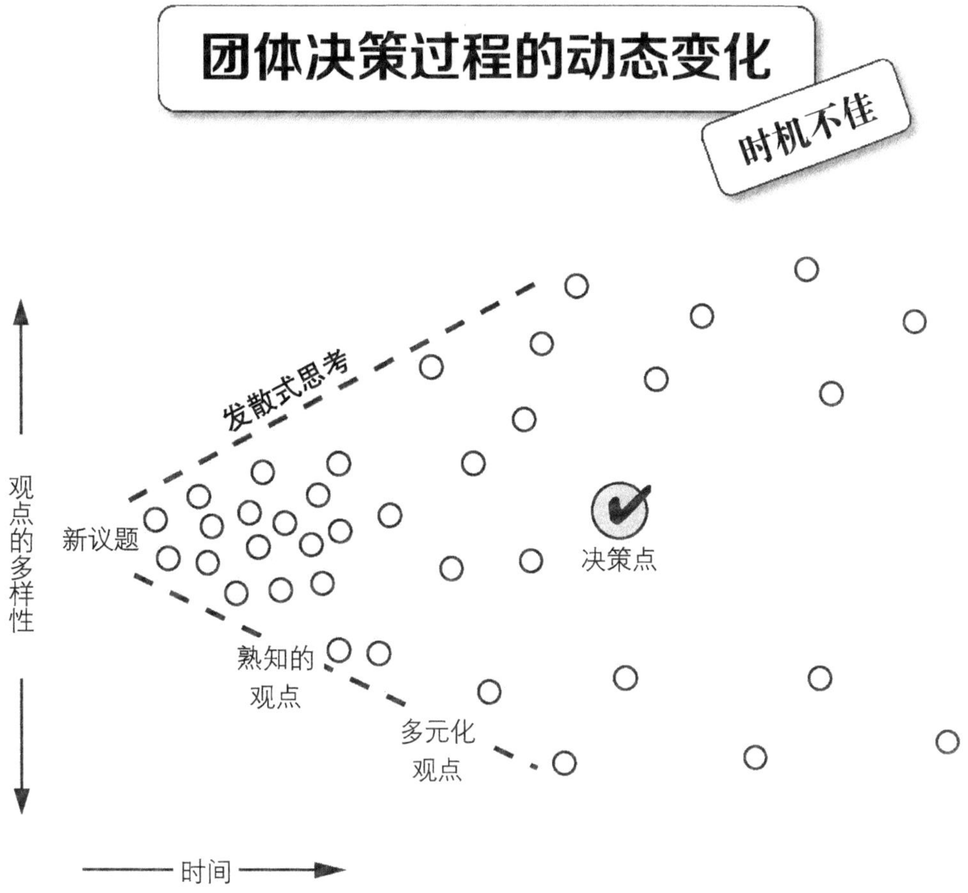

此刻，如果会议负责人为了缓解团体受挫情绪而草率宣布自己的决策，他只会把事情弄得更糟。但这样的事却常常发生。

他可能认为自己对该难题已经胸有成竹，但这并不意味着其他人能心有灵犀、感知其决策背后的依据，有些人也许还沉浸在与你完全不同的思考中。

就本案例的情形，负责人显得似乎在会议开始前已经有了决策。员工就会想："既然你早已有了决策，何必多此一举让我们发表意见？"这样，原本美好的愿望是想把混乱的讨论理顺，但现在却导致了不信任，甚至引来嘲讽。

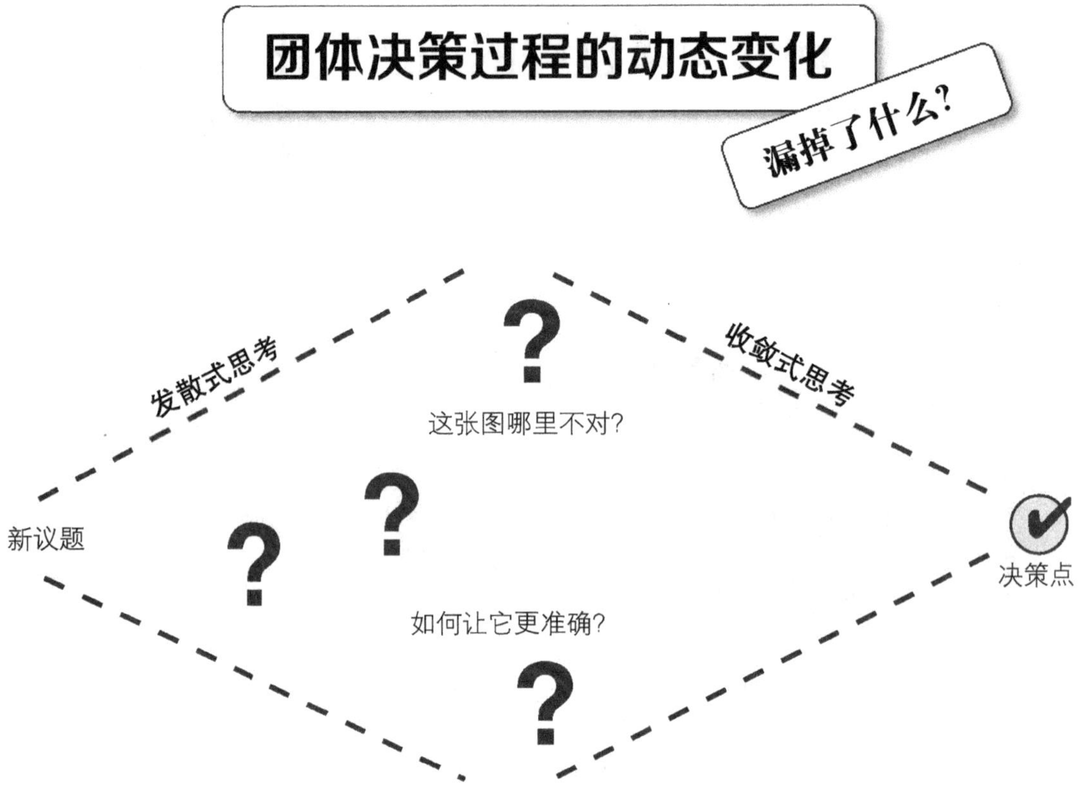

显然，理想化的模型是不现实的。实际生活中，团体不会自动切换到收敛式思考。大多数团体甚至在很长时间的发散式思考后，已经到了这一步时，依然止步于障碍前，一如前几页提到的那样。也就是说，他们在发散式思考阶段就很容易受阻不前。

上图的理想化模型并没有表示出这些，那么，缺失了哪个环节呢?

团体决策过程的动态变化

切合实际的模型

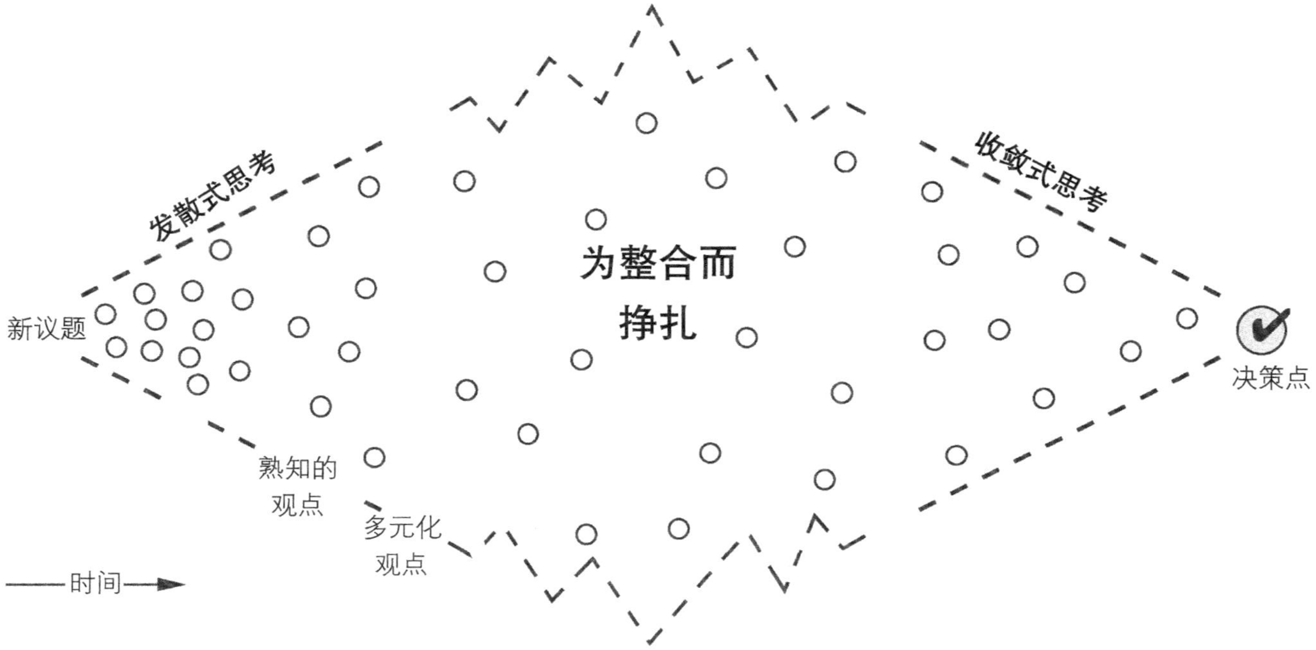

阶段性的困扰和受挫感是团体决策中的自然现象。在“发表熟知的常规观点”和“探索多元化的新观点”之间有一个界限，一旦跨过这个界限，团体成员就得为整合新的、不同的思考方式而自我挣扎。

团体决策过程的动态变化

动荡期介绍

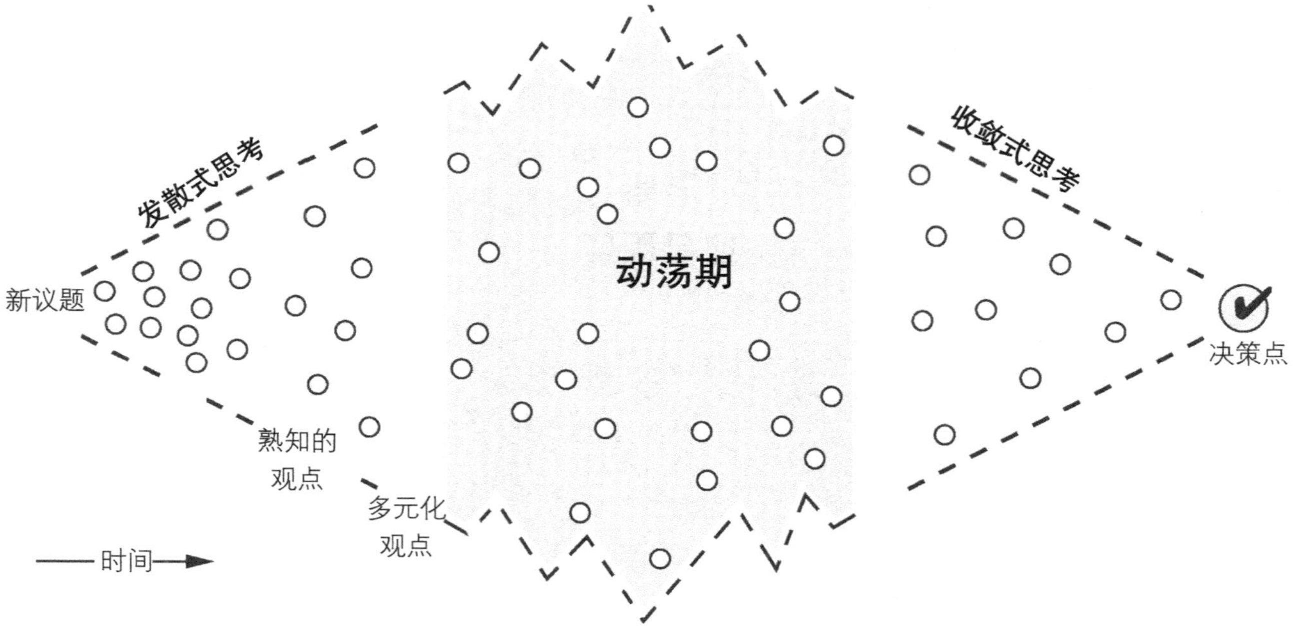

在挣扎纠结中，要理解大量陌生对立的想法绝不是一种快乐的体验，团体成员可能不断重复辩解、思维钝化、自我防御及急躁，或许还不止这些。这时候，团体大多数成员对所处状态浑然不觉。所以有时候，单是能够承认有动荡期的存在，已经是团体的一个重大的进步了。

团体决策过程的动态变化

参与式决策的钻石模型

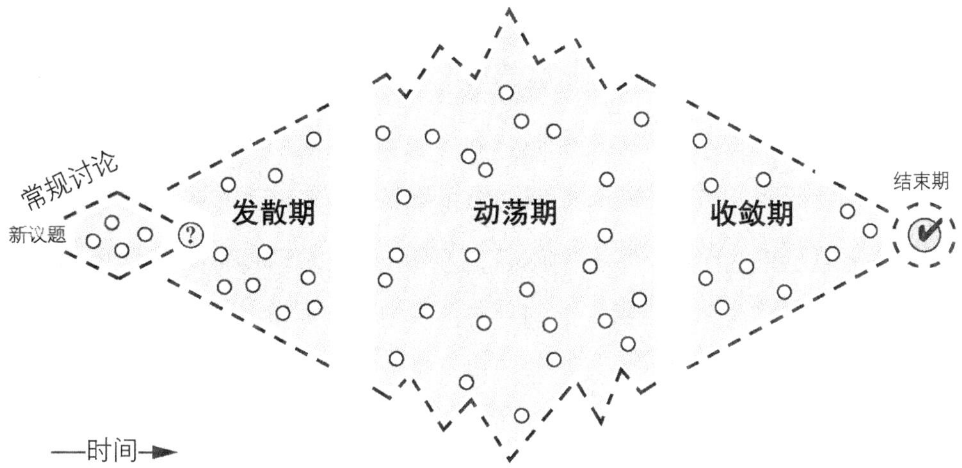

这是参与式决策的钻石模型，是由山姆·肯纳与雷尼·林德、凯瑟琳·陶蒂、莎拉·菲斯克及杜安·伯格一起开发出来的。

引导者可以在很多方面应用此钻石模型。这是一个镜头，引导者可以由此观察会议中的动态沟通过程并适时做出反应。它也可以被当成一个会议议程设计的路线图，尤其在参与、计划一些很困难的对话时。它也可以被当成教学工具，使团体成员共享一种语言模式，共享一种参考观点（价值观），使成员更熟练于自我管理会议流程。

但本质上，这个模型的创立，是为了验证并从理论上解释团体日常工作中隐含的规律。表达不同观点是自然而有益的，暂时的迷茫是可预期的，过程中的纠结、挫败感也是意料之中的。建立互信共识需要付出努力，不是靠嘴上说说而已。

团体决策过程的动态变化

现实模型的威力

理解团体的动态规律，对任何人都是一项不可或缺的核心能力，无论是引导者、领导，还是团体成员，只要他想帮助团体挖掘出群策群力的无限潜能。

团体决策过程中，当人们进入不舒服状态时，他们往往认为团体的功能出现了障碍。随着耐心渐渐失去，对整个过程的成功幻想也趋于破灭。

这就是很多项目未成熟就被放弃的原因。这些个案中，团体并不是对目标不认同，而是把动荡期看作不可逾越的障碍，他们没有认识到动荡期是正常流程的一部分。

太多资金充裕、构思完善、能够解决世界级难题的好项目，都被团体动态规律的暗礁撞垮，这简直令人无地自容。

所以让我们清楚这一点：误解和沟通不畅，是参与式决策中正常自然的现象。动荡期是任何团体多元化所带来的直接、不可避免的结果。

不仅如此，所有消除误解的努力，都是在为可持续共识打下基础，没有共识互信，就不存在有意义的合作共创。

认识到这一点，对在团体工作中的人们非常重要。能熬过动荡期的团体，更容易开辟一条达成共识之路。反过来，只有发掘并达成共识，才能形成富有洞察力、富有创新的合作状态。

2

参与的价值

全情参与让个人变得强大，使团体得到发展，促成可持续的共同决议

- 四大参与价值
- 参与式价值主张如何影响人们及其工作
- 全情参与
- 相互理解
- 兼收并蓄
- 责任共担
- 参与式价值主张的益处

参与式决策的核心价值

全情参与

在参与式的团体中，鼓励所有成员畅所欲言，说内心之想说，这可以从不同角度让团体更加强大。面对困难议题时，团体成员会变得更有勇气，他们学会如何分享自己“不成熟的想法”，学会去发现和认可团体内部与生俱来的多元化观点和多元化背景。

相互理解

为了达成团体可持续的共识，团体成员必须接纳这样的观念：每个人的需求和目标都有其存在的合理性。这个基本的认知让人们可以从对方的视角来进行思考。换位思考正是基于各方兴趣和利益进行思维创新的催化剂。

兼收并蓄

包容的解决方案，才是真正睿智的解决方案。方案的睿智表现为对每位成员观点和需求的整合。这样的解决方案的涵盖范围和愿景来自所有成员，即不仅包括了团体中那些反应迅速的、表达能力强的、有影响力的、有权威的人的真实认知，也包含了那些毫无权力的、胆小害羞的、思维较慢的成员的真实认知。正如资深的引导者凯罗琳·艾斯特所言：“每个人都拥有事实真相的一部分。”

责任共担

成员认识到自己必须愿意而且能够去实施自己所赞同的提案，所以他们会在最后决定做出之前，尽各自所能来贡献自己的主意，并吸收他人见解。为了得到一个好的决定，他们也会承担起责任，来设计和管理整个思考探讨流程。而传统的看法是每个人都要为少数关键人物决策的成败承担责任，二者在这一点上，有十分鲜明而迥然的不同。

参与式价值主张对团体决策的影响

全情参与

常规讨论中，参与的质和量

在典型的常规讨论中，自我表达是受严格束缚的，人们倾向于保留风险高的意见和观点。最受关注的是那些看起来最明确的、最明智的、被润饰得最好的说法。在常规研讨中，大家会对自言自语、边说边想式的发言不耐烦，也会被含糊不清的表达及词不达意的解释而惹毛。这导致了人们自我审查的习惯，也因而使整体参与的数量和质量受到影响，最后演变成只有少数人一直在发言。在许多团体中，这些人喋喋不休地重复表达着他们同样的看法。

参与式决策过程的全情参与

参与式的决策团体也会经过常规的讨论阶段。如果常见的观点和看法能得出可行的方案，团体则可以快速做出决定。但如果常规的讨论无法得出可行的解决方案时，参与式团体便会“开启”参与式讨论流程，以鼓励更发散的想法。这实际上是怎么做的呢？它看起来像可以允许人们表达不成熟的想法，即表达非常规的、但或许是有价值的观点；它看起来像大家冒点风险来提出有争议的议题，也像大家从偏一点的角度提出建议，以刺激他人做新的思考；感觉上也像一整屋子的人都相互支持、相互鼓励来做这样的尝试。

参与式价值主张对团体决策的影响

相互理解

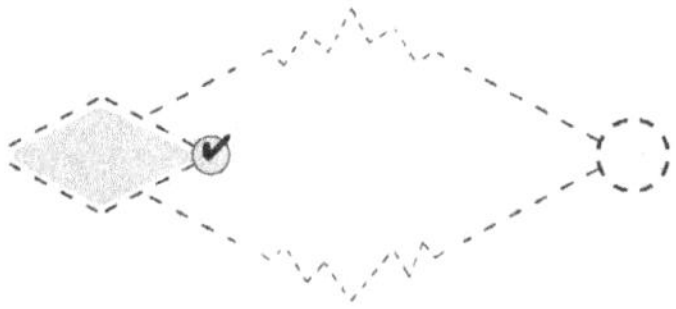

在常规讨论中相互理解的程度

在常规讨论中，相互说服比相互对话更为常见。大家一一解析对方的观点，目的就是为了驳倒对方。即便有人去深入探究别人主张的深层原因，也是十分有限的。即使看起来不能说服别人改变想法，参与者也会将自己的观点坚持到底，似乎继续讨论的真实目的就是追求“雄辩”带来的乐趣。如果不是为了反驳而做准备，大多数参与者都倾向于不再聆听彼此。

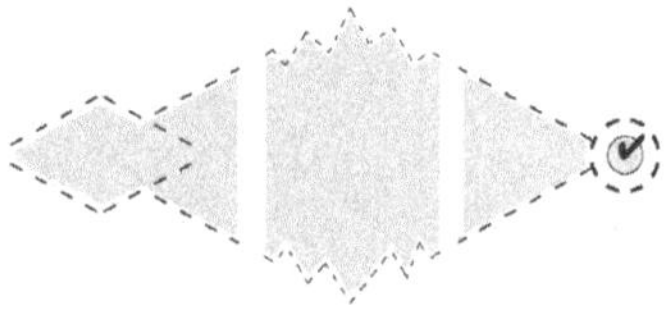

参与式决策过程相互理解的程度

建立共享的理解框架，是指花时间来了解每个人的观点，以找到更好的想法和主意。为建立这样的框架，参与者需要投入时间和努力来彼此探寻，真正理解对方，以做到彼此互相学习。参与者需要站在他人的立场，虽然这个过程可能会伴有间隔的不舒服——有时气氛紧张，有时显得沉闷，但参与者却会持续地保持投入状态。随时间的推移，许多人会对自己原来所坚持的立场有了进一步的理解和洞察。也许会发现自己的考虑过时了，或者信息不准，或者受到不正确的刻板印象的驱使。经过这样的努力之后，成员对彼此可能有了其他的发现和深入理解：原来他们全都真的在乎共同目标的达成。

参与式价值主张对团体决策的影响

兼收并蓄

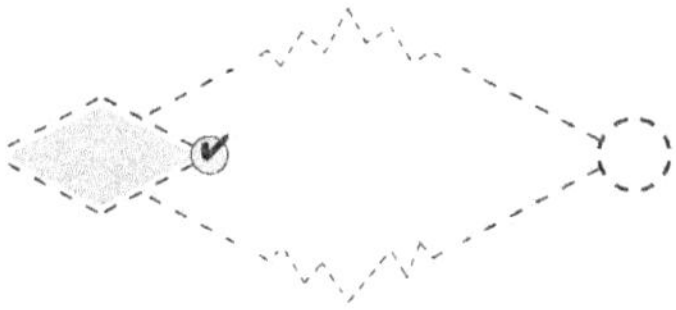

常规讨论得出的解决方案

常规讨论很少能得出兼收并蓄的解决方案。通常大家会迅速地形成一些观点，然后选择立场。每个人都希望自己一方达成全部的愿望，而另一方彻底失败。人们假设某个最具权威的人士会来解决争端，有些团体是通过投票多少来解决争端，但最终效果是一样的。这里的驱动因素是便利和权宜心理，而并非创新和可持续性。但执行容易、利害关系不大时，快速权宜的解决方案是合适的；而当利害关系大、有创新需求，或者需要广泛承诺时，这样做就不可以了。

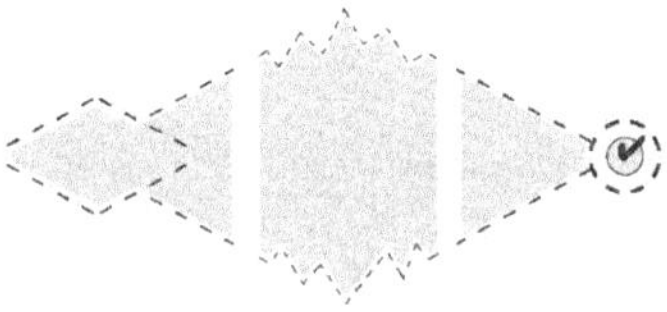

参与式决策过程得出的解决方案

兼收并蓄不是妥协，它的产出对于每位利益相关者都是可行的。一般而言，兼收并蓄是指对全新的备选方案的发掘和探索。例如，此前的竞争对手也许可以建立从来没有考虑过的合作伙伴关系；或针对流程惯常的运作方式，探讨出颠覆式的不同做法。在第 16 章，有一些兼收并蓄式的解决方案的实例可供参考。而兼收并蓄式的解决方案往往不是显而易见的，只能在团体不懈努力的过程中形成。其实，随着成员对彼此观点了解得越多，大家就越来越有能力将自己和他人的目标和需求进行有效的整合。这才是创新式、原创性思考产生的源泉。

参与式价值主张对团体决策的影响

责任共担

常规讨论中的责任设定

在常规讨论中，团体倚赖团体的领导者或专家的权威。负责人承担了定义目标、设定优先顺序、定义问题、建立成功标准、做出决定的责任。同时，大家还期待专业人士来提取数据、进行分析并提出参考建议。此外，大家也期望负责人主持会议、监控每个议题的进程、掌控时间、仲裁争议，当然也负责过程管理的方方面面。

参与式决策过程的责任共担

若要共识可持续，则需要每个人的支持。理解了这个原则，才能让每个人承担起个人责任，来确认行动提案是否满意。这样人们会提出自己认为重要的任何议题。尽管每个人可能会因讲出自己的关注点和顾虑，拖延团体达成决议的时间，人们还是会这样做。此外，责任共担不仅体现在会议的内容上，也表现在会议的流程上。团体成员愿意讨论和共创一个他们愿意遵守的流程，一起设计会议日程，并已经准备好承担不同角色，如引导者、记录者、计时员、调解者、数据整理保存者等。总而言之，在参与式流程中，每个人都是产出的主人，参与者都把这当成核心价值认同，并按之行事。

团体决策过程的动态变化

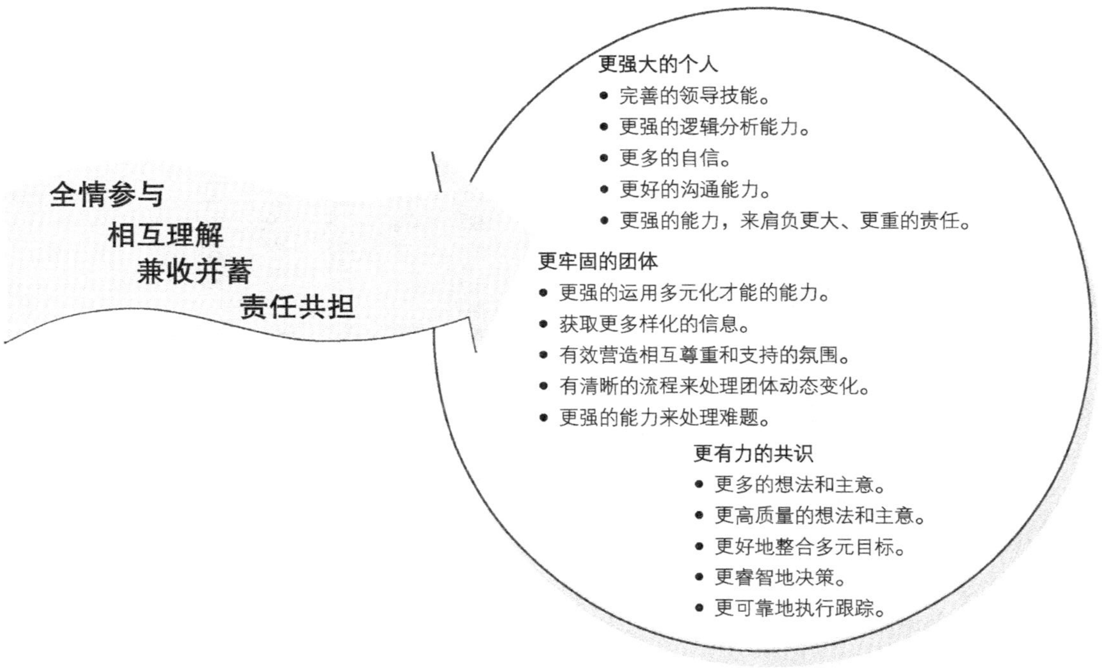

本章所讨论的参与式价值主张，为团体成员开会提供了一套基本准则。遵循这样的价值主张，则可产生显著的结果：更强大的个人，更牢固的团体，更有力的共识。

3

引导者角色介绍

支持团体以最佳模式思考的一种专业技术

- 什么时候需要引导者?
- 第一项功能：鼓励全情参与
- 第二项功能：促进互相理解
- 第三项功能：孕育多元包容的方案
- 第四项功能：培养共担责任

引导者的角色

什么是引导者？为什么需要引导者？

引导者的工作是支持每个人进行最佳模式的思考。因此引导者鼓励参与者全情参与，促进参与者互相理解，孕育多元包容的解决方案，培养参与者共担责任。

对团体来说，引导者的角色到底有多大价值？这要看团体的目的是什么。

假定一个会议的目的只是通报新信息，会议内容只包含信息宣布和报告，那么参与者需要引导的支持来进行最佳模式思考吗？不见得需要。同样，有许多例行的月度会议，只是在日程规划、任务指派等方面做些常规决定，也不见得需要引导的支持。这些事情，多年来没有引导支持也一样处理得很好。

但是，如果会议将面临更多的挑战和困难，又会是怎么样的情形呢？假设一个团体目标是减少高中校园暴力，参与者是家长、教师、校方管理层和警官，如果没有引导的支持，在会议进展过程中，这个团体马上就会感到步履维艰。尽管他们目标一致，但参与者各自看问题的角度南辕北辙。对家长来说显而易见的解决方案，在校方管理层眼里就过于粗糙了；对校方管理层来说很合理的方案，在教师眼里就显得很不给力；对教师来说很负责的方案，在家长眼里就觉得要求太多。对这样的团体，要想有一个最佳的集体思考方式，就需要很多的支持。

团体时时刻刻都要面对各种挑战，做好长远规划非常困难，组织重组或重建也一样困难。例如以下这些例子：解决高层利益相关者之间的冲突，车间引入新技术，在全然陌生的项目开始前界定项目负责范围。在这些情况下，如果团体能争取到引导者的帮助，就能做出更睿智、更持续有效的决策，因为引导者知道如何帮助团体以最佳模式思考问题。

团体中的大多数人不清楚如何靠自己的力量解决棘手问题。他们不知道如何建立一个共享的、互相理解的框架，他们甚至都还没意识到这个共享框架的重要性。他们惧怕冲突和不安，并极力回避它们。然而，整合各家观点时必定会有纠结和挣扎，正是因为他们回避了这种挣扎，使得团体成员的潜力被极大地削弱，从而无法高效解决问题。可见，请一位引导者是何等重要！

引导者的角色

第一项功能

引导者鼓励参与者全情参与

根源性问题：自我审查

团体决策的内在基本问题是：人人言不由衷。因为每个人都不想因为直抒己见而冒险，尤其是说出来后容易被敌视或轻视的时候。体会一下这些言论：

- “这一点我们不是已经讨论过了吗？”
- “帮帮忙，我们简单一点好吗？”
- “快点，我们快没时间了。”
- “那些东西和我们谈的到底有何关系？”
- “不可能！没法干！没门！”

这些言论非常具有压制性，为此人们不敢大声说出内心的想法。这些言论释放出的信息是：想说出你的想法，就得简单一些。要么说得吸引人一点，要么就说得睿智一点，要不就请闭嘴！

我们把这些言论称为“公众场合下的思维禁令”。它们如同深层的暗流，涌动在团体讨论的表层之下，使得参与者在说出自己想法前瞻前顾后。谁愿意在自己的想法还没有成熟之前就引来各种批评呢？谁会愿意听到这类话：“我们不是早就回答过这个了吗”？当周边人正在窃窃私语或随手涂鸦的时候，谁会愿意努力表达出自己复杂的想法呢？面对此类不尊重的对待，多数人会觉得尴尬或觉得现在还不是说的时候。

为了保护自己，人们会在说出想法前，先对自己的思考严加审查。

引导者的贡献

引导者的一个基本工作，就是帮助团体克服这种微妙但极其顽固的传统潜规则。有能力的引导者具有这样的技能和气质：能让人们畅所欲言，让人们觉得自己被很好地倾听。他们知道如何让人们觉得安全，从而愿意大胆问出“愚蠢”的问题而不觉得尴尬；他们知道如何创造空间让内向的成员也发出自己的声音。总之，引导者懂得如何营造一个互相尊重、互相支持的氛围，鼓励人们活跃地思考而不是噤若寒蝉。

引导者的角色

第二项功能

引导者促进参与者互相理解

根源性问题：固有立场

如果成员间互不理解，团体就不能进行最佳思考。但大多数人觉得，要跳出自己固有立场来真正地倾听他人，是非常不容易的。相反，他们还是被困在原有模式中，为自己的观点强势辩护。

例如这样的例子。一群朋友在探讨共同创业的可行性。当谈到钱的时候，分歧就来了。有的人想利益均分，有的人想根据各自的业绩分配利润，还有人想让两位有远见的人得益多一些，以确保他们不另谋高就。大家各自都不轻易让步，同时让步也是不现实的，因为他们各自的观点在多年前就慢慢形成并酝酿延续到现在。

更糟糕的是，每个人的生活经历都如此独特，导致每个人的世界观差异巨大。他们各自的期待、假设、语言习惯、行为等，所有这些都可能成为彼此误解的来源。更进一步看，当人们试图消除误解时，通常都想让别人先理解自己。他们也许不明说，但他们的行为显示了："在我觉得自己没有被理解前，我很难真正倾听你的想法。"这样就容易导致恶性循环。毫无疑问，让人们走出各自的固有立场是很困难的。

引导者的贡献

引导者帮助团体认识到，可持续的共识是建立在互相理解的基础上的，他帮助成员懂得换位思考具有不可估量的价值。

然而，引导者要接受这个事实：误解是不可避免的。他知道，由于误解，每个人都有压力，所以就需要支持，需要被尊重。他知道必须保持中立，尊重每种观点，保持倾听，这样每个团体成员都会坚信"有人懂我"。

引导者的角色

第三项功能

引导者帮助获得多元包容的方案

根源性问题：非赢即输的零和心态

大多数人很难想象，利益明显冲突的双方确实有可能得到一个双赢的决议。大多数人被困在一个传统的思维模式中："我赢你必输，你赢我必输。"结果，解决问题的讨论往往陷于批评指责、强词夺理、推销理念的泥潭，因为参与者都坚守自己的既定立场，捍卫自己的利益。

引导者的贡献

有经验的引导者懂得怎样帮助团体找到融合各家观点的创新想法，这是一个挑战性的任务。经常有这样的情况：会议室中除了引导者，没有人相信多赢方案的存在。

为了达成目标，引导者把理论成果应用于共创实践中，他知道要建立可持续的决议所需要的步骤。

- 他知道如何帮助团体从充满限制的常规讨论中解脱出来，并开始发散式思考。
- 在建立共享、理解框架的过程中，当成员挣扎纠结时，他知道如何帮助团体度过动荡期。
- 他知道如何帮助团体形成创新的想法，以使得各家观点融合一致。
- 他知道如何帮助团体完成协商并达成出色的决议。

总之，引导者懂得如何建立可持续的共识。

酝酿及获得多元包容的方案极具价值并且有章可循。当引导者带领团体相信这一点后，带来的影响极其深远。很多人嘲讽下面的说法：团体有能力在难题出现前找到出色的解决方案，但当这些人最终认识到了新思维方式的有效性后，他们对团体潜能的发挥会变得乐观。

引导者的角色

第四项功能

引导者培养参与者共担责任

根源性问题：依赖权威

在团体中，很多人习惯成自然地尊崇领导和专家，甚至从来没有花一秒钟时间来反省这种顺从行为。

这也情有可原，因为领导拥有权力，能控制资源，掌握内部信息，他们又和其他拥有权力者关系密切。同样，专家受过训练，有知识，有人脉，了解关键事宜。

而且，保持被动状态往往感觉轻松！第一，对领导直抒己见往往会适得其反；第二，反正说了也白说，何必多此一举？最后，既然专家懂得更多，为何不采纳专家的决定、遵循他们的指导呢？

然而，类似“授权”“共创”“自我管理的团体”这些用词的不断出现，反映了这样一种趋势：过于依赖权威效率不佳。就像马文·韦斯伯德说的：“人们更支持亲自参与制定的决策。”但是当领导真的愿意授权给团体的时候，很多人又发现打破旧的模式有难度。这样的被动又导致领导不得不继续独揽大权、事必亲恭，这样便进入了继续依赖权威的死循环。

引导者的贡献

创造责任共担的文化需要非常大的努力，团体领导必须认同责任共担的价值。领导和员工要一起开发流程，学会基本技能来有效实施参与式决策。

引导者的帮助往往带来重大影响，他帮助团体走出惯常的顺从依赖，让大家变得果断自信、合作、责任共担。为了让团体达到这个境界，他有时像教练，有时像老师，有时又像系统和程序的设计者，有时还像励志演说家，鼓励成员挺起腰杆共担风险。从这个方面来看，引导者又是一个深层文化变革的管家。

参与式决策所需要的引导技能

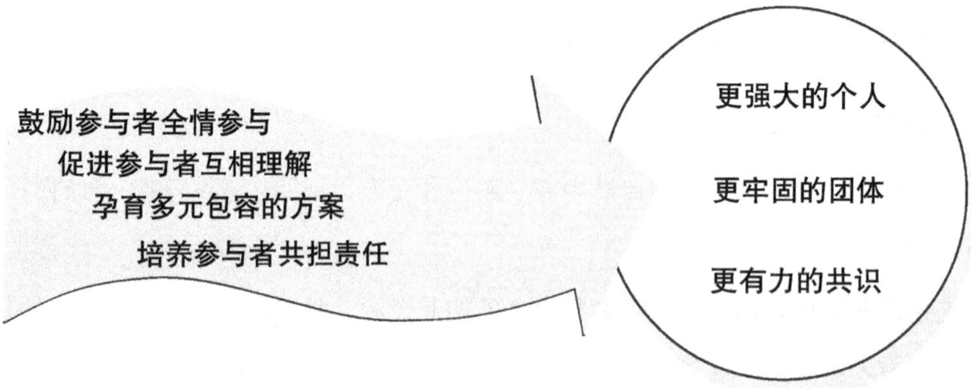

引导者的使命是支持每个人在最佳模式下进行思考。

这个使命的达成，靠的是引导者的四项功能：

- 鼓励参与者全情参与。
- 促进参与者互相理解。
- 孕育多元包容的方案。
- 培养参与者共担责任。

当引导者有效地发挥这些功能时，其效果令人叹服。引导者增强了团体成员的技能、觉察和自信；优化了整个团体的结构和能力；极大地增加了团体达成持续共识的可能性。

第 2 部分

引导者的基本技能

4

引导者的倾听技巧

尊重所有观点的技巧

- 尊重不同沟通风格
- 简要重述
- 引发充分表达
- 镜像重述
- 收集想法
- 排序发言
- 追踪议题
- 鼓励发言
- 平衡发言
- 支持彼此倾听
- 打造沉默者的空间
- 承认感受
- 确认接纳
- 同理移情
- 刻意沉默
- 连接主题
- 倾听逻辑
- 合理化分歧
- 倾听共同点
- 抱持观点倾听
- 总结归纳

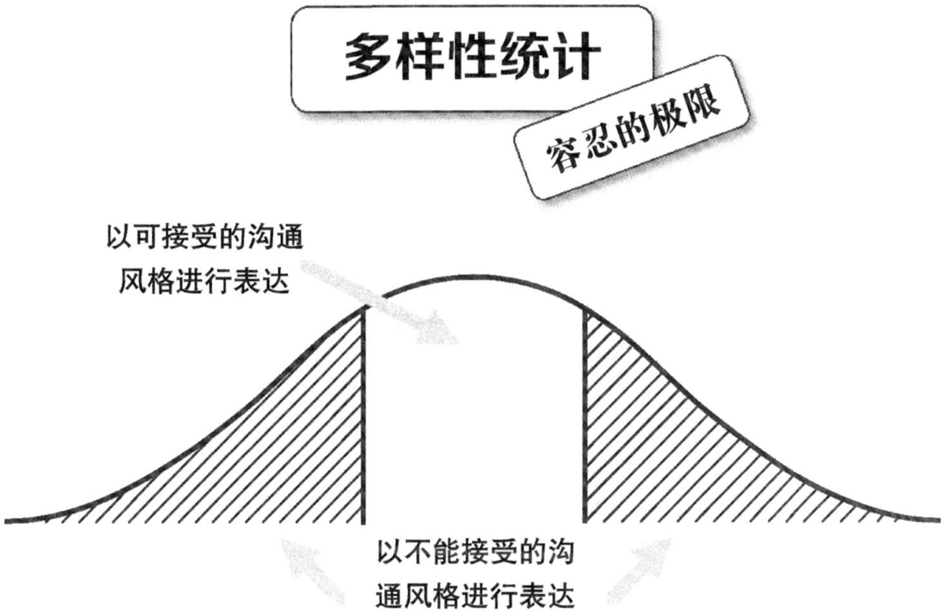

当用别人可接受的风格进行沟通时，人们会更加认真对待。相反，如果表达拙劣，或者有攻击性的倾向，会让人难以倾听。例如：

- 当说话者表达繁复混乱时，很多人会感觉很不耐烦、坐立不安。
- 当害羞或者紧张的发言者吞吞吐吐、欲言又止时，团体成员会表现得没有耐心。
- 对于夸大其词、扭曲事实、毫无根据的表达，人们会没有兴趣。
- 当发言者提出偏离主题、毫不相干的观点和想法时，大家会感觉无法承受。
- 一些人对过多的情感表露感觉极度不舒服。

在理想的状态下，不论如何表达，洞见和想法的价值与作用应该不受任何影响。但在现实世界里，当表达的方式令人不愉快时，人们则停止倾听所表达内容的内涵，不论这些想法多么有价值。

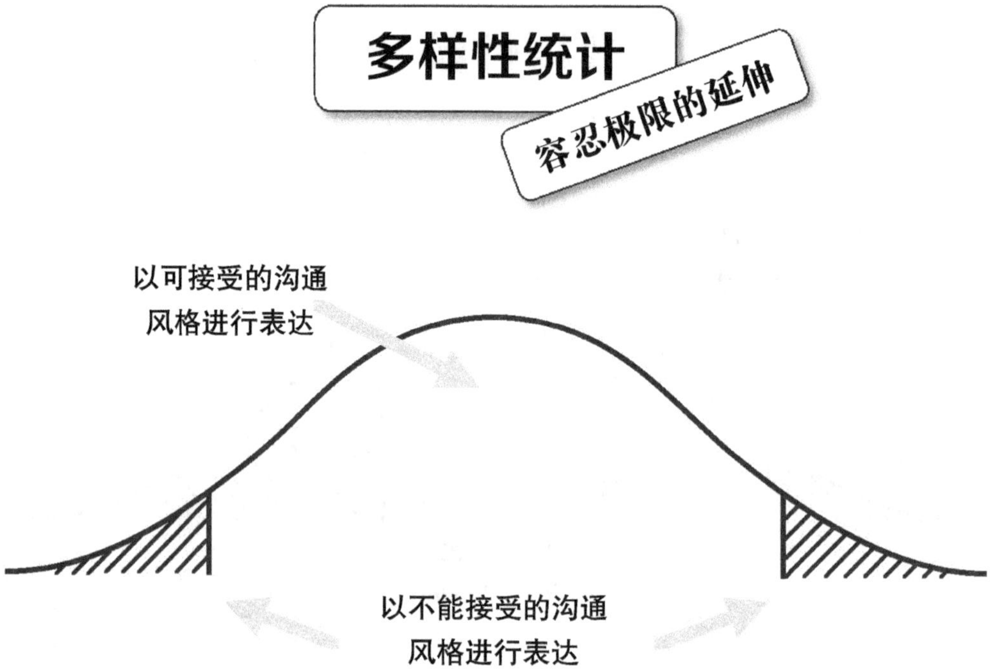

能对不同沟通风格容忍的团体，比起需要将想法表达为可接受的方式的团体，能更多地利用成员提出的想法。通过运用良好的倾听技巧，引导者能为这样的团体提供强有力的支持。例如：

- 当有人的表达繁复混乱时，引导者可以通过语意重述来帮助人们总结其想法。
- 当说话者犹豫不决、欲言又止、断断续续时，引导者可以用开放式的、非指令性的问题来让说话者放松，帮助其清晰地说出内心所想。
- 当有人夸大其词或扭曲事实时，引导者可以在不与其争论其观点精确性的情况下，验证和确认其核心要点。
- 当有人偏离话题时，引导者可以用完全尊重的方式，通过对其提问，来帮助大家从更宽的视角，察看其观点与主题的关联性。
- 当有人表达过于情绪激动时，引导者能在第一时间接受其情绪，然后简要重述他的内容，以保证不会因为团体的本能反应而使他的观点被忽略。

这些情境表明，引导者对每个人娴熟地倾听以及充分尊重是多么的重要。

简要重述

理由

- 对于积极倾听来说最基本的是简要重述。对于说话者，简要重述是能证明他的想法被听到并被理解的最直接的方式。
- 简要重述的威力在于它不带判断，并且是一种确认，能让人们感觉到他们的想法是合乎情理的，并能受到尊重。
- 简要重述为发言者提供了一个机会，来了解自己的想法是如何被别人听见、如何被别人理解的。
- 在说话者的表达不断兜圈子、含混不清时，简要重述特别有用。这时，你可以先简要重述，然后用“这是你的意思吗？”来进行核对和澄清。
- 总而言之，简要重述是支持人们“边说边想”的一种工具。

做法

- 用你自己的话说出发言者所说的意思。
- 如果发言者只说了一两句，请用差不多的字数来进行简要重述。
- 如果发言者说了很多，请简要总结。
- 为加强团体对你客观性立场的信任，请时常在重述前加上如下导言：
    - 听起来，你是说……
    - 我这样理解，是不是你的意思？
    - 你的意思是不是说……
- 简要重述完毕，要观察发言者的反应。问一句：“我理解了你的意思吗？”他会以语言或非语言的方式来表示自己是否被理解了。如果没有，要继续探寻澄清，直到你理解为止。

引发充分表达

理由

- 引发表达是帮助参与者澄清、展开、提炼想法的技巧，而无须任何训导和强加。
- 通常问发言者指引性的问题，如“你的目标是什么？”“要用多长时间？”这样的指引性问题有时比较有用，但仅仅是在提问思考的方向上有用，并且这还可能会打断说话者的思路，特别是当说话者还在构思时，是有问题的。
- 相比之下，开放式的、非指引性的问题重点是帮助发言者思考，而不是提问本身。
- “引发充分表达”释放了这样一些信号：“我和你同在，到目前为止我理解你，请再多告诉我一些。”这样的信息可以支持人们对其所想进行更深入思考，更充分表达。

做法

- 首先简要重述发言者的意思，然后以开放式的、非指示式的问题进行提问。以下是一些例子：
  - “关于这儿，你可以再多说一些吗？”
  - “你的意思是……”
  - “你现在想到的是什么?”
  - “为什么会这样呢？”
  - “你还可以再告诉我一些什么吗？”
  - “对你有作用吗？”
  - “对你来讲，重要的是什么？”
  - “多告诉我一些。”
  - “能举个例子吗？”
  - “那你怎么想？”
- 以下是一些不太常用的方式，但效果也不错。首先简要重述对方的意思，然后运用一些连词，如“所以”或“而且”“因为”。例如，“你说要再等 6 个星期才签合同，是因为……”

镜像重述

理由

- 镜像重述是简要重述高度结构化的、正式的形式。引导者逐字逐句地重复发言者的话，让发言者确切地听到自己所说的内容。
- 当自己的内容被简要重述时，一些人会把它当成隐晦的批评。而对他们来讲，镜像重述则能显示出引导者在保持中立。
- 新成立的团体，或者团体成员不熟悉引导这种方式时，通常能从镜像重述引发的信任效应中受益。
- 镜像重述可以加快缓慢的讨论节奏。当然，这也是引导头脑风暴流程时可选的工具之一。
- 一般而言，引导者越觉得需要建立中立感，则越需要频繁地使用镜像重述，而不是简要重述。

做法

- 如果发言者说了一个简单的句子，就用发言者自己的语言逐字复述。
- 如果发言者说了不止一个句子，则需要复述其关键字词或短句。
- 无论是哪种情况，一定要用发言者的词语，而不是自己的。
- 有一个例外，发言者说“我”时，则需要转换为“你”。
- 镜像重述发言者的词语，与镜像重述发言者的语气语调是不同的概念。不论发言者的语气语调如何，你都要保持你的语气语调听起来温暖、易被接纳。
- 你的手势和语调要保持自然，像你自己，而不要显得呆板、做作和模仿别人。切记，镜像重述的目的是建立信任。

收集想法

理由

- 收集想法是一种倾听的技巧，可以帮助参与者以快速的节奏构建一系列想法。
- 收集想法是镜像重述和简要重述的结合，是反映式的倾听技巧，并结合了肢体手势。来回走动，或伴有手、胳膊的动作，这些都有助于激发现场能量，帮助大家保持投入度。
- 在收集想法时，要保证镜像重述的运用多于简要重述。这样可以建立活泼、舒适的节奏，有利于大多数参与者投入。许多人能迅速进入这样一种节奏：以词语来表达自己的想法，通常是 3～5 个词语。相对于长句子而言，这些词语可以很容易地被记录在白板纸上。

做法

- 有效收集想法起始于简要的任务说明。例如，“在接下来的 10 分钟里，请评估这个方案，提出需要进一步讨论的任何内容。我们先收集所有的想法，这样我们就能看到问题的全貌，然后我们分别进行详细讨论。”
- 如果这是团体第一次做“列出想法”的活动，要花一点时间教他们如何判断。例如，“在接下来的活动中，我期望看到每个人自由表达，即便天马行空或不受欢迎的想法也可以。所以请给激发想法留下空间，我们先不做任何判断。当所有想法全部列出后，我们再开始评估讨论。”
- 接下来请团体每个成员提出他们的想法，引导者进行镜像重述或简要重述。
- 尊重所有的想法和观点，如果某些想法很怪异，给予镜像重述，然后继续进行。

排序发言

理由

- 当几个人想要同时发言时，排序发言是帮助大家有序发言的一种方法。
- 排序发言可以让每个人都知道，自己是有机会轮到发言的。每个人都可以心无旁骛地全情倾听，不用着急去争取发言时间。
- 相反，当人们不知道何时发言，甚至不知道自己是否还有机会讲话时，就会忍不住要争取机会。这会导致各种各样的没有耐心、不尊重，甚至粗暴打断的行为。
- 如果不排序，引导者就不得不花精力来关注那些人，他们用挥手或其他非语言信息来表达“我有话要说”。因而，不可避免地，有些成员会被遗漏或忽略。通过排序发言，引导者能建立一个顺序，涵盖所有想发言的人。

做法

- 排序发言有 4 个步骤。第 1 步，引导者请想发言的人举手。第 2 步，引导者为每人分配一个编号，确定发言顺序。第 3 步，按顺序请每人轮流发言。第 4 步，最后一个人发言完毕，引导者最后询问是否还有人想发言。如果有，引导者再次开始排序，开展另一轮发言。以下是每个步骤的示例。
  - 第 1 步：“我们大家有谁想发言？请举手示意”。
  - 第 2 步：“吉姆，你第一个发言。黛柏，你第二个。泰隆，你排第三。”
  - 第 3 步：（吉姆发言完毕后）“谁是第二个？是你吗，黛柏？好的，请说。”
  - 第 4 步：（最后一个人发言完毕后）“现在谁还想发言？还有其他意见吗？”然后，开始新一轮排序，重复第 2~4 步。

追踪议题

理由

- 追踪议题是这样一种方法，指在一个讨论中追踪同时产生的不同思考脉络。
- 例如，几个人在讨论一个新员工的雇佣计划。两个人在讨论角色和职责；另两个人讨论财务影响；还有其他两个人在回顾与前任的互动经验。在这种情况下，人们需要帮助，以确保所有正在讨论的内容都能得到跟进。因为在研讨中，人们的注意力主要都聚焦在厘清自己的想法上。
- 研讨中人们会认为，自己感兴趣的特别议题，也是别人应该关注的议题。追踪议题可以让与议题相关的多个不同线索得到明晰并被探讨。这样做，也就肯定了每种想法同样重要。

做法

- 追踪议题有 4 个步骤。第 1 步，引导者表示自己要暂停一下，总结归纳到目前为止的讨论内容。第 2 步，要列出目前正在研讨的不同议题。第 3 步，要和参与者确认自己总结的准确性。第 4 步，邀请大家继续讨论。示例如下。
    - 第 1 步："目前似乎有三个议题正在同时进行，我想确认一下我是否追踪到了这三个议题。"
    - 第 2 步："一个讨论与角色和职责有关，另一个与财务有关，第三个与你们同前任共事的经验体会相关。"
    - 第 3 步："我这样理解对吗？"通常有人会说："不是这样的，你漏掉了我的想法！"如果这样，不要争辩或解释，只要确认他的意见，然后继续即可。
    - 第 4 步："还有其他意见吗？"然后继续进行讨论。

鼓励发言

理由

- 鼓励发言是一种艺术，它既可以创造开放参与的空间，又可以避免某人因过于被关注而尴尬。
- 在一些会议中，有时有人会表现出“坐在后排、袖手旁观”“让其他人来吧，置身事外”的姿态。这是不是意味着懒于参与，或者不负责任呢？不尽然！也许他们只是感觉即将开始的议题与自己的关系不大。些许的鼓励，将有利于帮助他们放松和集中精力，或者帮助他们发现自己与研讨议题真正的内在连接。
- 鼓励发言在研讨的初期特别有用。对于研讨主题，人们一旦得到有效的热身，后续他们就会更加投入、乐于表达，就不需要那么多帮助了。

做法

- 以下是一些鼓励发言的做法：
  - “谁还有想法？”
  - “在这个问题上，有没有从学生角度出发的观点？”
  - “谁有关于战争的故事要分享？”
  - “其他人怎么想？”
  - “吉姆刚刚给了一个他称为‘通用原则’的主意，谁可以为这个原则举个例子？”
  - “目前没有发言的参与者有什么建议吗？”
  - “2 号桌刚才说了什么？”
  - “对于刚才的讨论，谁有什么问题吗？”
- 有时，在提问之前，先重述一下讨论的目的，是很有效的。例如：
  - “我们一直在寻找这个问题的根本原因，谁还有其他想法吗？”

平衡发言

理由

- 一场研讨的方向通常是跟随了前面几个人提出的观点而展开的。运用平衡发言的技巧，引导者可以挖掘还没有表达的观点，帮助团体拓展研讨范围。
- 平衡发言打破了“沉默就是认同”的思维定式，它让那些感觉不安全、认为自己是少数派、不愿表达自己观点的人，感受到了受欢迎和被支持。
- 除了为个体提供支持，平衡发言也对团体的行为模式产生积极正向的影响。它传递了这样的信息：“不论所持观点如何，每个人都可以说出自己的想法，这是被允许的，是可以被接纳的。”
- 当一个团体的想法或立场表现出两极分化时，平衡发言可以引发新一轮的探讨，激发更多的想法。

做法

- 以下是平衡发言的例子：
  - “关于这个问题，有没有其他角度的思考？”
  - “有谁同意这个观点吗？”
  - “好，我们已经听到许多人持这个立场。还有其他人有不同的立场吗？”
  - “好，针对这个提案，我们已经提出了许多不同挑战。有谁想要表达一下对这个提案的支持吗？”
  - “有谁可以扮演一下黑脸，讲一下不同观点吗？”
  - “我们听到了相关方 A 和相关方 B 的想法，相关方 C 有什么想法吗？”同理，“我们听到了警察的观点、店主的观点，那么，我们邻里年轻人的观点呢？”

支持彼此倾听

理由

- 这里讲的是如何支持人们在想法上彼此互动。这是实现相互理解非常重要的步骤。
- 良好倾听的目标是打开通往发言者思想的一个窗户。许多团体成员感觉他们在倾听方面做得很好，但他们仅仅是简单地关注他人的所述，通常没有通过提问来深入了解所述观点的具体情境、假设或背后的价值观。
- 这个技术也可以在团体发展和凝聚力打造上扮演重要的角色，因为它可以帮助人们发现，他们能提问并探究其他人的想法，而不用担心其他人有不爽的感觉。

做法

- 这些是支持彼此倾听的例子。
  - “你听到吉姆说什么了吗？”
  - “谁对琼的发言有一些提问？”
  - “谁对凯恩的发言有一些共鸣？”
  - “阿曼达的想法哪些对你来讲不是很适用？”
  - “谁对威廉姆的意见有一些回应？”
  - “休，娜米的想法，从你的角度来看如何？”
  - “你可以用不同的语言来重述鸠山的评论吗？”
  - “你觉得艾伦理解你所说的了吗？”
  - “我想知道我们理解你的意思了吗，罗尼？谁能概括一下？”
- 如果有人回应了这些问题，紧接着要鼓励其他人也发言。例如，“还有谁有类似的观点？”“谁还想补充？”

打造沉默者的空间

理由

- 打造沉默者的空间对于沉默安静的人意味着："如果你现在不想说，没有问题。但如果你想说，现在就是机会。"
- 每个团体都有一些特别爱表达的人，也有一些说话很少的人。在团体研讨节奏比较快时，安静的人和思考较慢的人可能跟不上节奏，插不上嘴。
- 有些人习惯性低调，因为他们不喜欢被误认为是不礼貌的或争强好胜的人。另一些人则会在刚刚进入一个新团体时表现出有所保留或犹豫不决，因为他们不太确信什么可说，什么不可说。也有一些人认为自己的想法不像其他人的"那么好"，所以就把想法放在心底。在这些情况中，引导者可以通过对沉默的人参与空间的打造，来帮助人们有效表达。

做法

- 要关注安静的人。留意他们的肢体语言和面部表情，是否有想要发言的渴望和暗示。
- 邀请他们发言。例如，"你有想法要表达吗？""你要补充点儿什么吗？""你看起来好像要说些什么。"
- 如果他们拒绝，引导者要表现得亲切自然，然后继续。他们不喜欢成为众目睽睽的焦点，每个人都有权利选择是否参与，以及何时参与。
- 如果有必要，请其他人稍等一下。如果安静的人示意要发言，但其他人却要抢先说，则可以说："我们一个一个地说。泰瑞，不妨你先说吧。"
- 如果参与状况非常不对等，可以建议采用结构化的轮流发言的方式，让每个人都有说话的机会。

承认感受

理由

- 人们通过行为、语言、语调、面部表情等来沟通感受，这些沟通对于信息的接受者能产生直接的影响。
- 当感觉是直接表达而不是间接流露，是有意表达而不是无意为之时，这些影响更容易被把握。
- 实际上，人类的感受经常是在无意识状态下流露出来的，也就是说，我们经常在无意识状态下发送了信息，也正是这些无意识的信息操纵和塑造了我们沟通的内容。
- 引导者通过辨识感受并把它说出来，来提升每个人的觉察。然后，通过简要重述和引发表达，引导者帮助团体认知和接纳成员的感受。

做法

- 承认感受有 3 个步骤。
    - 第 1 步，当团体遇到艰难对话时，要注意情绪化的语调，留意那些可以表明感受存在的蛛丝马迹。
    - 第 2 步，以提问的方式说出你注意到的感受。
    - 第 3 步，运用引导式倾听的技巧来帮助人们回应你说出的感受。
- 以下是第 2 步的一些例子，要把任何观察以提问的方式提出。
    - “听起来你有点儿担心，是吗？”
    - “看起来你对它有一些感触。我猜你有一些挫败感，是这样吗？”
    - “从你的语调听起来，你似乎比较高兴。是真的吗？”
    - “这个讨论似乎给你带来一些感触。你有些不安，是吗？”
    - “你是不是觉得……”

确认接纳

理由

- 确认接纳，是对发言者观点或感受存在合理性的接纳，而无须对其观点“正确性”表达同意。
- 许多引导者都想知道，是否可能在研讨中支持争议性观点表达的同时，不会给人自己有所偏袒的感觉；是否可以在承认某人感受的同时，不会给别人一种暗示：我们同意其感受背后的逻辑。
- 答案是肯定的。确认接纳就意味着，可以既承认团体有不同的观点，又不会偏袒任何一方。
- 就像你不同意一个观点，但可以简要重述它一样，你可以认为某种感受不正确，却能做到接纳并确认它的存在。
- 确认接纳所传递的基本信息是：是的，显然那是一种看法，其他人也可能有不同的观点，即便这样，你的观点也是完全可以理解的。

做法

- 确认接纳有 3 个步骤。第 1 步，简要重述。第 2 步，评估发言者是否需要额外的支持。第 3 步，提供支持。
- 第 1 步：简要重述，引发其充分表达观点或感受。
- 第 2 步：问自己：“这个人是否需要额外的支持？对方是否说了需要冒风险的话？”
- 第 3 步：承认其表述内容的合理性，以此来提供支持。
  - “我懂你的意思。”
  - “我知道那种感觉。”
  - “我了解它为什么对你那么重要。”
  - “我能理解你为什么那么想。”
  - “现在我理解你那么想的缘由了。”
- 一旦感觉到被确认和接纳，人们就会倾向于打开心扉，更多地表达。在这种情境下，要表现出尊重对方。你不是在同意对方，你是在支持对方讲出其自己所认为的真相。

同理移情

理由

- 同理移情一般指理解他人并能说出他人感受的一种能力。
- 首先要设身处地换位理解他人，以及从对方视角观察世界。然后，倾听者要想象那人的感受及原因，再把这样的理解变成接纳和支持的陈述表达出去。
- 同理移情和确定接纳都可以用来识别感受并接纳其合理性。然而，同理移情却更进一步，倾听者要尝试辨识并说出真实的感受。例如，“如果我是你，我就会很着急。”“那一定很不容易。”“我一定会感觉非常难过。”
- 并且，同理移情会使整个团体对每个人的主观事实有更为深入的关切和理解，从而有益于团体本身的发展。

做法

- 同理移情可以通过不同的技巧达成。
- 第一种技巧，也是最基本的技巧，是说出你认为的对方正在经历的感受：“我想这个消息可能让你很心烦。”
- 第二种技巧，是说出导致对方感受的影响因素：“为使这个项目能继续，你尽了全部心力。我想这个消息会让你很心烦。”
- 第三种技巧，是猜测未来的影响：“我能感到这个消息可能严重影响了你对其他事情的承诺，这勾起了你什么感受吗？”
- 第四种技巧，是指出其与别人沟通这些感受的担心和顾虑：“我能感到，如果让你与你的团体说起这件事，你会感觉很为难。”
- 一定要和对方确认。如果对方说“这不是我的感受”，那么鼓励对方纠正你对其感受的认知。

刻意沉默

理由

- 刻意沉默是被过于低估的一种技巧。它先是暂停，通常就是几秒钟，然后给发言者额外短暂的“安静时刻”来发掘和探索他要说的内容。
- 一些人需要短暂的沉默来组织复杂的思绪，把其转变成条理清晰的陈述。另一些人则需要一点时间来斟酌一下，是否需要冒风险来说一些有争议性的内容。还有些人需要安静一下，来消化刚刚听到的内容，从而评估一下自己的反应，并做一些回应。
- 刻意沉默也可以作为对强烈表达的一种尊重和升华。在一段充满激情的陈述或深刻的自我剖析之后，刻意沉默可以让团体暂时沉静下来，进行反思、深度体验和内化。

做法

- 10 秒钟的沉默，感觉起来可能要比实际上长得多。因而，这种倾听技巧的关键就在于引导者能忍受大部分人在沉默时感觉到的不适，即便只是短暂的沉默。如果引导者能做到，大家就能做到。
- 通过目光接触、肢体语言，把注意力关注在发言者身上。
- 什么都不要说，甚至“哦”“嗯”也不要。不要点头或摇头。只要保持放松并关注即可。
- 如果有必要，可以举手示意，不要让其他人打破沉默。
- 有时，团体中每个人感觉到困惑、焦虑，或者无法专心，在这种情况下，沉默是非常有帮助的。引导者可以这样讲：“让我们安静地思考一下，这对于我们每个人来讲意味着什么。”

连接主题

理由

- 连接主题这种倾听技巧，是用来邀请发言者解释刚刚所述内容与主题之间的关联性的。
- 关于复杂议题的对话，大家很难在同一时间把注意力放在同样的焦点上。人们常常会提出一些似乎离题，或者对于其他人来讲毫不相干的议题。
- 当这种情况发生时，经常会听到团体成员讲“回到正题上吧”或者“能把这个先放到一边吗”。这样的话语往往很难被接受，这时，除非引导者介入，否则发言者很有可能不讲了。
- 但是，一些看似与主题无关的想法，实质上与主题是有内在关联的，并且，其关联的方式往往出乎意料。而这些意想不到的想法，却往往是触发突破的关键。

做法

- 连接主题有 4 个步骤。第 1 步，简要重述其发言。第 2 步，请发言者解释与主题的关联性。第 3 步，简要重述并确认发言者的解释。第 4 步，从行动清单中选择一种做法来实施。
- 第 1 步：简要重述。（由于害怕团体的抱怨，一些发言者需要这样的支持来得到鼓励。）
- 第 2 步：询问关联性。“你的想法与……（我们的主题）的关联性是什么呢？可以为我们做一些说明吗？”
- 第 3 步：确认解释。“你是说……［语意重述］？”然后说：“我明白你的意思了。”
- 第 4 步：选择行动。
  - 引发发言者充分表达。
  - 运用平衡发言和鼓励发言带动其他人回应。
  - 回到排序发言。“好，我们听了吉姆的想法，下一位是谁？”
  - 如果想法真的离题，就把它记录在“停车场”上。

倾听逻辑

理由

- 挑战性问题的解决方案往往是阶段性呈现的。首先，有人有了洞察。然后，其他人看到了，并把它变成一个可用的、有潜力的好主意。最后，用批判性思维锤炼这个主意，直到它值得实施。
- 但当一个主意还不错却比较粗糙时，一些人会表现出没有耐心，倾向于委任其他一两个人到别处去做这个“细节工作”。
- 在这种情况下，个别成员会针对新主意给出建设性的评价和建议，而这些建议恰恰会被其他人所搁置，因为这些人不想冒险或打消团体的积极性和热情。
- 倾听逻辑能支持有反对意见的人完全表达自己的想法。这也支持了团体，因为它传递的信息为：“如果引导者能够倾听反对者的背后逻辑，那么你也能够。”

做法

- 从引导者技巧上来讲，倾听逻辑与简要重述和引发表达很相似。
- 不同点在于你在听什么。相比于你在倾听某人努力陈述的观点，实际上你更在倾听发言者背后的逻辑，同时，你还在评估团体是否在消化理解，或正在抗拒这种逻辑。
- 当发言者有如下行为时，表明其在提供逻辑分析，例如：
  - 挑战一个主张。
  - 发现一个偏见。
  - 询问一个需求。
  - 寻求对模棱两可内容的澄清。
  - 提出明确的假设。
  - 指出一个矛盾之处。
- 当有人提出逻辑分析而团体成员又在建设性地回应时，退后一步，让他们继续。
- 然而，当你看到发言者的逻辑被晾在一边时，简要重述它，引发表达，然后寻求团体的回应。

合理化分歧

理由

- 当人们对自己所持立场有强烈感觉时，通常就很难看到对立观点的价值。
- 当两方或多方持有不同观点时，人们乃至整个团体就很容易陷入不耐烦的泥潭，有的就是重复性的辩论和争吵。
- 合理化分歧是引导者可以用来克服这一窘境的方法。通过认可每一方观点的内在合理性，引导者可以表明任何一方的观点都是受到尊重的。这可以有机会让每个人都退后一步，深吸一口气，承认自己的视角不是唯一有效的。
- 在中立的第三方帮助下，当人们认识到双方分歧存在合理性时，令人意想不到的是，人们常常能更好地表现出相互理解。

做法

- 合理化分歧有 3 个步骤。
- 第 1 步：以一个表明你的善意和中立的句子开始，然后告诉人们你要做什么。

  “你们都呈现了很不错的观点。我要总结一下，我们要认为每个观点都有其存在的合理性。”
- 第 2 步：总结他们的观点。“吉娜，如果我没理解错，你在强调做 xyz 的必要性。因为如果不采取这个措施，就可能导致严重的影响。对吗？”“丹尼，我的理解是，你要指出目前在做的事情，如果没有数据或支持系统，情况就会更糟。是吗？”
- 第 3 步：明确观点存在的合理性，请其他各方给予评价。“尽管会得出不同的结论，但你们的解释听起来都很有影响力。谁还有类似的想法？”

倾听共同点

理由

- 当团体陷入两极分化时，倾听共同点是很有力的介入方式。它在确认团体分歧之处的同时，把关注的焦点聚焦在他们共同一致的方面。
- 许多争论中就包含了彼此一致的内容。例如，倡导团体在关键的战略目标上保持一致的同时，还会对战术进行激烈的争论。当成员持彼此相向的立场时，让人们回想起他们已有的共同点是不容易的。在引导者帮助接纳彼此的分歧，并确认双方一致性后，这样的对立有时会被化解或超越。
- 倾听共同点也是逐步注入希望的工具。原本认为任何表面上都处于对立的人们，也许会在价值观、信仰或目标上发现彼此是一致的。

做法

- 倾听共同点有 4 个步骤。第 1 步，表明你将要总结团体的分歧和共同点。第 2 步，总结分歧。第 3 步，明确相同点。第 4 步，确认准确性。
- 第 1 步："请让我来归纳一下我从你们各方听到的内容。我听到了很多分歧，同时我也听到了一些共同之处。"
- 第 2 步："听起来，一些人提到在假期要早点下班，而另一些人愿意正常上班，但要放几天假。"
- 第 3 步："尽管如此，你们看起来都同意在新年前休息一下。"
- 第 4 步："我这样说对吗？"
- 注意：若要使这种技巧奏效，就要保证各方都包含其中。觉得自己的观点一点儿都没有被涵盖的人，会倾向于继续坚持他们自己的立场。

抱持观点倾听

理由

- 有时,团体的引导者也是团体的领导者(也许是专家,也许是员工),也就是说,他们不是中立的第三方。这就有了一个两难的情况,即这个人如何既有效地主张自己的观点,还要给予其他人表达的空间?
- 解决方案是:首先,也是最重要的,要有双重角色的心态。
- 一方面,要保有领导者的心态,负责任地澄清自己的想法,并有效地沟通传递。
- 另一方面,要采取引导者的心态,帮助人们做最好的思考。这需要你聚焦于支持他人展开他们的思路。
- 抱持观点倾听可以让你在两个角色中取得平衡。

做法

- 抱持观点倾听有 5 个步骤。
- 第 1 步:以领导者(专家或员工)的身份,提出你抱持观点的议题,并表达你的立场。
- 第 2 步:寻求回应。
- 第 3 步:以引导者的方式回应参与者的评价,如简要重述或者引发表达。宁可在引发充分表达上做过了头,也不要错在鼓励太少。(对于许多人来讲,挑战权威的确很难,他们需要特别的支持,才会冒险提出不同的想法。)
- 第 4 步:至少进行两轮引导式倾听之后,再给自己说话的机会,即表达反映你自己视角的观点,回答提问,提供信息,解释说明,提出主张等。
- 第 5 步:必要时,重复第 2~4 步。记住,要注意“表达自己和引导式倾听”的平衡,后者应是前者的两倍。

总结归纳

理由

- 好的引导者知道鼓励参与者融入讨论有多重要。然而最有趣的对话通常也是最难结束的。
- 对于讨论的总结进行审慎的努力能帮助参与者巩固他们的思考。关键议题和支持要点的复述能帮助人们结构化地分类并进行内化。这些分类可以提升人们对于刚才研讨的理解，也能强化记忆，有助于未来回顾。
- 唐突地结束一个讨论，会使引导者看起来有点独断专行的感觉。例如，引导者说："好的，时间到了。让我们进行下一个主题吧。"这样的表述可能没有恶意，但会被认为没有耐心。有时，人们会下意识地抗拒。相比较而言，归纳总结则会让人感觉比较适宜，能够得到大家的支持。

做法

- 归纳总结有 5 个步骤。
  - 第 1 步：重述最初的讨论主题："我们在一直讨论你们项目的成功。"
  - 第 2 步：指出你听到的关键议题数量："我想大家提出了三个议题。"
  - 第 3 步：说出第一个议题，列举 1～2 个相关关键要点："第一个议题是你们的战略，你们谈了它的有效性，并提了几个改进建议。"
  - 第 4 步：按这样的方式重复每个议题："第二个议题是关于主要目标的正确性，你们关注它的可行性和现实性。最后你们核实了一些人事议题，并增设了一个新的岗位。"
  - 第 5 步：提一个问题过渡到下一个主题上："我们已经在项目有效性方面做了很好的思考。在进行下一个主题之前，还有什么其他提议或评论吗？"

5

白板书写技巧

利用记号笔和白板纸，支持大家全情参与

群体团体记忆的力量

在很多团体中，每个人的参与度是不平衡的。有些人非常健谈，而有些人只是坐着聆听。然而，当所有人把想法写在人人可见的白板纸上时，这种参与的不平衡可以得到显著改善。

把参与者的想法写在白板纸上，并张贴于墙上，这就为大家留下了团体记忆，从而可以从如下几方面强化大家的参与度。

第一，这是对发言内容的认可。把人们说过的内容记录下来，表达了这样一个信息："你的想法是有价值的。"当自己的想法被认可时，人们就感觉到了自己的价值。这是团体记忆的主要好处。

第二，团体记忆可以延伸人脑的极限。大量科学研究发现，大多数人的短期记忆能力只能记住七条左右的信息。一旦记忆内容超限，每多记忆一条，就会遗忘之前的一条。(例如，你可能通过多次背诵记住一个新朋友的七位电话号码，但同时记两个新号码就不那么容易了。)

在会议中，这是一个很现实的问题，通常人们只对感兴趣的想法念念不忘，对不感兴趣的观点则左耳进右耳出，而团体记忆解决了这个问题。参与者知道如果他们忘记了什么，只需看一下白板纸即可。这样就解除了记忆的负担，从而让大家专心思考。

认识到这一点很重要：团体记忆不仅是会议记录，它的主要作用是对全情参与的鼓励。它带来了平等均衡，使讨论具有活力。它促使大家互相理解，融合各类观点。总之，团体记忆是引导者最基础的工具之一，可以用它来支持团体以最佳模式思考。

记录员的角色

记录员把团体思考的内容记录在纸上，所以他也被称为记录者或抄写者。之所以要安排一个记录员，是为了抓取大家的想法，建立团体记忆。

任何时候，记录员必须尽可能地如实记录发言者的原话，人们希望看到的是自己的想法呈现在纸上。记录员务必平等地对待每位成员贡献的意见。是整个团体而不是记录员来决定哪个想法有价值，哪个想法没有价值。

当然，有时候某些人发表的观点太长、太复杂，不容易逐字逐句地记录，这时引导者就要通过“简要重述”或“归纳总结”来使之更有条理、更精练。然后，浓缩后的观点再由发言者认可，记录员才能写下浓缩后的观点。

很多引导者倾向于自己担任记录员，而当参会人数多于5~6人时，有的引导者会带上专职记录员。通常来说，带上专职记录员更好。为使效率最大化，引导者应该面对大家，让自己的注意力直接针对团体成员——每个个体及整个团体。相反，记录员则背对大家，把注意力放在紧随讨论进度、精确抓住每个人的想法和含义上。

有些团体也许不想要外聘的记录员，这时，引导者可以让团体选一个成员作为记录员。可以事先指定一位，也可以在讨论会议的关键点时，让某位成员做志愿记录员。（引导者在会议前或茶歇时，可以给志愿记录员看几页本章内容。这是一个极好的方法，相当于给了志愿者一次板书速成课程。）

我们已经讨论过团体记忆的目的：支持最佳思考，强化全情参与。但是，为了团体记忆能发挥出这两个功能，参与者必须真正使用团体记忆，这里，记录员的角色至关重要。潦草的、密密的、字迹难辨的板书，还不如什么都没有。通过学习本章的一些简单技法，记录员能够让团体记忆具有吸引力、好用且容易阅读。

字体

1. 用大写字母和印刷体

目的是易读。对于大多数人而言，统一的大写字母更易读。写草书可能快一些，但印刷体虽然耗时，却能换来更好的可读性。

2. 字体要粗

用记号笔粗的一头书写。书写时要用力。比起细软的字体，遒劲有力的粗体即使在远处也能清晰可见。

3. 字体要直

采用直而正的字体，比斜体更易读。

4. 字体要清晰

不要在字母中留开口，以 B 和 P 为例。不留开口的字母容易辨识，不宜混淆。相反，开口难辨的字母，如 B 和 P，会花去阅读者更多精力。

5. 用普通字体

不花哨的字体更易辨识，炫耀的手写体会降低阅读速度，所以只在偶尔需要特效的时候才用。

6. 熟能生巧

如果你的书写不够完美，别急，熟能生巧！

提高你字体书写的简易方法是随时随地练习，无论是在涂鸦、笔记时，还是在做购物清单、写备忘录抑或写情书时。你逐渐养成的书写习惯，会自然地反映到你的板书记录上。

颜色

1. 多种颜色搭配

比起单色，当文字以两三种颜色书写后，大家读起来更快，记得更多，注意力持续的时间更长。所以，当新的发言者开始时，就换一种颜色书写。各种颜色的转换无须遵循特定形式，目的只不过是为了打破单调，让左右脑都活跃起来。

2. 用褐土色系的颜色书写文字

该色系包括蓝色、棕色、紫色、黑色和绿色。这类颜色不像高亮色系那样反光，眼睛会比较舒服。

3. 用高亮色系的颜色渲染重点

高亮色系是指橘色、红色、黄色和粉色。它们比较扎眼，应该用在边框、阴影、下画线或类似箭头、星形等特殊符号方面。注意，黄色在远处非常不容易辨识。

4. 慎用过多色彩（颜色编排归类）

初学者往往过度用色。标题用一种颜色，关键内容用一种颜色，分支内容又用一种颜色……最后整个板书花里胡哨、不整洁。团体思考流程是这样一种动态过程：不断产生想法，不断变化想法——在他人想法的基础上，不断变换思考主题，即所谓涂鸦式思考阶段，这时不适合用太多的色彩来编排归类。相反，对某些文件，如会议前已设定的议程，或者事先已确定好的文件，用色彩编排不同层次的内容还是非常有效的。

5. 用板书握笔法同时拿住四支记号笔

板书握笔法就是把记号笔夹在另一只手的指间，去掉笔帽，笔尖朝外。这种握笔法使得换色非常方便快捷。

符号

1. 圆点

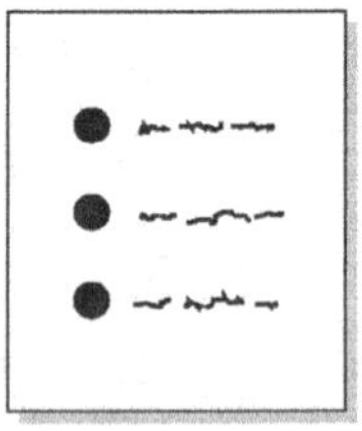

圆点就是大的圆点，用来区分不同项目，可以多多使用，尤其是罗列各种想法的时候。

2. 星号

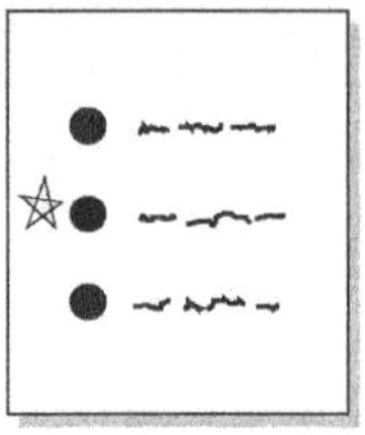

星号表示有些地方需要特别注意。

3. 框线

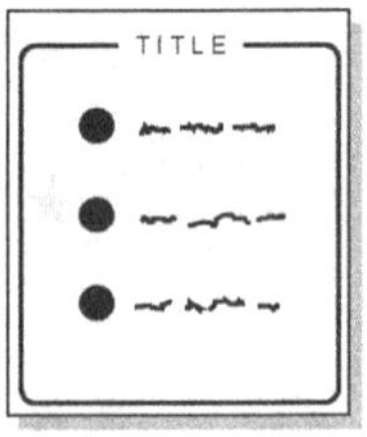

框线有愉悦的视觉效果，可以用来框住整页，或者框住某段文字或标题，以突出重点。

框线用粉红色或橘黄色比较漂亮。

4. 圈线

圈线可应用在很多地方，例如：

- 圈住某一想法，并和另一想法连接。
- 突出某个已经做出的决定。
- 强调页面上的重要事项。
- 对页面上的文字进行分类。
- 打破文字页面的单调性。

符号

5. 箭头

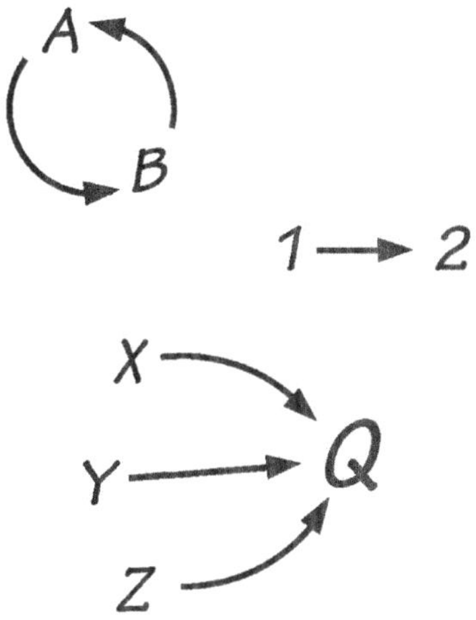

箭头有很强的功能。它能生动地关联起两个想法。被关联的两个想法的内在之间，可以是因果关系、次序关系、逻辑关系或循环关系，例如：

- A 和 B 之间是循环关系。
- 先有 1，再有 2。
- X、Y、Z 都属于主题 Q。

由于箭头看起来很强势，所以使用时要小心，只有参与者明确同意某些想法的关联性时，你才可以使用它。

6. 其他符号

很多想法可以用简单图形来表达。

格式

1. 清单

记录团体想法最常用的格式是清单。它包括标题，紧接着是一系列项目，每个项目用超大的圆点标记。

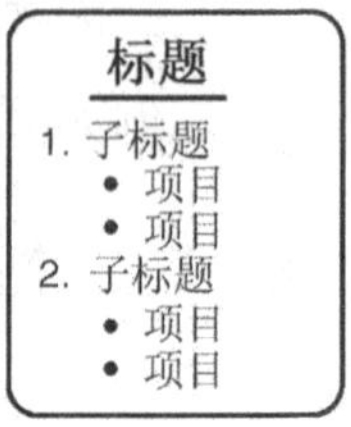

某些清单包含更细的子分类。在这类清单上，类别名称用数字或下画线标记，圆点则用来标记类别内的项目。

2. 矩阵

矩阵是一种表格，表头写在表格的水平位置（顶部排列）和垂直位置（左侧排列）。当团体讨论两个或多个变量的相互关系时，就会用到矩阵。

	赞成	反对
观点 1		
观点 2		
观点 3		

3. 流程图

流程图用于描述逻辑过程，或者展示事件顺序。

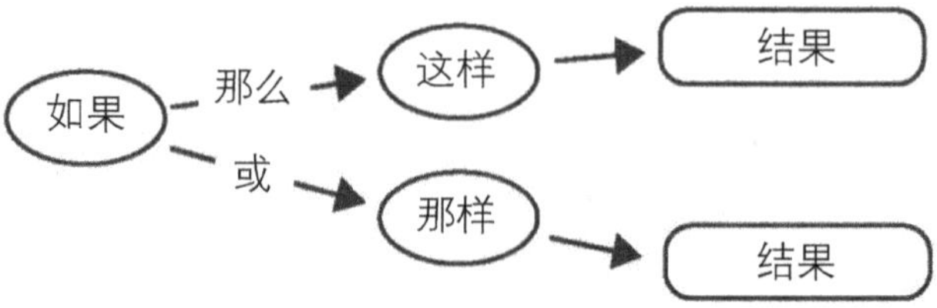

更多格式

4. 天体轨道图

天体轨道图可以突出一个关键点，同时以非线性的方式描述其他要点。

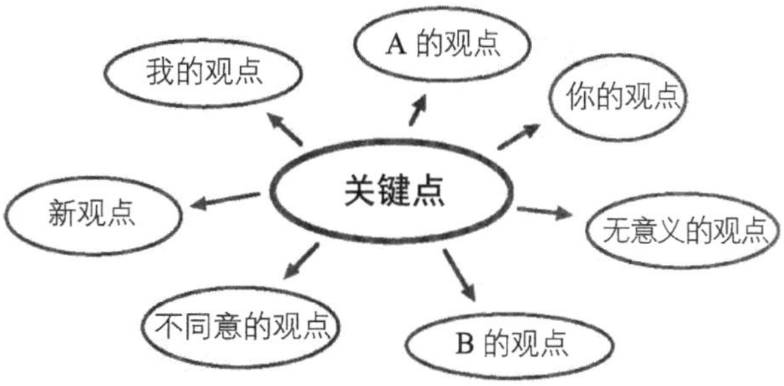

5. 多元化观点合成图

把一大堆个人化的想法和感觉集中起来，也能形成一个经验分享的氛围。

当团体成员依次轮流发言时，每说完一个记录一次。把发言要点写下来。所有人发言结束后，把这些要点圈在一起。

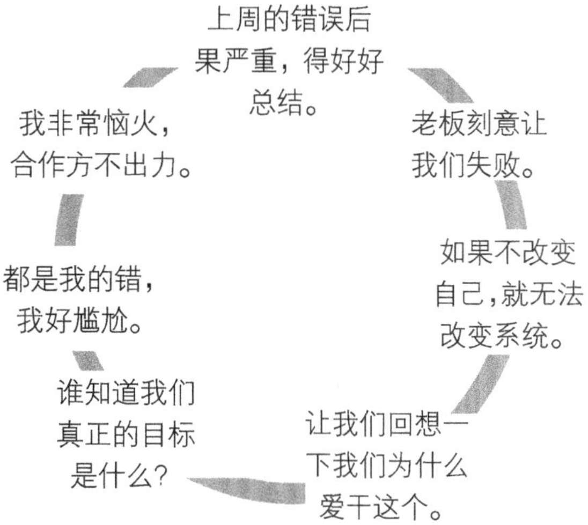

6. 多元化观点交集图

一个简单的图就可以表达千言万语，显示出团体内的共性和差异。把大家共识的部分画在中心，其他部分画在外围。

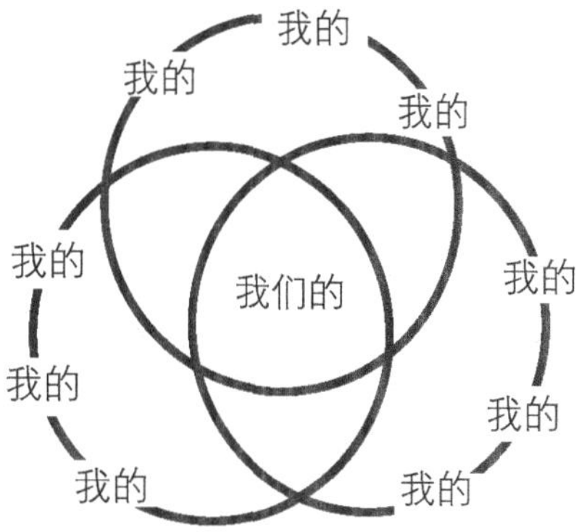

开放式讨论格式

7. 基本原理

开放式讨论是没有流程框架的。在讨论期间，团体的各类想法在不易预测的节奏中，向不同方向流动。这时，记录员要顺应这种不可预测性，用最灵活的格式记录讨论的内容。

总的原则是在两个想法之间留出足够的空间，尤其在讨论初期更应如此。随着讨论的进行，当一些想法被整合成新观点时，你可以选择把新观点写在合适的空间。团体成员也常常会按自己的理解，告诉你该把新观点写在哪个位置。

开放式讨论的格式

在一面墙上张贴白板纸，然后按如下操作。

- 在心里把整个墙面分成如图的五块区域。
- 记录时，把全新的主题放在不同区域。在区域内部，使用清单格式记录，墙面中间区域留白。
- 随着讨论的进行，团体成员常常发现他们能利用中间区域列出本次讨论的最中心主题。

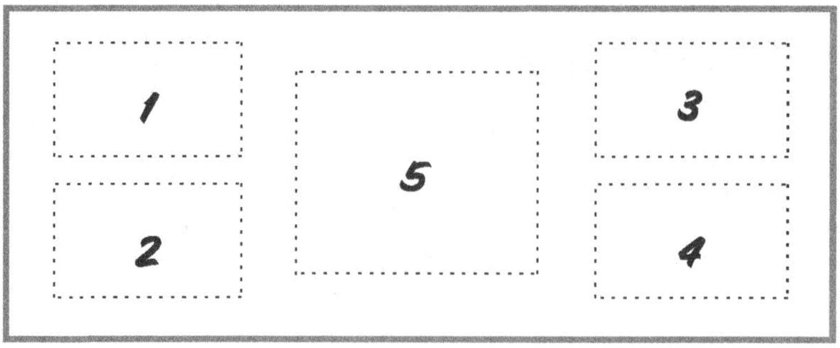

间隔

1. 字体大小

高度为 2.5 厘米的字比较好。如果太小，很多人就会看不清楚。但如果太大，白板纸一会儿就被写满了，你可能会无谓地多消耗白板纸（同时也意味着你需要更大的墙面空间来展示所有白板纸）。

2. 页边距

宽一点的页边距（四周留白 5～8 厘米）能鼓励参与者修改或增加之前的想法。这个空间也有利于计数投票，例如，成员想在一长串想法清单中做个优先排名。总之，这样的空白页边距能帮到你很多。

3. 行间距

行与行之间大约留 2.5 厘米的间隔。在下一段落需要换颜色的情况下，行间距 4 厘米比较好。

4. 第一行缩排

尽量少用缩排。如果用缩排来标记更细的主题类别，那么将碰到和颜色分类一样的问题：随着讨论的不断深入，参与者会不断变换主题分类。

5. 下画线

只对标题和子标题用下画线。尽量不要用下画线来强调内容（如要标记关键想法，请用星号和圈线）。

6. 记录的内容不要挤满页面底部

当一页几乎写满时，参与者会不自觉地感觉讨论到此为止。但如果启用新的页面，你就会神奇地发现参与者开始第二波活跃的思考，又会涌出新的想法。

诀窍和技巧

你听到的	你该记录的
建议 例如，让我们在每天正式会议开始前，互相通报一下。	每天会前通报确认
逻辑关联 例如，本组织中，很明显，缺席和士气低落是相互关联的。	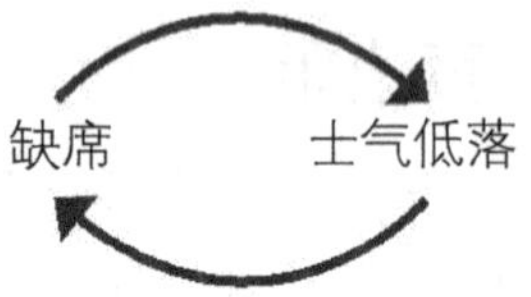
简要陈述 例如，我想我们正讨论的是，这个项目应同时面向教师和家长。	目标群体： 教师和家长
未解决问题 例如，我知道有些离题了，但我还是搞不清为什么打算雇用一位新的财务助理?	☆雇用财务助理? ☆未解决问题

不用担心你是否抓到了发言者的每个字，只要保证记录了发言者的确切想法就行。

诀窍和技巧

1. 容易读的句子也一定容易记

“吉姆周五会打电话给苏”“吉姆周五”前句比后句容易理解得多。此处记录的指导原则是：一周后是不是仍能读懂这些记录。

2. 不要害羞于写出“我们”和“我”

很多板书新手羞于写出“我们要开一次会”这样的句子，他们可能会写“他们想开一次会”或“你想开一次会”。但是，板书表达的是团体自己的目标、团体自己的需要和承诺，所以要用他们的口吻来记录。

3. 动词和名词第一优先

例如，如果你听到的是“我希望我们别忘记写个温馨的感谢信给那个优秀的配餐供应商”，应先抓住关键动词和名词“写感谢信给配餐者”。

4. 形容词和副词不重要

在上述例子中，能写上“温馨的”“优秀的”这些词也不错，但时间不够就不要写。

5. 只用标准缩写

不要为了快而随便发明缩写。例如，不要用 defnt 来代表 definite，不要用 expl 来代表 explain。首要原则是：要让本次没有参与的人事后也能看懂记录。

6. 每页都要加标题

每页都写一个标题，哪怕就写“和前页标题一致，P2”也好，这样即使一周后，该页面也能被快速识别。

7. 鼓励校对

邀请大家检查你的记录，愉快地接受并改错。即使改错使得白板纸不美观了，也没关系。记住，只有这样，你所记录的才是他们自己的白板纸。

会后工作

1. 检查标题和页码

记得所有的页面都要有标题、页码，并且要按照日后能看懂的方式按次序排列好。

2. 把白板纸卷在一起，做好标记

同样的白板纸还会在下一次会议中使用。如果有较深折痕，就很难再挂起来，也不容易阅读。所以要卷起来，不要折叠。

在纸卷的外面，标记三个信息：

- 会议名称
- 会议日期
- 主题

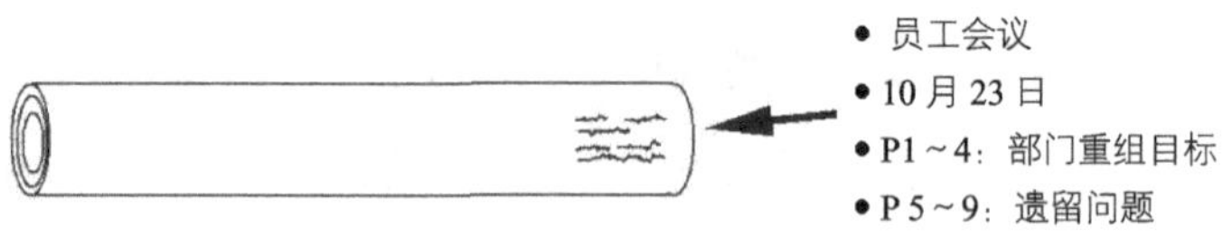

3. 用两根橡皮筋捆好纸卷

很多人在卷好白板纸后，便下意识地去找胶带封住。大错！胶带黏性太大，下次解开时就会把纸撕破。

4. 面对这些记录文件，你的职责是什么

- 如果你负责整理白板纸并拷贝给每位参与者，记得在卷起来之前拍好数码照片。电子文件容易拷贝、储存及分发。
- 如果你不负责整理白板纸，那么记得把这些整理文件的要点分享给相关人员。

5. 以上步骤让你显得更专业

以上四个步骤完整而高效，团体成员就会注意到你的专业性。他们嘴上不说，心里也会认可你，觉得你是一位懂他们的专业人士。

6

头脑风暴

悬挂判断的理论与技术

- 过早评判的代价
- 悬挂判断
- 头脑风暴的基本原则
- 头脑风暴的多种变形
- 头脑风暴的引导提示

过早评判的代价

草稿式的思法就像草稿式的写作一样，需要的是鼓励，而不是评价，但许多人不了解这个。一旦发现了谁的思考有一点缺陷或不完美，就会立即指出。他们认为这是在帮忙，然而，草稿式的想法在评价之前，需要的却是澄清、研究和修改。对于新想法来说，何时对其做决定性评价，直接关系到该想法的生死。

案例分析

一家成长中的小型律师事务所在寻找办公地点。公司行政研究了一系列可能性之后，写了一个提案：在城北一带，我找到一个 700 平方米的房子，租一年每月租金为 10 000 美元。如果一次性签 5 年租约，房主会把每月租金降为 8 000 美元。我们可以将多余的空间分租给目前房客，以抵消一部分租金。那里晚上不是那么安全，但靠近公共交通，也有很多停车位。我想我们需要认真考虑一下这个地点。

这是个完整的、经过慎重思考的提案，完全可以接受任何评判。如果有任何问题，现在就是发现它的时候。

然而，就在几个月前，大家枪毙了这个提案。有人说："行政人员说，大的空间便宜，那我们找个更大的，租出去如何？"有人回应："算了吧，我可不想我们谁再费劲去把多余的空间折腾出去。"又有人说："毕竟我们要签 5 年，我不想要那么大的地方，会被合约捆住的。"

要注意，这些短时间内做出的反应，都基于了错误的假设。要找人分租，并不需要太多的努力；也不一定要签 5 年的租约。然而，这些判断却在这个提案进一步得到研讨完善之前，否定了它。

在最后的讨论之后，公司行政不再寻找需要分租的房子。随后，他发现，在地点不错的地方找个小点的、租金又合适的房子有多难。过了 6 个月，他又回到了原来的想法上，最终提交了这个方案。这时，公司为过早的评判付出了 6 个月的代价。

过早评判往往不够准确，并且让人感觉受到抑制。在想法尚未成熟之前受到评判，许多人往往会感觉气馁，因而停止努力。并且，在未来的会议中，他们可能不会再主动提供自己的"草稿式的思法"。他们预感会遭到反对，所以就保持沉默，除非自己能找到充分的反驳理由。所以，人们学着进行"自我审查"，团体也因此丧失了其最有价值的、与生俱来的资源——团体成员的创造性思维。

悬挂判断

常见的问题与解答

1. 如果我真的不赞同某人所说的，我如何能悬挂我的判断？

悬挂判断并不表示同意，它意味着容忍。所以，你无须对任何观点表示赞同或反对，要做的只是给其他观点留下表达的空间。

2. 如果知道那个想法行不通，我要怎么办？

悬挂判断意味着鼓励人们运用想象力，因此也会产生一些不现实的想法。例如，“如果我们有 5 米高，我们就可以一步走得远一些，省很多汽油。”像这样的想法，也许是新思路的起点。你不必纠结这个想法是否为真，但要让自己试一下，看看有什么新的想法冒出来。毕竟，在 20 世纪以前，“如果人类能够飞翔”就是个疯狂的想法。

3. 收集愚蠢可笑的想法不是浪费时间吗？把关注焦点放在现实的想法上，不是更有效率吗？

当所谓的“现实的”想法经过评价，而发现并不能解决问题时，正是悬挂判断的用武之地。换句话说，当其他方法不奏效时，创新思维就是最有效利用团体时间的方法。某些想法对于一个人来讲是愚蠢的，而对于另一个人来讲，可能就是灵感的来源。

4. 悬挂判断不会导致混乱的讨论、得出方向各异的结果吗？

只有过程处理不当才会这样。明确基本对话原则，给一个严格的、相对简短的时间限制，是悬挂判断有效的关键。如狄波诺所言，团体思考的内容若要不拘泥于形式，那么团体思考的结构就需要更加严谨。

5. 在悬挂判断时，如果我认为有个想法是错误的，我怎么抓住后续的机会来纠正它？

悬挂判断是暂时的，不是永久的。大部分悬挂判断的流程设计不会超过 30 分钟。悬挂并不意味着不管。

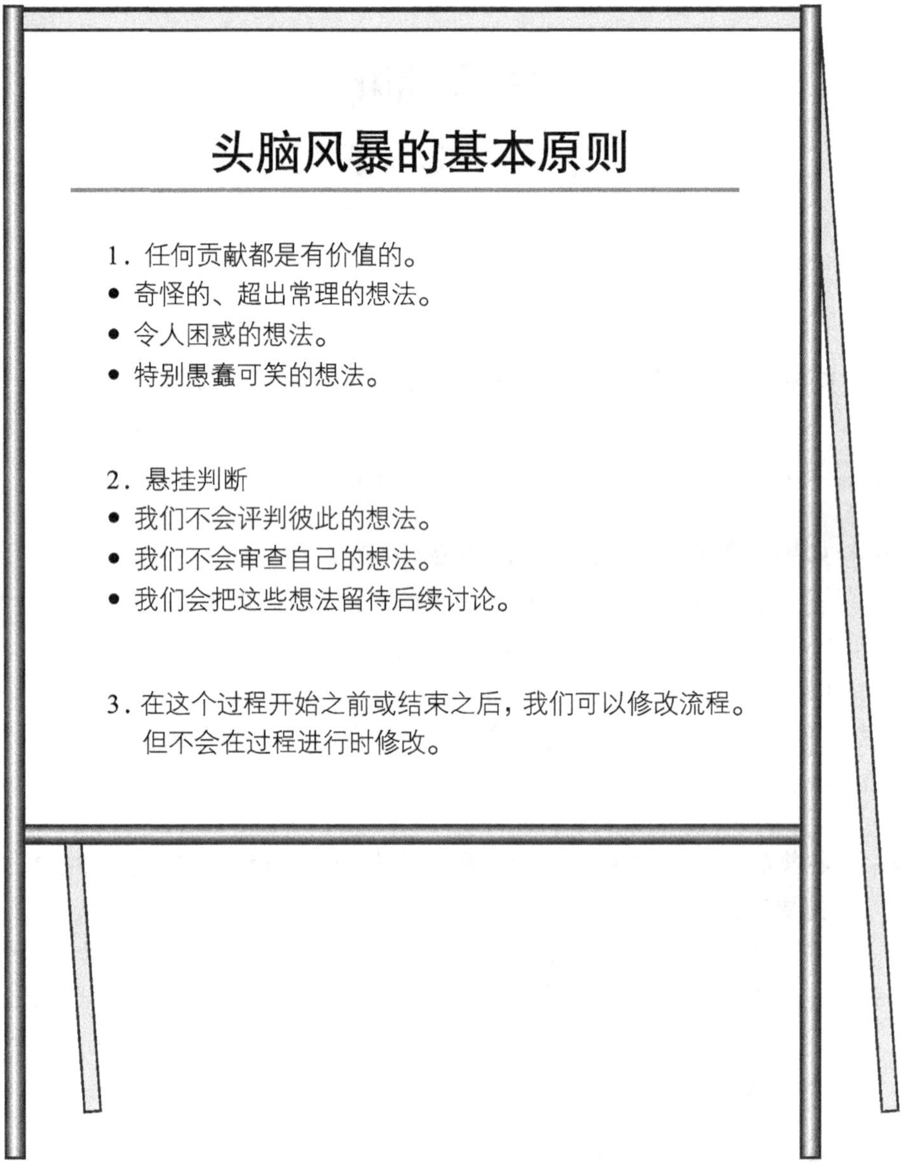

当在团体中导入头脑风暴技巧时，要简要地介绍悬挂判断的价值，然后询问每位参与者是否愿意遵循所提及的基本原则。如果有一位或多位不愿意，则需要请大家修改基本原则，直到符合所有成员的需求。

其他专家关于头脑风暴的基本原则

亚历克斯·奥斯本
头脑风暴的基本原则

1. 绝对不评判。
2. 可能的、最疯狂的想法。
3. 越多越好。
4. 互相激发再创造。

亚瑟·范甘地
头脑风暴的基本原则

1. 排除评判。
2. 欢迎随心所欲。
3. 要的就是数量。
4. 寻求组合和改进。

爱德华·狄波诺
头脑风暴的基本原则

1. 互相激发。人的想法一定可以得到其他想法的激发。彼此关联根本不重要。
2. 悬挂判断。任何想法在进一步讨论前,都不能认为是荒谬的。
3. 设定规则。指定一名主持人、一名记录员，并设定具体的时间限制。

头脑风暴与书写式头脑风暴相结合

书写式头脑风暴

1. 成员围桌而坐。
2. 某人陈述要解决的问题。
3. 请每个人在白纸上写下 4 个解决问题的想法，同时保持沉默。
4. 如果谁写下了 4 个想法，则请其尽快与其他完成的人交换答案。
5. 当接到这样的新答案时，要在上面加上 1 个或 2 个新想法，然后传递给下一个人。
6. 重复这样的做法 15 分钟，直到大部分人穷尽自己的想法。
7. 比较彼此的想法，进行讨论。

连续激发法

1. 向团体给出一个问题的陈述。
2. 让每个人安静地用 5 分钟在纸上写下自己的问题或解决方法。
3. 让某人把自己的想法读给大家听。给团体几分钟来讨论这些想法，目的是激发不同的或全新的想法。在这几分钟期间要悬挂判断。
4. 对每个成员重复步骤 3 和步骤 4。在每个人都轮到后，让大家选取最有潜力的想法来做更多的分析。

头脑风暴的多种变形

角色头脑风暴

1. 让每个人选取一个角色，可以是大领导、小说中虚构的人物、典型客户，可以是任何不在房间里的人。
2. 提出问题，并且一起熟悉头脑风暴的基本原则。
3. 让一半的成员从他们所扮演的角色视角来进行头脑风暴，提出自己的想法。让另一半人自己实际的视角来对他们的想法进行讨论和贡献想法。
4. 几分钟后，交换角色。即前面的角色扮演者放下角色（从实际的视角贡献想法），后者则进入所选角色，进行提议。
5. 回顾、讨论，获得洞察和领悟。

逆向头脑风暴

1. 让团体以目标的形式陈述问题。
2. 以“我们如何才能达成与我们实际目标相反的反向目标”的方式来反向陈述目标。例如，让团体写下这样的问题：“我们怎样才能设计一个最差劲的网站？”
3. 然后，请参与者进行头脑风暴，来为逆向的问题提供解决方案。答案可能为“差劲的网站没有导航按钮”。
4. 为完成头脑风暴，请参与者仔细审视这些想法，然后从中挖掘出任何能激发积极思考的东西，这样有助于对最初目标的探讨。

头脑风暴的引导提示

要

- 要大量运用镜像重述，来保持轻松活跃的氛围。
- 要提醒人们悬挂判断，不要评判。
- 要一视同仁地对待愚蠢可笑的想法和严肃认真的想法。
- 要来回走动，以吸引人们的注意力，激发团体的能量。
- 要鼓励全情参与。“让我们听听有阵子没发言的人来表达一下。”
- 要时常重复目的。“谁还能解释一下为什么我们的办公系统这么低效。”
- 在写满前面的白板纸前，就要开始用另一张。
- 当时间快要结束时，要提醒大家。
- 在显而易见的想法枯竭之前，要相信会有第二轮的创新想法即将出现。

不要

- 不要打断。
- 不要说“我们已经提过了”。
- 不要说“嗯，说得好”。
- 不要说“嘿，你不是真的要我把它写上去吧”。
- 不要偏袒“最佳”思考者。
- 不要使用皱眉、抬眼或其他表示不赞同的非语言动作。
- 不要在大家第一次看起来卡住时就放弃。
- 不要同时做领导者、引导者和记录员。
- 当没有明确的时间限制时，不要开始流程。
- 不要催促或施加压力。静默通常意味着人们在思考。

7

处理清单的工具

发散式思考后的整理

- 清单出来后我们该做什么?
- 分类的理论
- 从一开始就创建类别
- 用事先制定的标准创建类别
- 用即时贴进行分类
- 从清单中选择优先条目的方法
- 从清单中选择优先条目的形式

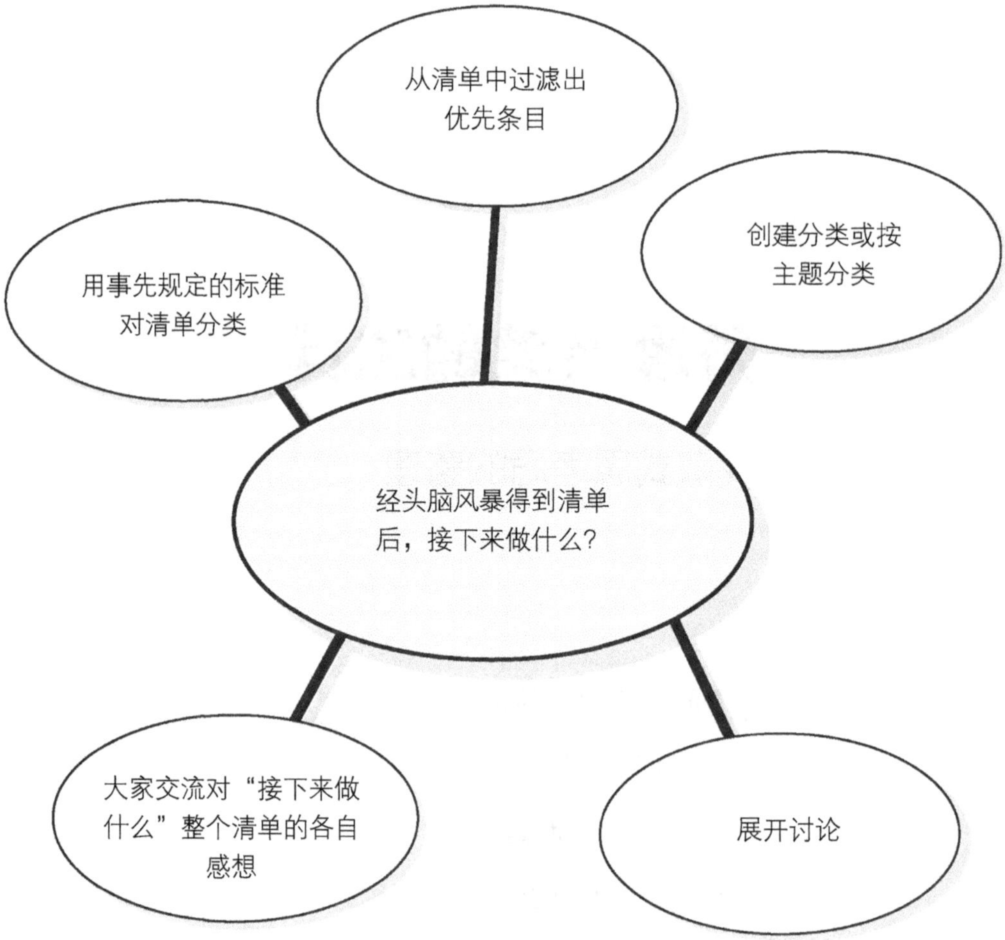

经由发散式思考得到的各种想法可能铺天盖地，为此，很多团体的做法是从众多想法中只挑出一个供大家集中讨论。但是这样容易过早地把团体带入“动荡期”，因为参与者更愿意讨论自己感兴趣的想法。解决的办法是用上图的方法，花几分钟时间理顺第一手材料（清单）。

真实世界中的分类

简介

团体做完头脑风暴后，就会很自然地对各种想法进行分类。因为大多数人不可能同时记住这一长串想法，会感觉想法太多、铺天盖地。他们想要分类、理顺这些材料。但是，分类包括两种独立的理性过程：一是创建分类名称，二是把各种想法归类到这些名称下，而团体往往混淆了这两个过程。

对团体来说，创建分类名称相对困难一些，因为大家很难在分类名称的含义和重要性上达成一致，所以这会很花时间。然而一旦分类名称创建好了，将各种想法归类到各自名下就容易多了。问题在于，很多团体既想做好分类名称的创建，又想让它在感觉上和归类一样容易。下面就是这样一个例子。

案例

一群一线主管对“获得更多培训”的议题做了头脑风暴，得到了想法清单，然后决定对想法进行分类。首先他们创建了四个类别：工作坊、学徒制、阅读和寻找导师。然后他们把清单中的条目依次归入这四个类别。

不一会儿，有人提出某些条目可能更适合归入一个新类别“返校培训”，这就引起了争议：“返校培训”和“工作坊”算不算同一类？争论的结果是另建一个新类别“返校培训”。随即，争论又来了：清单中“上电脑培训课”这一项，应该归入“工作坊”还是“返校培训”？短暂的争吵后，大家决定两边都放。但这时已经有人显得不耐烦了，似乎在说“好了啦，我才不在乎放哪里，快快做完吧”。

然后，又有人指出他们原来的“学徒制”类别在很多方面和“寻找导师”类别是重叠的。他问道：“不是所有的学徒都需要导师吗？ 我不清楚‘找导师’究竟有必要另成一类吗？”这时几位参与者开始热烈讨论起导师的角色，他们觉得这个议题本身就非常有意思。但不是每个人都这样想，一些人已经坐立不安，其中一个用愠怒的语调问：“帮帮忙别再烦了，这有什么不同吗？”

于是有些人说：“我们的讨论别偏题了，我们的目的是什么？我们做这样的分类，是为了得到什么结果？”不出所料，接着回应的三位发言者对此问题的回答又大相径庭。

至此，原本以为简单快速的分类工作，居然 40 分钟后还没完。有人说：“诸位，我们把事情弄得太复杂了，我们就这样弄一下快点完事吧。”其他人随即不管不顾地点头附和。从这时开始，每个人对所有建议全盘同意，整个感觉已经不对了，大家就想草草了事。5 分钟后，讨论结束。

最后的成果呢？只是一份打印文件而已，大家很快就将其遗忘了。

真实世界中的分类

洞察

问题的本质

为什么分类比预期的困难？首先，惯常的感觉是，对于一些重要词汇，每个人的理解是一样的。但事实上，对所用词汇的具体含义，人们有各自不一样的理解。在团体创建分类名称的时候，以下问题是与生俱来的：一些人倾向于放慢进度，先厘清词汇的定义；而另一些人只想完成任务并继续推进。两种相反的倾向带来的紧张感，常常潜伏于分类讨论会的表面之下。

此外，在理顺自己想法时所用的分类名称数量上，个体之间的差别也非常巨大：有些人是细节导向的，倾向于把清单分成很多类别；而有些人属于整体思考型，他们在更抽象的层面上分析与思考，所以倾向于把清单归入较少的分类。这两种倾向没有对错之分，只不过是处理信息的风格不同。但当两种认知风格的人一起创建类别时，注定会发生分歧。例如，“工作坊”和“返校培训”应该是一回事，还是应该被分成两类？由于此类分歧来自认知风格的不同，所以无法用逻辑理由来说服双方统一。

用事先规定的标准对清单分类

在上述案例中，如果用事先规定的标准对清单分类，则会容易很多。例如，成本可以是事先说定的标准。如果团体一开始就用这样的分类，后续的归类处理就很顺畅，能得出有效结果。一旦界定出一些便宜的培训机会和另一些昂贵的培训机会，团体就能够讨论下一步行动计划了。

用事先定义好的类别对条目归类时，可以先让 2～3 个成员来完成全部归类，然后把结果带到团体中进行修改。或者可以把团体分成几个小组，每组按照事先定好的某个设置参数对同样的清单进行归类。例如，一组以成本来归类清单（分昂贵、一般和免费），而另一组以渴望度来归类清单（分高、中、低）。

真实世界中的分类

观点

从一开始就创建类别

创建分类，意味着团体在进行一次充满哲理的讨论。这也是从一开始就创建分类的价值所在，也是其成本所在。 哲理性讨论把团体带入动荡区，成员不得不经历挣扎和纠结，以整合彼此不同的信念和对名称的定义。这个过程令人沮丧不适，人们会抗拒。有时候讨论结果不错，所以付出这些也值得，但很多时候却并不如此。

当大家列出了分类并定义了这些分类含义时，本质上，这相当于表明了他们的价值观。有时候值得这样做，尤其是当团体成员还没有开始讨论价值观和目标的时候。例如，由教师、家长及民选官员组成的某个社区规划团体，成员具有多样化的价值观，非常值得花些时间来讨论分类名称及定义，因为它是一个促进彼此理解的好方法。另一个在商业规划方面的例子也是如此，如由市场部、生产部及研发部组成的某个产品开发团体。在这些案例中，让成员有机会来一起定义分类名称和含义，会非常有效。

总结

在各类会议中，由于非常频繁地发生对清单分类的需求，所以引导者必须懂得创建分类名称和归类的区别。谁懂得这一点，谁就能对团体思考技能的发展做出实实在在的贡献。

创建分类名称是一项艰巨的任务，既很费时，又容易产生很多挫败感。但是，某些时候，需要在彼此的价值观和目标上达成更深的互相理解，就应该这样做。

用事先定义好的类别把条目归类则相对简单得多。任何时候，当归类清单的主要目的只是让清单缩短，以便大家能更好地思考和把控时，就可以用这个方法。30～40个条目的清单，可以由2～3人在大约10分钟内完成归类。然后，把归类结果放到整个团体中让大家检查，必要时做些修改。

两种分类方法

从一开始就创建类别

1. 每个人轮流提出自己创建的分类名称。每次轮到时，每个人可以提出一个分类名称，也可以提出多个。
2. 每个人轮到的次数随意，想轮几次都行。鼓励分类名称间的整合及变化。
3. 在所有分类名称都提出来后，进行讨论。
4. 有时候，团体的思维会轻松地收敛到一组分类名称，则大功告成。如果不是，则准备好一次长时间的讨论。

用事先制定的标准创建类别

1. 团体共同选择一个或多个事先定义的标准来作为分类名称（如每个单项的紧迫性如何——高、中、低）。
2. 请 2~3 位成员把清单中的条目归类到这些名称下。
3. 归类的人对清单一项项检查，确保每项都被归类了。
4. 说明并澄清，某些单项可以放在不同的类别下。当对某项应该归入哪个类别有争议时，尤其要说明。
5. 归类完成后，全体人员再重新审核，必要时做些修改。

用事先制定的标准创建类别

标准	分类名称			
重要性	非常高	高	只对某些人重要	中等至低等
所需时间	非常多	一般	不多	不清楚
成本	贵	一般	便宜	不清楚
可行性	也许可行	一半机会	也许不行	不确定
渴望度	非常渴望	值得一试	不渴望	不清楚
紧迫性	高	中	低	不清楚
下一步	收集更多信息	和老板沟通	和某人面谈	进一步分析

以上类别并非神圣或高深，在很多场合都很有用。某些场合需要的类别可能没有在这里列入，如“争议度”或“快乐有趣度”这样的类别，在有些场合就很有用。

用即时贴进行分类

过程描述

- 参与者把想法写在即时贴上，然后张贴到墙上。
- 当所有的想法都张贴之后，参与者走到墙边，按需移动即时贴，把想法相似的即时贴分类汇集，从而在墙上形成各个主题类别。
- 整个过程完成前参与者要保持沉默。
- 任何人都可以随时把即时贴从这一类挪动到另一类。这样，写有想法的即时贴将在墙上来来回回，直到每个人都认同每张即时贴的归属。这样，每个主题类别的名称也就被团体建立了。
- 通过这种方法，参与者在创建主题类别的同时，也对主题类别的含义有了共识。

操作说明

1. 使用大的即时贴，每张上只写一个想法。
2. 请每个人都要把完成的即时贴贴于前方墙上。
3. 下一步，让所有人来到墙前，把内容相近的即时贴归类到相同的主题里。过程中要保持沉默。
4. 每当一个新群组产生，参与者要用一张新颜色的即时贴，为该新群起一个主题名称。
5. 接下来的几分钟，随着新的参与者对主题群组分类的再思考，原先形成的群组分类会有变化。
6. 当每个人重新坐回时，表明了大家对这样的分类已经认可了，过程也就完成了。

在发布会中的问题分类

过程描述

- 由来自规划部、执行部及其他利益相关者组成的跨部门特别会议，常常会发布新的方案和提议。通常这些会议一开始由主办方进行一个信息发布和说明，随后进入提问和解答。然后，当天剩下的会议议程，就是组织团体成员为下一步工作做准备。
- 提问阶段涉及的问题可能相当广泛，有使命和目标、决策权限、工作角色和责任、资源、时间表等。针对这些问题，如果一被提出就及时回答，效果并不好。大多数参与者觉得问题铺天盖地，有的干脆就不再听了。而引导者的做法，是把所有问题都记录在白板纸上，然后大家暂停休息一下。之后，和提问者一起把所有问题分成几个大类别，准备做出简要而清晰的回答。
- 团体成员会觉得很有用的一系列分类，请见本页的右边。

说明

1. 当主办方的信息发布完成后，邀请大家提出问题。把所有问题记录在白板纸上，然后宣布暂时休息。
2. 休息期间，帮助主办方把所有问题按以下三种类别分组：
   - “马上就可以回答的问题。”
   - “今天晚些时候，当我们对规划过程做了更细节的讨论后可以回答的问题。”
   - “需要参会的团体成员在未来不同的工作阶段，一起寻找答案的问题。”
3. 休息回来之后，把分类好的问题贴到墙上。
4. 让主办方对这三组类别取名，并说明何时可以分别回答这三组问题。然后从“马上就可以回答的问题”开始进行下去。

从清单中选择优先的条目

方法

意向性投票

1. 每个成员拿到3张，4张或5张选票，按自己的意愿自由投票。
2. 允许个人把所有选票投给同一条目。
3. 个人可以作废自己的部分选票，但不鼓励这样做。
4. 得票最高的几个条目就是团体需要优先执行的条目。

优点：
- 粗糙但快捷。
- 明显条目非常清晰。

把条目数量除以三

1. 把头脑风暴后获得的条目数目除以三。
2. 每个人分得这个除后数目的选票。
3. 每个人自由投票，自己想怎么投都可以。
4. 得票数前三的条目，也就是被选最多的条目成为优先执行的条目。

优点：
- 保留了创意的想法。
- 保护了少数派的声音。.

对你非常中意的所有条目投票

1. 如果你非常想让团体把某些条目作为优先执行的条目，就对这些条目分别投一票。
2. 每个人可以对所有喜欢的条目投票，但对一个条目，一人只能投一票。
3. 所有获得团体一致支持或几乎一致支持的条目，就是优先条目（注意：多数团体认可“几乎一致”的说法，如一致同意减一票或减两票）。

优点：
- 反映成员的真实感觉。
- 认定了一致性的喜好。

从清单中选择优先的条目

形式

方 法	具体做法	主要优点	主要缺点
逐项计票	引导者逐一读出条目，统计举手支持者的总数。例如，有多少人喜欢第 3 项？有多少人喜欢第 4 项？	过程对参与者很直观，无须解释。 大家不用太顾虑强势人物的喜好。	如果清单很长，过程会变得冗长、乏味、疲惫。
轮流表达	每个人轮流说出自己偏爱的条目。通常轮流一次或几次是最简单的方法。	每个人都可以分享自己的理由，便于互相理解。 无论职位高低，每个人都获得支持，以便对团体发挥自己的影响。	轮到最后发言的人占有优势，这对其他人不太公平，因为他可以根据其他人事先说出的意见来修改自己的偏爱条目。
所有人到墙前	每个人手持彩色记号笔站在墙前，在自己偏爱的条目旁涂上圆点。	人们离开座椅到处走动，提升了场域能量。	如果条目清单很短，这个方法过于烦琐。
秘密投票	先对所有条目编号。参与者在纸上写下自己偏爱条目的编号，然后由两个或以上的成员用表格展示出大家选择的结果。	在有激烈争议的情况下非常有用，尤其是当有人在公开场合不得不违心投票的时候。	强化了这样的认知：公开自己的想法是不安全的。

处理清单的十大常见错误

- ❑ **1**．卷起白板纸，把它们放在桌底下。
- ❑ **2**．中间休息后再也不回来了。
- ❑ **3**．说“让我们赶快分类，然后就可以继续下面议程了”，结果，两小时过去了。
- ❑ **4**．把清单公布在下一期企业刊物中，向每个人显示你的团体在进展中。
- ❑ **5**．隐约记得去年会议中产生过一份相似的清单，于是在找出这份旧清单前，暂停对新清单的讨论。“毕竟，我们不想就同样的工作再从头做一遍。”
- ❑ **6**．让某人离席去归类清单，然后在下一次会议时，忘记叫该人回来向大家汇报结果。
- ❑ **7**．把白板纸交给了行政助理，却忘了告诉对方注意事项。
- ❑ **8**．想当然地认为每个条目都会自动进行得很顺利。到头来，才痛苦地抱怨那些依然存在的问题：“我以为我们已经决定并分工明确。”
- ❑ **9**．想通过合并条目来缩短清单，最后，又对合并后条目的含义争论不休。
- ❑ **10**．沾沾自喜，觉得这是一次非常富有成效的会议。

8

引导开放式讨论

支持思想自由交互流动的技巧

- 介绍
- 组织讨论流程
- 扩大参与的技巧
- 帮助个人形成观点
- 管理多元化观点
- 开始和结束开放式讨论

引导开放式讨论

介绍

开放式讨论，是以团体中无特定结构的、对话式的、大家熟悉的方式进行的研讨。大家想说就说，想说多久就多久，完全取决于自己。这绝对是理解如何引导开放式讨论的精髓，一直也是团体思考最为常见的方式。

开放式讨论可以服务于多种目的。如果有人提出一个重要议题，全体成员可以借此一起讨论。如果议题不足以吸引团体，其他人可以提出新的议题来切换主题。借此，争论可以厘清，分析能够深入，提议能够得到锤炼，利益相关者也可以表达多元化观点。

如果做得好，开放式讨论可以非常有效，但许多这样的讨论让人如坐针毡。有时，对话漫无边际、毫无目的；有时个别人垄断对话；有时大家各说各话，却没有尝试将自己的观点与他人的想法相互连接。大部分情况下，开放式讨论就是“动荡期”的同义词。

引导开放式讨论的本质

引导者的工作就是支持每个人尽其所能地思考。总的来说，就是鼓励全情参与和支持相互理解。不但在开放式讨论中，在任何的研讨中，这个角色显然都是需要的。就开放式讨论的本质和设计来说，应以促进高度参与和相互理解为核心理念。然而在现实中，这却很少能达到。

这里，有两个基本问题指导着开放式讨论的引导：

1. 研讨的流程如何组织才能使参与度达到最高?

2. 当广泛的参与产生了大量多元化观点，这些观点如何能被有效地管理，使成员理解别人，并被别人理解?

引导者对以上问题的有效思考和关注，能让开放式讨论作为参与式决策的支柱手段，发挥其应有的潜能。

引导开放式讨论

组织讨论的流程

基本问题。在开放式讨论中，许多团体很难建立“接下来谁来发言”的规则。通常，给大家的感觉就是要遵循这样一个潜规则：“你想说就说”。这个原则看似合理，但在实践中则制造了混乱和不平等。例如有两种人，一种人认为发言前“等一下”是有礼貌的，另一种人在当前发言者换气时就抢着发言，通常前者要比后者等待更长时间。另外，介入讨论的方式会给人留下持久的印象。比较直言的人，可能会被认为无礼或独断；而比较迟疑的人，可能会被认为贡献比较少。

排序发言。这是比较有效又容易上手的用来管理发言秩序的方法。要排序发言，请遵循如下步骤。

1）告诉团体：“如果你要发言，请举手示意。”

2）要在实际开始发言前，给每个发言者一个编号，“你第一个……你第二……你第三个”等。

3）邀请人发言。

在一个人发言结束后，请下一个人发言。“谁是下一个？是你吗，玛利亚？好的，该你了，请说吧。”

4）这轮排序发言结束，开始另一轮排序发言。“还有谁想发言？如果有，请现在举手示意。”

中断排序。排序发言的问题在于它妨碍了自发性。不论发言多么具有煽动性，还是要等到这一轮发言结束后才能举手申请。这也许要等好一阵子，并且在等待的过程中，也许讨论会被带到另外一个方向。为应对这样的情况，引导者可以采用“中断排序”的技巧。如果在一段争论的对话之后，引导者看到有人在急切地挥舞手臂，应该说：

> “我要先请几位给刚刚的发言一些回应。已经排序发言的伙伴请不用担心，我不会忘记的，我一定会回到刚刚排好的发言顺序上。”

中断排序可能给人留下引导者有所偏袒的印象。为避免造成这样的印象，引导者要在一开始就说明，后续在遇到一些焦点话题或突发状况的时候，可能会暂时中断排序。

引导开放式讨论

排序发言的优点与限制。过于倚重排序发言的引导者，通常会收到这样一些意见："我觉得你对我们都非常公正和平等，但这样又产生了太多的主题。我跟不上这样的讨论。"或者"我期望我们能深入探讨争议的核心，但我感觉你执着于保证让每个人的参与，而我则更倾向于让熟悉这个问题的人进行更多的辩论。"这些例子说明，仅仅采用排序发言是不够的。

尽管如此，排序发言还是一个非常重要的介入措施。通常，排序发言能让团体打破习惯性的顺从模式。例如，在等级森严的团体中，有时排序发言是给最底层成员参与空间的最简单的方式。类似地，它也可以有效管理争论，否则会陷入失控状态。当讨论到最后的分析阶段时，排序发言是开放式讨论中最简单、最具实操性的技巧。

扩大参与的技巧

问题。不是每个团体都能从排序发言中获益。例如，某些快节奏互动、甚至是竞争风格的团体，对于他们来讲，排序发言让人感觉有些做作，或者被强迫。同样，对于小团体，例如仅有 3～4 人来讲，排序发言又太过于具有控制性了。

然而即使这样的团体，仍然有人不知道何时能开始讲话。当讨论被少数高度活跃的参与者控制时，问题就恶化了。他们喋喋不休的长篇大论会使其他人失去参与的意愿。当排序发言不再奏效时，引导者需要用其他的方式来为较少有机会贡献想法的人创造参与空间。

鼓励发言。即便有些人明确地知道自己有什么要说，还是需要有人温暖而轻柔地鼓励才能说话。"鼓励发言"为这些人提供了额外的一些推动。这个技巧是这样来问的：

- "还有谁想说吗？"
- "我们来听一下久未发言者的意见好吗？"

整个团体都能从"鼓励发言"的提问中获益。总是说话的参与者可以随意发言，而不用担心自己的贡献盖过他人，不常说话的参与者也可以自由表达，而不用担心自己看起来有点无礼或不敬。

引导开放式讨论

平衡发言。当引导者感觉有人退缩以避免争论时，可以运用这个技巧。以中立的、友好的语气这样问：

- “关于这，还有其他的视角吗？”
- “谁有不同的观点？”
- “有谁可以唱反调，讲一下不同的观点吗？”

当有人在私下考虑是否要表达与此前所述不一样的观点时，这些问题为这些人增添了一些支持。当然，如果其他的观点不能迅速浮出水面时，坚持这样做或许是不明智的。通常，在良好的引导下，随着信任和安全感的逐步提升，团体中的人们会渐渐进入状态，踊跃发言。

发现类似想法。这是平衡发言的镜像技巧。即与“扩大参与原则，寻求更多不同观点”相反，它通过邀请参与者给出趋同的观点，来寻求相同的产出和结果。例如，引导者可以这样说：

- “谁还有相同的感觉？”
- “谁还有类似的经验？”

要注意，这样提问时，要确定目的不是将团体带到收敛的方向。实际上恰恰相反，这样做的目的是为增加发言者的数量。为防止过早地收敛，引导者需要随后跟上一个平衡发言的提问，如“谁有不一样的感觉”，这会刺激更多的思考。

巧用时间。这个技巧包括：

- “我们还剩下 5 分钟了。我想确定我们是否已经听到了每位想发言的人的想法，特别是还没有机会说话的人。现在谁想发言？”
- “我们只剩一点点时间供一两位发言了。也许我们需要听一下久未发言的人的看法。”

在这些话传达到整个团体时，静默的成员则听到了更深的含义：“发言时机的重要性已经加码了，如果想说，现在就是机会。”

引导开放式讨论

打造沉默者的空间。这个技巧运用了支持性提问，来达成让特别的个体参与的目的。例如，引导者可以这样说：

- “蕾蒂西亚，刚刚你好像有话要说？”
- “斯蒂夫，你看起来要说些什么，对吗？”
- “杰克逊，你好像想到了什么？”

尤其在参与者做了一个姿势，那姿势看起来是说“我能讲话吗”或者“我也有个观点”，此时这样的提问特别有用。例如，有人伸出食指，但没有举手；有人抬起下巴，似乎与点头相反；有人会直视引导者，挤弄鼻子或嘟起嘴唇，好像在说“不，我不同意刚刚所讲的”。这些都是非语言暗示，表示引导者可以邀请静默者讲话。

当然，总是点名不是很明智的。许多人不喜欢被单独拎出来，所以良好的判断是必需的。有良好的开始，即人们相互熟悉，特别是引导者与大家建立了良好的关系后，这个技巧便会逐渐奏效。另外的情景下，引导者可能需要倾向使用鼓励发言和平衡发言——较不直接但仍然是有效的方式，来支持静默者，而又无须让他们成为众目睽睽的焦点。

容忍沉默。在开放式讨论中，3~5 秒的沉默是非常典型的。令人难以忍受的长时间的沉默可能会持续 10~15 秒。这样的沉默意味着人们在思考。例如，人们也许需要几秒钟来对复杂问题做一些分析，或者在紧张的会议中，参与者可能需要安静一下，来寻找能更好地表达自己纠结感的方式。沉默不是失控或失调。沉默发生时，也正是参与者向内求索的时刻。然而，一些引导者发现，忍受这么长时间的沉默真的很难。这样的想法基本没有考虑团体的需求，反而在一定程度上，仅仅反映了引导者自己对于沉默的不适。

为了明确了解自己不舒服的程度，可以请一位好友来帮助体验。在对话中，说“好，让我们安静一下”。5 秒钟过去后，“现在让我们讨论一下感受。”重复这个体验，让沉默延长到 15 秒钟。容忍沉默像其他的技巧一样需要实践。在你的对话中，让其他人来打破沉默吧。

引导开放式讨论

帮助个人形成观点

简要重述和镜像重述。反应式倾听这一技巧不像看上去那么简单，它把注意力集中到讲话者的身上，而不强求说话者产生任何特别的反应。发言者能决定要继续还是停止，这是一种授权式干预。

在引导者运用简要重述和镜像重述时，运用的对象越多越好。否则一些人会疑惑，引导者为何看起来厚此薄彼。

同时，持续的反应式倾听会变得单调和乏味。它会影响进展的速度，也会阻碍自发式发言。所以，许多引导者会搁置简要重述和镜像重述，待明显有人需要支持时才来使用。例如，发言者有些内容难以说清，或两个人自说自话，彼此不能理解。如果反应式倾听主要运用在明显需要支持的场合，这种干预就不会被认为是优惠待遇了。

引发表达。这个基本技巧能帮助发言者拓展思路。

- “请再多说一些。”
- “能举个例子吗？”

当引导者决定要“引发表达”时，引导者其实在做一个判断，即从这里听到的更多表达应该是有价值的。这样，引导者就具有了非常微妙的而又实际的影响力，能决定给谁多一些发言时间，谁的主意可以被有效组织并充分表达，并最终让其他成员更容易了解和接受。

所以，引导者必须抗拒这种诱惑，避免过多地聚焦在那些想法看起来很不错的人身上。因为这样违反了中立的基本原则（很快，团体成员就会怀疑引导者心中早就藏有预设的想法）。只有当成员的发言内容难以被他人理解时，才对其运用“重述”的技巧。

引导开放式讨论

管理多元化观点

案例研究

拥有数家大型停车场的老板决定在每个地点都安装自动收费系统。在即将实施的一个月前，他和九个管理者一起讨论变革的具体实施计划。

会议进行到一半时，老板提出了一个问题："顾客丢失了停车卡怎么办？"

有人立即提出，可以进行罚款。

另一人提出这样不明智，"我们不能搅扰我们的老客户。"

第三个人预计，收费员一定会不合作。"这可是最敏感、最脆弱的工作，许多人几个月之内就会失业。"

另一个人同意这个观点，然后怀疑地说："这真的值得做吗？"士气会到严重影响。"我们能不能先停一下，再考虑考虑。"

还有人说，他不愿意放弃这个项目，但他担心设备的可靠性。他问道："我们是不是应该先在小停车场测试一下设备？"

这时，老板不耐烦了，训斥大家已经跑题了。

结果是，房间里鸦雀无声，管理者不知道什么是可以说的，于是停止了尝试。

这是很常见的情景。老板感觉管理者在浪费时间，讨论无关主题。但实际上，没有任何管理者行为不妥。事实正好相反，管理者在尽最大努力表达自己的想法。老板邀请大家讨论问题，员工在尽力支持。

例如，那个持收费员观点的人，在考虑更严重的问题—裁员迫在眉睫，尽管这是很不令人愉快的后果。同样，建议测试设备的人想起了他的最后一份工作，那是一套新的 IT 系统，没有经过任何测试就上线了，结果造成了很多问题。

这些很确切地说明多元化观点是如何令人挫败并产生误解的。管理者在诚心实意地解决问题，即依据各自的经验来找出问题，如果这些问题处理不当，可能会影响公司。而老板不耐烦地责备大家不要跑题，这样做是不当的，因为大家觉得自己是十分切题的。

引导开放式讨论

引导者的挑战。停车场的讨论是个典型的例子。很多引导者都未能处理好这样的挑战，总是忍不住想说“我们似乎跑题了”，或者“我想我们要回到讨论停车卡遗失的主题上来”。这样的干预听起来不错，但通常很少奏效。这样做实际上是在告诉参与者：“你个人的参考框架是有问题的，是阻碍我们讨论的。”

现实是，每个人都会从自己的参考框架出发，来参与讨论。任何给出的观点，其内在意思、重要程度和优先次序都在于如何理解和诠释，而每个参与者就是带着自己不同的直觉来理解和诠释的。对于引导者来讲，一定要认识到，这并非不好。

一个良好讨论的目标，是在各种不同观点间产生更多的和谐部分——通过促进相互理解的流程，来调和多元和不同。

但许多人认为，参与者应该从和谐开始。当他们听到偏题的观点时，他们就要通过说服和控制，来解决观点太分散的问题。“这是无关的问题。”“请回到正题。”“我们能不能聚焦一些？”这些话语可能会使人们停止发言，但不会让他们感觉到自己得到了丝毫的理解。

关键在于，具有良好意愿的一群人，对于哪些重要、哪些不重要，哪些切中主题、哪些离题万里，哪些有用、哪些无用，可能有着完全不同的判断和理解。当这些差异发生时，不适感随之而来。这是正常的，也是健康且有价值的，这意味着人们正在参与其中。但当参与者没有意识到他们是带着个人偏见来评估他人的贡献时，这种不适感会越来越强烈，甚至可能会摧毁团体共同思考的能力。这时，人们会对彼此失去耐心，说一些自己都后悔的话，不再倾听，或意气用事。

引导者可以做些什么，才能防止这种情况恶化呢？换句话说，如何引导一场已经处于动荡期的开放式讨论呢？这一章后续的内容为此给出了许多有用的工具，并提供了在讨论扩展到多种思路并存时，如何避免一些常见错误的建议。

引导开放式讨论

排序主题。一群教师在开会讨论他们的课程。一个二年级的老师卡特提出了一个有争议的观点。图书管理员托尼有了内心反应，他想："哦，卡特又来了，这是浪费我们的时间。"但旁边的发言者却很认真地回复了卡特的观点。很快，托尼说："各位，我们回到主题上吧。"有人说："谢谢托尼，我同意，我们跑题了。"卡特感觉受到了冒犯，然后做出生气的手势。托尼早就不耐烦了，现在感觉更加愤怒了。

如果有引导者在场，简单的排序介入可能就会有完全不同的结果。引导者可以在托尼之后就说："看来我们有两个对话在同时进行。有些人要回应卡特的观点，同时，其他人想要回到先前的主题上。所以，接下来我想这样做。我们先对卡特的观点听取两三个回应，然后请托尼再重新引入原来的主题。随后，我们在托尼那个想法上花一点时间。然后，如果必要的话，我们再来全面评估一下，看看哪个主题最重要，需要我们来集中讨论。"

这个例子说明了如何排序主题：

1）确认双方观点。

2）协助团体在一个主题上讨论几分钟。

3）再协助团体在另一个主题上讨论几分钟。

4）如果有必要，请团体决定下一步需要聚焦在哪里。

排序主题的优点与限制。当引导者对同时进行的两个对话进行排序时，是在没有任何偏袒地进行聚焦讨论。这样的介入通常会赢得团体的欣赏。通过鉴别和标识两个不同的观点，引导者帮助参与者跟上正在进行的讨论，并且，对于双方观点的有效确认，为每个人创造了更加安全的感觉。

然而，排序主题对于管理两个以上的主题不再奏效。当有三四个主题时，它可能会让参与者坐不住，因为他们对其中大多数主题不感兴趣，所以此时不建议使用排序主题的方法，团体也不会愿意你这样做。

引导开放式讨论

寻求回应。寻求回应是这样一种方法：在鼓励新发言者参与的同时，依然可以使讨论的焦点得以保持。这个技巧的例子如下：

- “对于刚刚艾琳所说的，有人要回应吗？”
- “对于刚刚提到的，有谁有问题要问吗？”

这类问题可以把任何新的发言都引导到前一位发言者的话题和线索上。

一如既往，受到引导者支持的主意能得到更多、更全面的讨论。因为引导者寻求更广泛的参与，这种做法很少遭到反对或质疑。参与者倾向于视**寻求回应**为保持讨论持续的一种中立做法。即便在两个或更多议题中选择一个，这样做也会得到认可。只要引导者的立意是好的，不是为偏袒特定的想法，而是要维持讨论的平衡，大部分团体成员对引导者不会产生怀疑。

刻意改变焦点。引导者若要刻意改变讨论的焦点，可以这样讲：

- “过去的 10 分钟，大家一直在讨论 ABC。然而，有人说过也需要共同讨论 DEF。现在是转换话题的好时机吗？”
- “前面罗宾提到过一个问题，没有人回应。在我们完全忘了这事之前，我想确认一下，对于罗宾提出的问题，有人要回应吗？”

刻意改变焦点是指示性的。在团体完成一连串的思考前，引导者打断目前的对话，通常会给人不中立的感觉。所以，最好的方法是以提问的形式介入，而不应以指令的形式出现，这样，参与者可以选择转换主题，或者继续进行目前的主题。

毕竟，这不仅是号召人们将注意力从一个主题转移到另一个主题上，同时也将关注点从一些人身上转移到另外一些人身上。所以，这可以被认作是不中立的介入。

引导开放式讨论

议题追踪。如之前停车场管理者的例子所示，开放讨论通常会衍生出完全不同的分支话题。议题追踪是指保持对这些不同方向话题的跟踪。引导者可以通过以下几步进行追踪。

1）对团体说："我想你们正在同时讨论几个不同的主题，分别是……"

2）给每个主题命名，以便区分。

例如，引导者可以对停车场管理者说："我感觉你们在讨论四个主题。第一个是如何处理客户丢失停车卡？第二个是收款员会配合吗？第三个是是否要重新考虑机器收费的想法？第四个是你们对设备可靠性的关注。"

作为倾听技巧，追踪主题在前面说明过。在对话进入十分对抗或者无视对话规则的情况下，人们几乎不再彼此倾听，此时这是非常有价值的方法。尤其在指示性的方法如"排序主题"不奏效时，这个方法恰恰可以发挥效用。当每个人都想推动自己的议题时，引导者的建议是很难被听到并得到响应的。这时，引导者必须克制对讨论进行整理、排定优先顺序的念头。相反，引导者要保持中立，机敏地支持到每个发言者。议题追踪能使每个人再次相信，至少还有人在聆听。

团体通常以两种方式来响应"议题追踪"的干预。最常见的反应是整合。有人会结合引导者命名的几个主题和线索，拟定一个提议，或者进行深入的分析，或者提出一个引发深思的问题。换句话说，有人整合并推动了团体的思考。另外的反应是坚持，即有人会回到自己喜欢的主题。有时，团体会跟随这个人的引领，这样团体就有了新的讨论焦点，至少是暂时有了。有时这也可能引发争论："我现在不想讨论那个主题。"这时，引导者要扮演忠诚的中间人，给出简单的"主题排序"。"我们能对这个主题讨论几分钟，然后转换到其他一些主题吗？"

引导开放式讨论

完成议题追踪介入。在给团体总结一系列议题之后，邀请他们增加一些引导者可能遗漏的其他主题。这样做可以缓解引导者“要做对!”的压力。引导者没有必要在讨论中把所有事情都记在自己的脑子里，因为在多数情况下，团体很快就会帮助你完善清单。

1）问：“我是不是抓住了所有议题？”期待别人回答：“没有，你漏掉了我的想法。”如果这样，要不加辩解地补充议题。

2）总结：“好，你们有了五个线索，每个至少对于某人来讲是重要的。”

3）这时，通常你要邀请另一轮的评论：“现在我们回到讨论中，谁想说说？”然而，你也许可以用本章描述的其他方式来替代刚刚的做法。如“在我们开始另一轮讨论之前，你们想不想对这些话题排个顺序？”

征询主题。这个技巧与议题追踪类似，只是议题是由成员来识别，而不是由引导者来提出的。

1）对大家说：“你们正在同时讨论几个议题。”

2）问：“我们能暂停一下，列出正在讨论的议题吗？”

3）在白板纸上记录他们提到的议题。

4）在列表完成后，说一些类似这样的话：“好，现在比较容易地能看到你们关于这个主题的讨论范围。我们要重新开始我们的讨论，有谁想谈谈？但在讨论之前如果必要的话，我们后退一步，先共同对议题进行排序。”

勾勒架构。这个技巧的基本要点是从内容的讨论上稍稍退后一步，提醒团体关注对话的目的。

1）如同前两种介入那样，指出几个子议题在同时进行，以此作为开始。

2）说：“让我们来回想一下，这个讨论是怎么开始的。”

3）重申讨论的最初目的。“最初，苏珊要对下个月的日程安排收集建议。对话现在已经走向了几个方向。一些可能需要继续，另一些可能需要暂缓。哪些你们认为更相关呢？”

4）接下来的步骤，和引导者“征询主题”是一样的，记下相应的答案，然后重新开始开放式对话。

引导开放式讨论

开始和结束开放式讨论

开放式讨论的导入。在引导者第一次与一个团体进行开放式讨论时，引导者应该简单地解释其做法，这样大家才能予以配合。常规的干预如“排序发言”和“中断排序”，要比不言而喻的简单做法，如主题排序需要更多的解释。

这里有个有效导入的例子：

> “我们要花半小时进行开放式讨论。我想寻求一些方法，既能给每个人说话的机会，同时也能支持自由地交互研讨。 如果同时有多人要说话，我会请你们举手，然后给每人一个号码。这样，你就会知道什么时候轮到你，你也没有必要一直挥手以取得我的注意。如果有人的发言让大家想立即回应，我可能会让不在排序中的发言者说几句。但我只在明显必要时才这么做。如果我真的让其他人插队发言的话，我一定会回到原来的发言序列，让排好队的人发言。”
>
> 这个导入基本上是一分钟，或许一分半钟。这样的讲话时间，对于引导者来讲已经算是很长了。但如果你不把方法解释清楚，那么团体是没有能力配合你的。

从开放式讨论切换到另外一种形式。当讨论变得乏味时，人们会表现出焦躁不安或厌倦，明智的选择是结束开放式讨论，并切换到另外一种形式。可选的形式包括小组讨论、个人书写、头脑风暴式“列出想法”、结构性轮流发言等形式。这些在第9章有详细描述。

结论

开放式讨论是所有团体思考形式中最常见的一种。但如果没有强有力的引导，开放式讨论可能会变得单调乏味、令人沮丧，最后没有任何产出。若要通过这种形式，富有成果地激发并驾驭团体潜能，很大程度上依赖于引导者对于本章提及的参与技巧的掌握程度。

9

开放式讨论之外的其他讨论形式

如何通过改变参与形式来管理团体能量

- 管理团体能量
- 各类参与形式
- 列出想法
- 有序轮流发言
- 任务小组
- 艺廊之旅
- 个人书写
- 演讲和报告
- 展览秀
- 轮转任务小组
- 辩论
- 角色扮演
- 短剧小品
- 金鱼缸
- 咨询专家
- 混合法
- 拼装法
- 进入中心
- 为结构化活动设置框架
- 结构化活动后的回顾总结

管理团体能量

1

介绍

作为一个引导者，关键工作之一就是管理团体能量。

例如，当团体能量分散的时候，引导者就要考虑如何驾驭能量使之聚焦。换言之，当会议中能量松懈、成员疲惫时，引导者要寻找机会使气氛重新活跃。当能量场显示出焦躁不安、失去耐心时，引导者要谨慎地选择一些方法，让过程放慢，让气氛平静。

总而言之，有效的能量管理可以让一个原本平庸的会议成果丰硕。

管理能量的技能是如此重要，然而它却又是如此虚幻，难以定义，更难以传授。一些才智卓越的引导者似乎知道如何驾驭能量，似乎这些技能与生俱来。但是更多的引导实践者依然觉得“能量”的概念很神秘，不够具象化。

为了懂得如何管理能量，第一步是能够认识它。毕竟，你怎能管理一个看不见的东西呢？所以有必要在操作层面上，先定义什么叫团体能量，或者以一种看得见、可测量的方式定义它。

能量究竟是一种生物现象还是一种化学物质？或者是一种神经学或灵性的东西？不管它确实存在与否，理论学家从来没有给出过定论。

然而，许多团体成员在会议中能容易地感觉到能量的存在，尽管不知道如何用确切的词汇来描述它、交流它。他们在提及能量的时候，可能用到的词语是“房间内的氛围”“节奏”“情绪”等。无论用什么词语描述它，团体能量是一种明显可感觉到的客观存在。作为引导者，更要不遗余力地学习如何有效驾驭能量。

接下来两页，我们要通过一个简单的方法来思考工作流程和相应的一组技能，目的是拆解所谓神秘的“管理团体能量”。后面将提供给大家充足有效的工具，每个工具后都有详细的使用指导。

管理团体能量

2

日常生活中的团体能量

也许，日常生活中最普遍的“团体能量”的例子，常见于演讲者在工作会议上面对一群同事做演讲展示的时候。我们常常看到这样的情形：听众全部被演讲者吸引住，大家全神贯注，场内鸦雀无声。也常常看到相反的情形：演讲平淡无趣，场下听众窃窃私语或随意聊天，或在椅子上不安扭动，或者暗中查看手机短信或橄榄球战况。

上述两种情形，无论团体能量是聚焦投入的，还是懒散沉闷的，一个站在门边的陌生人，即使对团体讨论主题一无所知，她也依然可以解读出能量的存在，那么，这个陌生人实实在在看到的是什么呢?

她可能看到的是别人的行为举止，据此推测出某种现场情绪的存在。她无法看见“情绪”，因为除非被大声说出来，所有的情绪都是隐秘的、无法被直接观察到的。但她可以从观察到的他人行为举止中推测这些情绪的存在。

在上述全场被吸引的演讲例子中，观察者可以看到，有些听众身体前倾，或点头，或表情认真地记着笔记。这些行为举止都是可度量的，这些举止似乎正揭示出什么是情绪，它们仿佛在述说着“我着迷了”“我被吸引了”“演讲者的每句话都和我有共鸣”。尽管从观察者的角度，这些情绪无法被验证，但它们意味着，至少暗示了通过行为举止可以看到情绪的存在。

在另一反例中（冗长沉闷的演讲），典型的行为包括烦躁不安、思绪不集中、同座间耳语，这些都属于典型的游离感。再强调一下，这些都是可观察到的。对情绪来说，其他类似的症状包括“打着哈欠说……”“啥时可离开呀？”等，尽管这些不容易测量，但也可以方便地推断出情绪状态，因为表现出来的行为恰好合理地揭示了会议室内大家的感觉。

总之，当我们试图去认识“团体能量”的时候，我们可以通过观察可见的行为，这些行为是容易被界定的，它们揭示、显露、并暗示出一系列的情绪——我们看不见但却可以推测的情绪。

管理团体能量

3

团体能量管理的重要探索与洞见

讨论到现阶段，这个探索引出了一个重要的结论：你可以推测出这些影响团体能量的情绪，但你无法管理这些情绪和思想，因为没有人大声说出自己的情绪。而你能够管理和控制的，正是因这些隐秘思绪而流露出来的行为举止。

这样，在一群不再专注、游离主题之外的听众中，会议室内的情绪会处于“低能量”状态，或者说处于“拖沓沉闷”状态。这时引导者就需要敏捷地出手干预，而干预的手段，就是做些能改变团体行为的事情。

例如，你正好引导着一个已经游离、散漫了的团体，你可以：

- 把团体分成几个两人或三人的小组。这种干预能够为每个人创造一种非正式的、半私人化的投入机会，比起刚刚全体一起听讲的情形，这种分组极大地提高了每个人的参与度。
- 或者，此时给每个人一次简单的“个人书写”任务。这种干预邀请每个人产生并提炼自己的想法。“个人书写”期间团体能量将会针对思考主题聚焦。
- 或者请大家加入一次头脑风暴。这种干预增加了全体参与感。即使会议前已经鼓励大家可以无拘无束地创造性思考、关联性思考，可以随意发表评论，这种干预还是能更大地提高全体参与感，团体能量变得更活跃，越来越像玩一样地有趣，通常团体也会在创造力方面变得更自信。

以上每种方式，都是通过改变大家正在进行着的活动，或者更确切地说，通过改变大家的参与形式，从而改变了团体的能量。随着参与形式的改变，团体的行为也随之改变。

总而言之，我们可以通过对参与形式的管理，达到管理团体能量的目的。因为特定的参与形式，形成并固化了团体的某种行为。从一种活动到另一种活动，团体的行为随之而变。

在我们上述探索和发现的基础上，后面的内容提供了很多工具，通过判断及使用合适的技巧，可以让引导者有效管理团体能量。

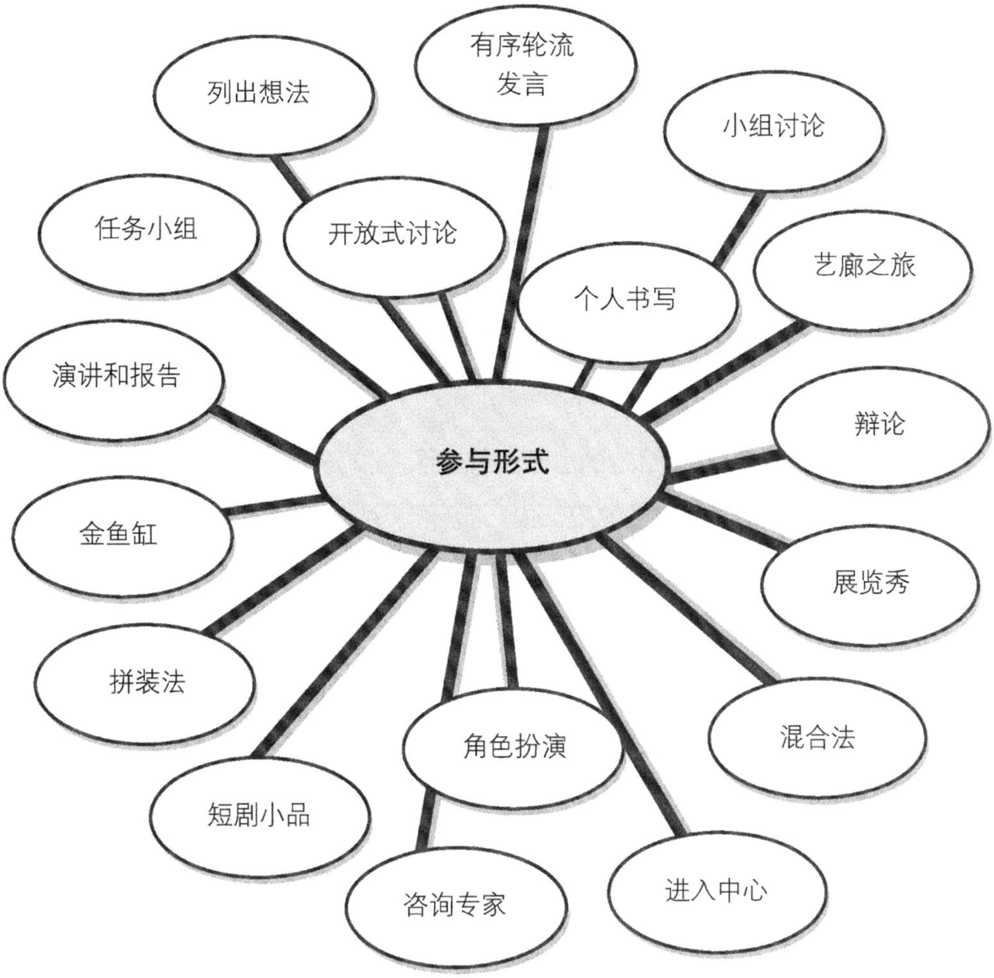

根据不同目的，团体参与可以有很多不同的组织形式。例如，有些形式要求每个人都发言，而有些就不需要；有些形式鼓励大家用非正式的、游戏式的，想到什么就即刻说出来的方式；有些形式支持大家分享个人感觉；有些可以要求参与者独立思考，或者一对一讨论，或者和很多同事共同讨论，等等。本章将针对上图提及的所有参与形式，讲解每种形式的目的、流程和基本规则，从而为大家提供有用的引导技术。

列出想法

1. 快速启动一次讨论。“列出想法”能帮助团体快速确定与主题有关的多个方面，哪怕大家才刚刚开始对主题进行思考。

2. 向参与者呈现一个意见多元化的团体，显露会议室内其实有两个以上对立的意见。

   “列出想法”能在给定的主题上引发大家广泛多元的思考。即使在一个多极化、对立氛围浓重的团体中，也能引发大家进行广泛多元的思考。

3. 希望对某个问题的根源或原因有一个更好的了解。

   当一个问题变得比当初呈现的更复杂的时候，可以用“列出想法”的方式，来进一步探寻问题。例如，“这里到底发生了什么？”“哪些影响因素我们还没有考虑到？”

4. 需要对某个难题找出一系列非常规的、创新的解决方案。

5. 分小组讨论结束后，引导者想重新把大家召集回来时。在需要收集小组各种讨论结果的时候，用“列出想法”是最快的方法。这样，团体就有更多的时间来更深入地讨论他们关心的议题。

6. 当讨论主题显得过于庞大、难处理或失去控制时，能提供讨论的基本框架。

   通过“列出主题”，参与者可以看到整个团体的思维广度。列出的清单为分类和处理优先项目提供了基本信息。也就是说，在减小某个难题的复杂性方面，“列出想法”往往是重要的第一步。

列出想法

1. 在墙上贴好白板纸。

2. 请一位志愿者做板书记录员。

   记录员的工作是忠实地记录每个人的想法，不加入自己的评判或对想法加以润色。

3. 向大家解释悬挂判断的基本规则：

   - 每个人可以在白板纸的清单里，加上自认为和主题相关的任何想法。
   - 悬挂判断。对白板纸清单上记录的一切不争论。
   - 在想法清单生成过程中不讨论，等稍后清单全部生成后才开始讨论。

4. 以问题的形式指明团体的任务，如“减少预算有哪几种选择”。

5. 给出团体大致的讨论时间，然后开始。

6. 让大家每次说出一个想法。

   - 尊重每个人说出的任何想法。
   - 尽量多用“镜像重述”。
   - 为记录员总结归纳复杂的句子。
   - 如果有人开始争论或讨论某个项目，礼貌地提醒他们团体基本规则。

7. 节奏减慢时不要慌张。这通常表明大家正在思考，因为显而易见的想法已经说完了。要容忍沉默。如果你催促大家提出更多想法， 很多人会觉得有压力，反而会完全停止思考了。

8. 预先分配的时间快用完时，宣布一下，“还有两分钟”。这通常能激发出最后一个想法。

“列出想法”的各种变化

列出想法：标准做法

团体就某个问题提出答案。所有想法都被记录到白板上。任何想法都允许呈现。

头脑风暴

要鼓励大家提出古怪、看似不可能的想法。想法数量第一，想法质量第二。

使用即时贴

大家把想法写在即时贴上，每张只写一个想法。所有即时贴全部上墙，然后再对想法分类。

分小组快速启动

两人一组开始讨论问题，随后再集合起来，共同得出一个好主意清单。

书写式头脑风暴

参与者把想法写在自己的纸上，每过几分钟，和同伴交换纸张，阅读后再在别人想法的基础上书写新想法。

多个主题板

会议室周围放置多个白板架，每架一个讨论主题，参与者开始对一个主题进行讨论，每过几分钟移动到新的主题板前。

“列出想法”可以用许多方法来完成，所有这些方法都能引出发散式思考。运用上述方法使得这种参与形式新鲜而有趣。请注意，尽管每种变化形式对应的流程有明显不同，但“悬挂判断”的基本原则是始终不变的。

有序轮流发言

推荐使用的场合

1. 开始一次会议。
   有序轮流发言（也叫罗宾圈）是开始一个 90 分钟以上会议的好方法。 它既是一次破冰过程，也向大家呈现了这样一个观点：每个在场的参与者都是受欢迎、被期待的。

2. 用于一场复杂讨论的开始阶段。
   当一场讨论渐渐展开时，不同的观点常常以混乱的方式互相纠缠。为了对付这样的挑战，一开始做一次“有序轮流发言”很有用，这样每个人都可以用自己熟悉的术语对议题做一个整体结构的描述，大家从一开始就知道大致概况。

3. 为寡言的成员创造发言空间。
   对插话发言有障碍的安静人士而言，轮流发言是对他们的有力支持。

4. 以倡导代替争吵。轮流发言阻止了成员对彼此的思考依据、价值观的争论。

5. 抵消成员间地位和级别的差异。轮流发言为所有参与者提供相同的时间，不管他在团体中的权威如何。

6. 大家退后一步，审视一下当前的状态。经过一段困惑而激烈的争论之后，轮流发言可以帮助大家先不要纠缠具体争论内容，而是后退一步，让彼此体会一下互相合作的感觉。轮流发言是起到这个效果的完美选择。

7. 结束会议的时候。轮流发言给了每个参与者一次最后陈述其思想和情感的机会，如果没有这次机会，也许有些话就一直闷在心里了，至少不会当着所有人的面公开说出来。

有序轮流发言

流程

1. 让所有人围圈而坐，或者半围圈而坐。重要的一点是要在轮流发言中，每个人能看到彼此的脸。

2. 用一句话概括一下马上要涉及的讨论主题。

   例如，“现在，我们每个人都有机会针对刚刚听到的演讲报告发表自己的想法。”

3. 解释流程。

   例如，“我们从某人开始顺时针轮着发言。任何人不得打断发言者的讲话。当你发言结束时，说‘过’或‘我说完了’，这样下一位就知道何时开始发言了。”

4. 如果基本规则有些变化，这时解说一下。

   例如，引导者可能允许参与者在轮到发言时，放弃发言机会直接过渡到下一个发言者。

5. 基本规则澄清以后，重新强调一下议题。

   当人们注意倾听你解释基本规则的时候，往往会忘记议题，这个时候是提醒他们的时机，如有需要，再对议题做一个更详细的说明。

6. 给出大家一个大致的发言时长。

   例子 1：“请用一分钟时间分享你的看法。”

   例子 2：“你想说多久都可以。”

7. 当轮流发言进行的时候，不要用“简要重述”或者“激发更多联想”的方法。在一个接一个发言的过程中，给每个人想说多少就说多少的自由。如果你觉得有必要，可以在这一轮结束后再跟进某些重要想法。

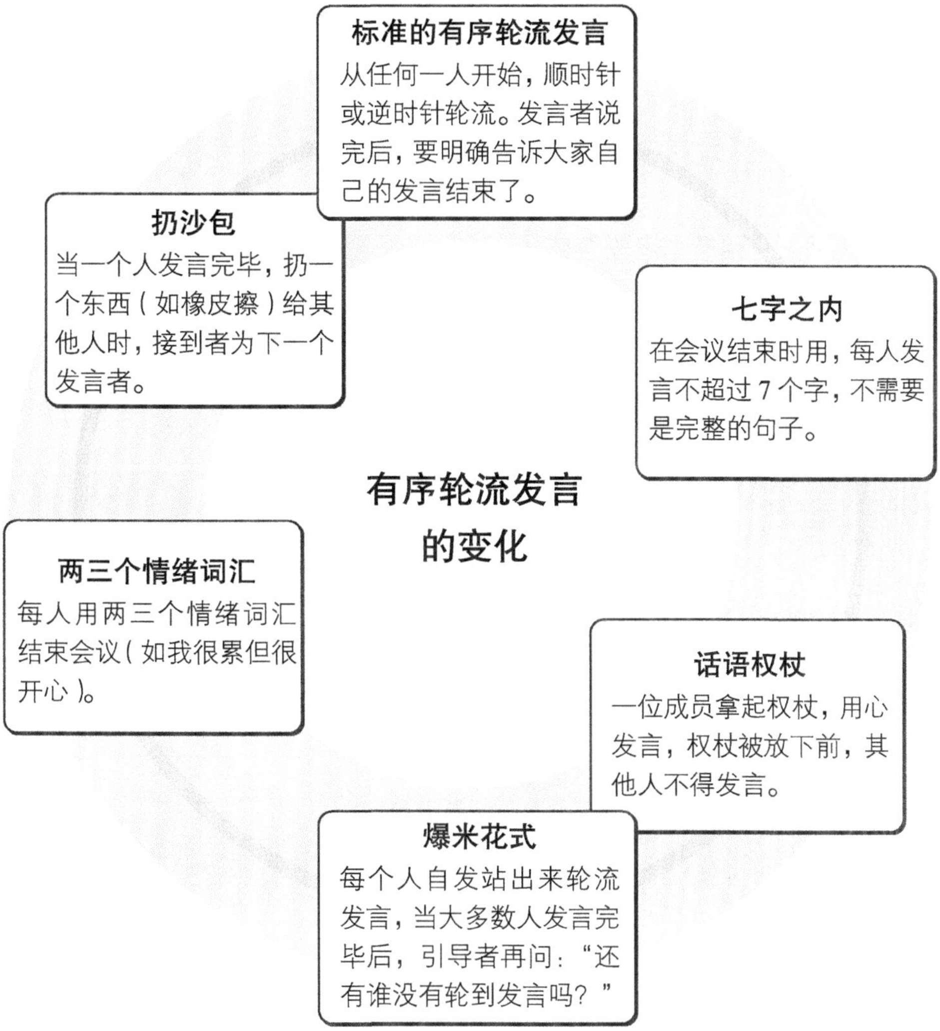

"有序轮流发言"的变化有很多种，以上只提及了目前常用的几种。它们具有一个共同的目的，就是支持参与度，让大家平等参与。它们也都遵循两个基本规则：① 一次只能一个人发言。② 在任何方式的轮序中，下一位发言者总是可以知道自己何时轮到。

任务小组

推荐的使用场合

1. 破冰——给参与者安全感。

人们在小组中比较容易放得开，感觉不是在公众面前。

2. 保持团体活力。

离开座位走动一下，身体上会感觉有活力。并且，小组讨论允许每个人都发言，积极的参与赋予人们更多能量。

3. 加深每个人对议题的理解。

在小组中，人们有更多时间来深挖并完善自己的想法。

4. 快速探究一件事情的不同方面。

小组讨论可以同时对一个难题的不同部分进行探讨。利用小组讨论会非常充分、有效，这也是常用的方法。

5. 建立关系。

小组讨论提供更多的机会，让大家从个人层面互相熟悉。

6. 对产出结果有更多的承诺。

小组讨论支持更大的参与度。更大的参与度意味着有更多的机会来影响最终结果。当结果包含了每个人的思考和想法时，参与者对结果的来龙去脉和细微之处就有更深的认识，于是更可能承诺将来的有效执行。这就是所谓的对结果“视同己任”。

分小组讨论

流程

1. 用一句话简述一下接下来讨论的目的。

   例如，“现在，就 Stone 博士刚刚的演讲，大家来讨论一下我们各自的反应和感想。”此时不要说明得太详细（把这个留在第 4 步去澄清）。

2. 告诉参与者如何找自己的小组伙伴。

   例如，“面向你身边的那位”，或者“任意找两个你不太熟的人”。

3. 等到所有人都形成了各自的讨论小组后，才给出进一步指示。

4. 等大家都准备好了，澄清一下目前的任务。

   陈述一下要讨论的议题，然后说明期待的结果。例如，“Stone 博士声称已婚管理者和未婚管理者的待遇差别很大，你同意吗？你的以往经历是怎样的？看看你们各自能不能举出 2～3 个发生在自己职场上的实例？”

5. 关于基本规则中的一些特定条例，如果你想在此说明一下，现在正是时候。

   例如，“一个人为发言者时，另一个人就是聆听者。”然后当我发出提示信号时，请互换角色。

6. 告诉大家这个活动应该在多少时间内完成。

   过程开始一段时间后，提醒大家还剩多少时间。

7. 例如，“还剩 3 分钟！”当时间快到时，给出最后一次提醒：“只剩几秒钟了。”

8. 把大家重新召集到大组，请一些成员分享刚刚讨论时的想法和学到的东西。

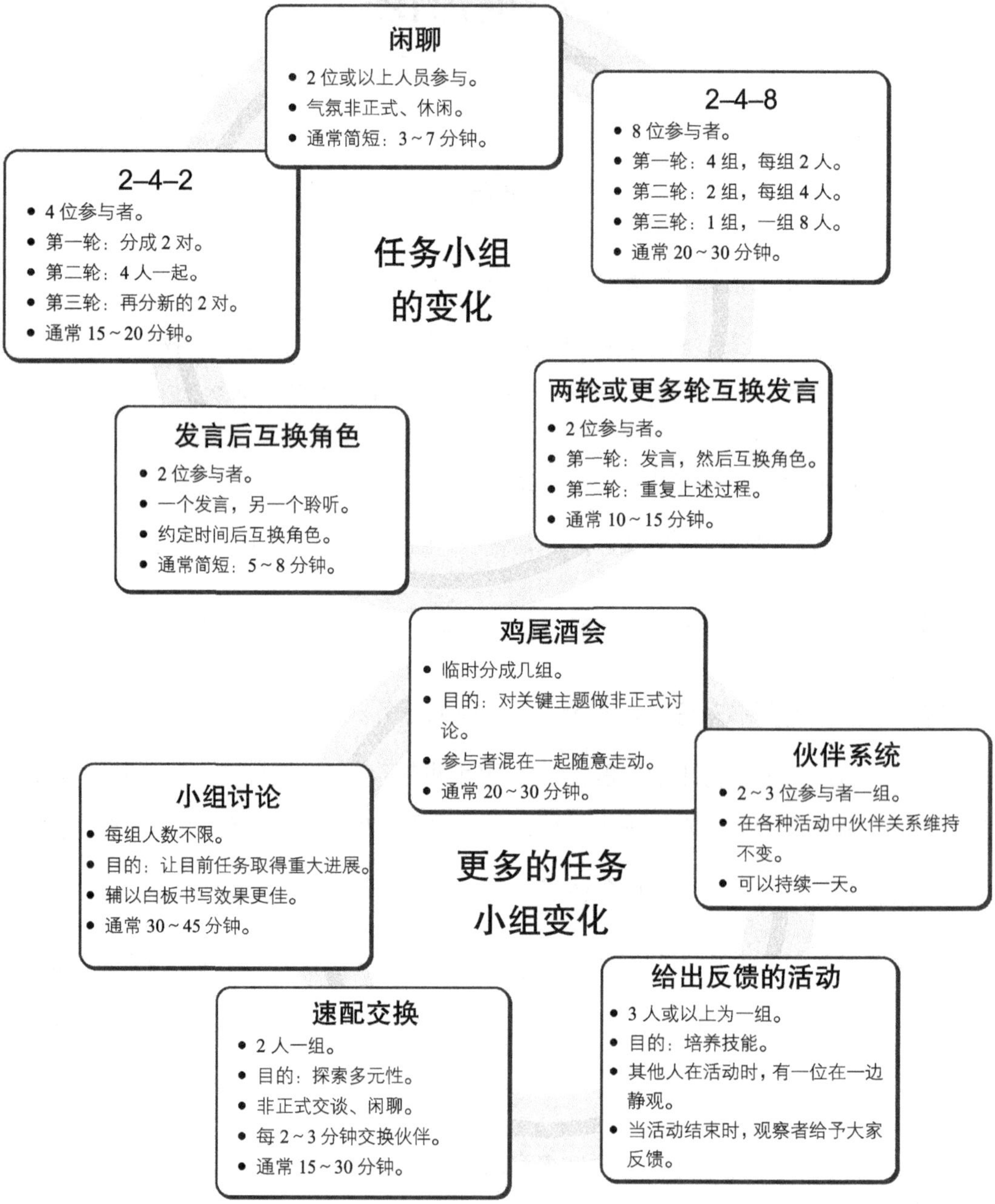

各种类型的小组讨论形式，比大多数引导者想象的还要多。多种多样的形式，使讨论不再无聊难忍，让参与者在整个过程中充满对下一步环节的期待。

用小组讨论完成多任务目标

任务小组

1. 团体分成几个任务突击小组（如几个委员会），给每个小组分派一项不同的任务。例如，假设团体正在策划一个大会。他们被分成三个任务小组，第一组负责列出邀请来宾名单，第二组列出大会上要讨论的议题，第三组负责列出准备会议需要的各项会务事宜。
2. 让每个小组选出各职位的担任人，如主持人、记录员和对外发言者等。
3. 说明一下限定的小组讨论时间，然后开始。还剩 10 分钟时给出提醒。
4. 重新招回全体人员，请每个小组做报。每个问题给出 5 ~ 10 分钟时间。

艺廊之旅

1. 团体分成几个任务小组，然后给每个组分派任务。
2. 给每个小组分配白板架及马克笔，让小组成员来到自己的“站点”。站点可以分布在不同房间，或者分布在房间的不同角落。让每个小组把工作记录在白板上，然后把所有工作记录张贴在附近的墙面上。
3. 时间一到，将人召集回大组，解散任务小组，重新组建“旅游小组”。“旅游小组”内的成员，必须来自不同的原任务小组，每个原任务小组至少有一位代表在每个旅游小组中。
4. 告诉大家，每个旅游小组用 7 ~ 10 分钟的时间游走在各个站点，每到一个站点，让来自该站点的原任务小组成员向旅游组内成员说明他们刚才的工作结果。

个人书写

推荐使用的场合

1. 给参与者一个机会，让他们收集整理自己的想法，为随后的开放讨论做好准备。

2. 针对刚才发生在团体中一些不寻常的事情，或值得记录的事情，让每个参与者都有机会以各自的方式反思。

3. 保留匿名权。人们在上级或下属面前，或者担心自己言论会在现场受到反对的时候，常常难以畅所欲言。但有时候在匿名递交的情况下，一些参与者会更愿意分享自己的思想。

4. 当讨论陷于僵持状态时，帮助大家继续保持对参与的投入。“个人书写”让参与者从团体动态的人际紧张感中脱离，让他们继续保持对目前议题的正常工作状态。

5. 当讨论各方脾气开始暴躁的时候，“个人书写”能让团体成员盘点一下自己的思维和情绪。在情绪失控的情况下，让大家花 5 分钟时间写一下自己愤怒、受伤的感觉，对每个人都有好处。

6. 产出书面材料的第一份草稿，如一封信或一份使命声明。在“个人书写”的这个用法中，每个人都写出一份书面材料的草稿。然后，对自己的草稿比较满意的成员可以向团体分享自己的草稿。

7. 向缺席会议的主办者或决策者提供会议内容。

8. 当需要针对会议的建设性反馈意见但时间又不够时，“个人书写”可以用来评估一个会议的效果，从而获得反馈意见。

个人书写

流程

1. 简要介绍一下接下来的任务。例如，“目前的绩效评估流程有些问题，我们将花 5 分钟时间，各自写出对这些问题的看法。”

2. 请每个人拿出笔和纸。

（注意：带好额外的笔和纸。由于数字产品的大量使用，很多人常常不带纸笔等文具就来开会。）

3. 等待全体人员都准备好。

4. 给出任务的详细说明。例如，“我们知道绩效考核流程需要改进，你们现在的任务是厘清哪些地方是错误的。首先，针对现有流程写出 2~3 个问题。然后，关于为什么这个流程很难改进，写下你的看法。”

5. 让大家知道，是不是需要他们把自己写的内容展示给其他人看。可以给大家一个定心丸：“你们不需要把写的内容给其他人看，写下这些只是为了帮助你自己厘清个人想法而已。”

6. 让大家知道书写允许的时间，然后开始。

7. 当时间差不多到时，提前 1 分钟给出提醒。

8. 时间一到，全体重新聚拢回大组。留出足够的时间让大家对刚才书写下的草稿展开讨论。

演讲和报告

问题		解决方案
散乱、复杂的报告，大家看不懂。	⇨	鼓励演讲者在开始前几分钟，思考一下整个报告的逻辑流程。
冗长沉闷、散漫、重复的报告。	⇨	让演讲者在开始前把要点记录在纸上。
团体成员显得无法理解演讲报告的中心思想。	⇨	鼓励演讲者在演讲一开始的几句话中，突出明确最重要的点，然后在最后总结的时候再着重提一下。
大家在整个幻灯片演示过程中被动而坐，和演讲者没有任何形式的互动。	⇨	在演讲中穿插几个大家乐于投入的活动，如小组讨论等。
大家面对演讲茫然不解的样子，似乎不知所云。	⇨	请演讲者事先留出答疑时间，然后主持一次提问和回答环节。
听众搞不清演讲者做此报告的意图，听完内容后，搞不清演讲者希望大家做什么。	⇨	鼓励演讲者向听众阐明演讲目的，也就是听了报告内容后，演讲者希望听众下一步做什么。
演讲内容充斥大量细节，阻碍了听众互动思考，听众不堪重负干脆放弃听讲。	⇨	鼓励演讲者借助简单的视觉图像，以及用图标代替数据细节。手写的翻页白板架往往比幻灯片更有效。
演讲者在分发书面资料的时候继续其演讲，使得听众忙于查看书面资料而停止听讲。	⇨	在大家正查看刚刚发到手的资料的时候，演讲者应暂停演讲，或者等演讲结束后再分发资料。

展览秀

基本介绍

- 展览秀是一种友好的信息传播方式，用于向团体成员呈现信息。当至少有三位演讲者欲进行连续演讲，而每人演讲时长为 15 分钟或更多的时候，用展览秀的方式效果很好。
- 惯常的方法是，多位演讲者一个接一个地向全体成员做报告。而展览秀模式，是多位演讲者同时开讲。一个时间段内，每个演讲的受众是一部分团体成员。
- 在这种形式下，上一个演讲的时间一到，观众就流转到下一个演讲台，然后这个台的演讲者面对新观众再重复做一次演讲。
- 展览秀方式有几个好处。受众人数少提高了听讲参与度，更适宜更深入讨论。流转时的走动提高了团体能量，从而抵消大范围演讲过密所造成的听众思维疲劳。

步骤说明

1. 事先，确定演讲地点，这样每个演讲者都能为他们的演讲建立讲台。每个演讲者都应该有自己专属的站点。
2. 预定时间一到，让演讲者到达讲台，然后让听众也来到讲台前。每个讲台分派的听众人数基本相同。
3. 请演讲者在给定的时间内做完演讲，然后提问和讨论，当然这也要在设定的时间内完成。
4. 时间一到，让所有听众离开站点，去到另一个站点（顺时针轮转效果不错）。
5. 请演讲者面对新一批听众重复演讲一次。
6. 根据需要重复步骤 3~5，确保每位成员听到所有演讲。
7. 召集全体成员回到大组，做简要总结。

轮转任务小组

基本介绍

- 这是一种展览秀的升级版本，这样改进，是为了让所有参与者在探究和形成关键想法时，有相同的参与度。
- 和展览秀一样的是，先组成三个任务小组，每组先集中面对三个问题中的一个。整个活动结束后，每个成员都将轮转经历所有三个工作站点， 这样每个人都有机会解决所有三个问题。
- 和展览秀不一样的是，没有一个专门的人等在特定站点来指导或影响团体的思考。每个小组独立完成自己的任务，并记录在白板上，然后离开这个站点来到下一个站点，继续解决下一个站点上的问题。
- 这个活动形式提供了一个超级好的途径，让团体进入逐步前行的收敛式思考状态。纵然常规的“任务小组”模式已经相当具有活力，但这个活动形式更能为原来的模式锦上添花。

步骤说明

1. 让团体找出紧扣工作主题的三个关键挑战性问题。
2. 把所有人分配到三个任务小组中，让他们去到会议室的三个角落，每个角落一个问题. 架起白板架。
3. 各站点准备好后，让每个站点征求在本站点的一位志愿者做板书记录员。
4. 如有附加的特殊说明，此时可以告知大家。随后的 15～30 分钟时间，让大家全心投入。
5. 时间一到，顺时针方向让各小组轮转到下一个站点。到站后，让大家在上一小组讨论成果的基础上，继续讨论该站点的问题，并且产出本组结果。
6. 第二次轮转结束后，再进行第三次轮转，这也是最后一轮轮转。
7. 轮转讨论完成后，让每个人走动，像参观画廊一样，将所有站点都浏览一遍。然后全体做总结。

辩论

基本介绍

- 辩论模式是为强调二个观点间的不同立场而专门设计的。每个小组先为一个观点辩护，然后二个小组互换立场，每次为观点辩护后，都由对方来反驳，接着对反驳言论做回应。
- 对观点的争论做这样形式化的规定，能让大家厘清辩论的逻辑过程。这样每一方都可以形成自己的论点来接受对方的检视和批评，这也就是换位思考。
- 要使团体成员对不同观点有深入的理解，就要花时间对正反两个观点和论据做详细解释及说明，从而加强人们对不同观点的包容度。

步骤说明

1. 确定要讨论的两种对立观点，选择一个组代表一个观点（通常 2~4 人一组）。
2. 告诉每组成员，要清晰表明立场，并用逻辑推理和证据来阐明本方论点，从而形成本组的完整辩护。然后准备谨慎地回答对方的批评和问题。
3. 给每组一些时间来准备各自的辩护，每组指派一名发言代表。
4. 确定哪组先开始，解释一下规则和时间："第一轮每组 7 分钟，不要打断发言者。第二轮 5 分钟，用来回应对方的立场。"
5. 开始辩论，注意掌握时间。
6. 结束后全体评出哪组获胜（本步骤可选或不选）。

角色扮演

基本介绍

- 角色扮演开始于一个虚构的场景，然后展开情节，以 10～20 分钟为一段。
  它的好处包括：参与者可以测试“如果……就……”的想法，也可以尝试新技能，或者站在所扮演的角色立场上思考，从而获得洞见和同情心。
- 角色扮演不要设计得太复杂。只有当每个人都共同理解了此活动要如何做，为什么要这么做的时候，角色扮演才有效果。对角色的清晰定义和对情节发展的清晰说明，是角色扮演成功的关键。
- 另外，僵硬死板的角色也会使得参与者思维枯竭，显得愚蠢或者反应过度。为了避免这些常见问题，要允许每个人在情节演变过程中改变想法。

步骤说明

1. 一开始，解释角色扮演的目的。例如，“这个活动将帮助大家洞察到管理者和员工之间的沟通障碍。”
2. 把全体分拆成小组。
3. 给每个参与者分派一个角色，赋予角色一些和实际工作密切相关的背景条件。例如，“你老板给了你一个不可能完成的任务，而你又不敢向他提出反对意见。”
4. 如果需要，此时给出特别说明。例如，“在这次角色扮演中，你必须向老板解释为什么你没有完成任务，而老板要反驳你。”
5. 说明时间限制，然后正式开始。
6. 结束后，大家重新聚拢回大组，总结刚才的活动。

短剧小品

基本介绍

- 大家都知道，一般短剧小品是针对学龄孩子的活动。而成人版的短剧，是4～6人为一个任务组，创作一个和全体成员有关的事件的小喜剧作品。给出15～30分钟时间来创作，然后小组聚拢回来，在每个人面前表演自己的短剧小品。
- 短剧小品暗含着小儿游戏的意味，所以人们低估了它的价值。这里用一个真实生活中的例子来揭示其有效性。在一次年度员工会议上，校长和几位资深教师戴上棒球帽，穿上T恤衫，假装自己是学生，对一项有争议的校规充满抱怨。每个人表演都很放得开，观众由衷地大笑。然而就因为这个表演，老师们得以把学校最有争议的事情浮现在大家面前。

步骤说明

1. 用一个宽泛的主题（如“明年的预算”），分好小组，给每组一些创作准备的时间，然后让他们自己去准备。
2. 短剧的成功，多缘于小组准备阶段发生的一切。在构思短剧的时候，小组成员很容易进入游戏情境，这常常能激发出创造力及灵感。为了增强这个效应，在剧本构思阶段开始前，鼓励参与者乐在其中！
3. 在构思结束后重新召集大家回到团体中，休息一下，这是为了给进度慢的小组多些时间。
4. 每次短剧表演结束，鼓励大家大声鼓掌。所有短剧表演结束后，大家一起对每个短剧小品进行总结。
5. 结束前，请大家评论一下从中学到了什么，获得了什么。

金鱼缸

基本介绍

- 金鱼缸方式，能够帮助背景、工作差异非常大的人们之间相互理解。例如，金鱼缸能帮助医生、护士和管理者彼此理解各自的观点。
- 在规定的时间内，让一组人（如护士们）一起坐在会议室中央，组内成员自行讨论，而此刻其他人则倾听护士组的讨论。讨论结束，全体聚拢，大家一起总结刚才护士组的讨论。然后，新的一组人进入金鱼缸。
- 通过这种方式，思路相似的一群参与者得以在有限的时间内，公开地讨论一件事情，而不用顾及反对方的观点，也无须向反对方解释或捍卫自己的观点。

步骤说明

1. 通过说明目的来解释这个活动。例如（面对一群政府官员、服务供应方和社区积极分子），“这个活动可以在不需要纠缠于一些争论的前提下，帮助大家更好地明白彼此的优先需求和面临的挑战。”
2. 邀请某一个利益方组成的小组进入“鱼缸”，在室内中央围圈而坐。
3. 请他们在鱼缸中讨论给定的议题，设定允许时间。请其他人安静地倾听。
4. 时间一到，允许每个人对刚才的讨论做出评论、提问。以下步骤不是必选项：请刚才在鱼缸内的组员谈谈自己的感受。
5. 请另一组利益相关小组进入鱼缸，重复上述流程。

咨询专家

基本介绍

- “咨询专家”是一种一对一的鱼缸交流方式。对话一方是某方面具有丰富知识的专家级成员，另一方是其他成员，该成员要通过对话，挖掘专家更多的知识，而这在开放式讨论中是无法办到的。
- 根据大家的要求，一位专家级成员坐在会议室前面。在观众席上指定某位成员提出问题，然后专家回答。此时，引导者鼓励提问者将对话保持下去，期间该成员可以评论专家的回答，也可以提出新的问题。一对一的互动对话通常持续 3~5 分钟，期间不需要引导者介入。
- 这个流程可以重复不断，可以是同一个专家，也可以更换专家，团体想做几轮就做几轮。
- 尽管每次只有一位成员和专家对话，但其他旁听者也会深受启发，似乎自己也参与了对话。

步骤说明

1. 在开始前，确认一下团体真正感兴趣的议题。通常，团体感兴趣的议题在会议议程策划时就提前精心准备好了。
2. 鼓励专家坐在会议室的前面。
3. 询问大家，谁愿意做提问者。如果有人回应，就马上开始。如果没人回应，不要强推。因为在有些团体中，人们会以为你事先已经人为设置好了不同角色，而这是大家反感的。
4. 一旦开始了，就要把对话流程看成在人家客厅里的对话，基本上不要干预他们对话。除非这种情况：对话的一方或双方都过于紧张而僵住了，这时，才需要引发他们彼此说出更多。
5. 每次给他们 4 分钟时间，还剩 1 分钟时给个提醒。
6. 时间一到，问一下是否有其他人替换角色，然后根据会议时间重复这样的对话流程。

混合法

基本介绍

- 混合法是一种组织小组活动的方式，它能在同一个活动框架内，让每个参与者有机会和很多不同的伙伴合作。
- 关键一点是把活动分成几轮。每轮讨论结束，原来的讨论小组就被打散，和其他小组成员互换，形成新的讨论小组。
- 为避免混乱，要清晰地向参与者说明寻找新组员的规则。最好的方法是：首先派一位成员到顺时针方向的一个组去，然后派另一位成员到逆时针方向的一个组去，让第三位组员留在原位。如果整个活动中每个小组成员超过三位，则派成员去到左边的二组，再去到右边的二组，依此类推（直到原组只剩一位原成员）。

步骤说明

1. 按照三人一组分多个组，小组内报数（1、2、3……）。
2. 分派角色，说明活动细节，然后活动开始。
3. 时间一到，请每组的 1 号站起来，顺时针进入下一小组。
4. 现在请 2 号起立，反时针方向进入下一个小组。
5. 请所有的 3 号留在原位。
6. 重复步骤 2，重新分派给每位角色。例如，假如所有的 1 号之前是倾听者，这次就让所有的 2 号做倾听者。
7. 再一次重复步骤 3 ~ 6。
8. 大家聚拢到大组，做总结。

拼装法

基本介绍

- 拼装法是一种小组讨论流程，在一群多元利益相关者在场的情况下，它让利益点一致的参与者先互相讨论，再让利益点不一样的参与者互相讨论，这样，每个人可以影响场内所有观点，也会被场内所有其他观点所影响。
- 大家先在同一个大组开始活动，讨论并定义出和会议大目标相关的几个关键议题。
- 下一步，组成几个小组，对某一个关键议题有同样兴趣的人组成一组。
- 讨论时间一到，每个人再重组，到各个拼装小组中，拼装小组内的成员具有不同的兴趣点。
- 在拼装小组中，人们各自向组员报告和讨论原兴趣小组产生的关键想法和建议。

步骤说明

1. 确定要讨论的主题。
2. 让每个参与者从主题中提取他们感兴趣的议题。
3. 让每个人进入兴趣一致的议题小组。给这些兴趣小组一个相应的任务，例如，“讨论你们觉得最难解决的事。”
4. 设定时间一到，让每个人组成拼装小组。每个拼装小组都要包含一名原兴趣小组的代表。例如，如果原来有五个兴趣小组，那么每个拼装小组就应该有五位成员。
5. 在拼装小组中，每个人汇报原兴趣小组的讨论结果。如果汇报后，想进一步讨论某议题，也是可以的。
6. 聚拢回大组，对活动进行总结。

进入中心

基本介绍

- “进入中心”是一种特殊形式的鱼缸讨论，它把基本规则做了修改，以便在多元利益相关者之间，进行更有意义的交流会谈。
- 和鱼缸讨论相同的是，一部分人坐在会议室中央交谈，其他人围坐在外圈，只是倾听，不允许插话。
- 然而和鱼缸讨论不同的是，外圈成员可以通过下述方式加入内圈讨论：起立，站到某个内圈成员后面，轻拍对方，这时候，该内圈成员就必须把位子让给新来者。
- “进入中心”这种方式，尤其适用于对争议事宜的会谈及审议。由于该流程略带有仪式感，参与者在轮到自己发言时，往往比较真挚、有激情。

步骤说明

1. 把椅子摆成两个同心圆。内圈必须有 1～2 位来自各个利益相关者的代表，还有引导者。外圈则需要足够的椅子给所有其他参与者。
2. 说明一下，只有内圈成员才可发言，外圈成员如果要发言，要先和某个内圈成员换位。
3. 从每个利益相关群中邀请 1～2 位代表进入内圈。
4. 解释一下，外圈任何人想要发言，都应该在准备好发言内容后，起立，默默地站于某个内圈人椅子后面，轻拍对方肩膀。此时，被拍人最多只能再发言一次，就得把位子让给新来者，自己移到外圈。
5. 说明时间限制（通常 60～90 分钟），然后就可以开始了。
6. 会谈期间，除非有人打破基本规则，否则引导者不要干预，让会谈自然进行。

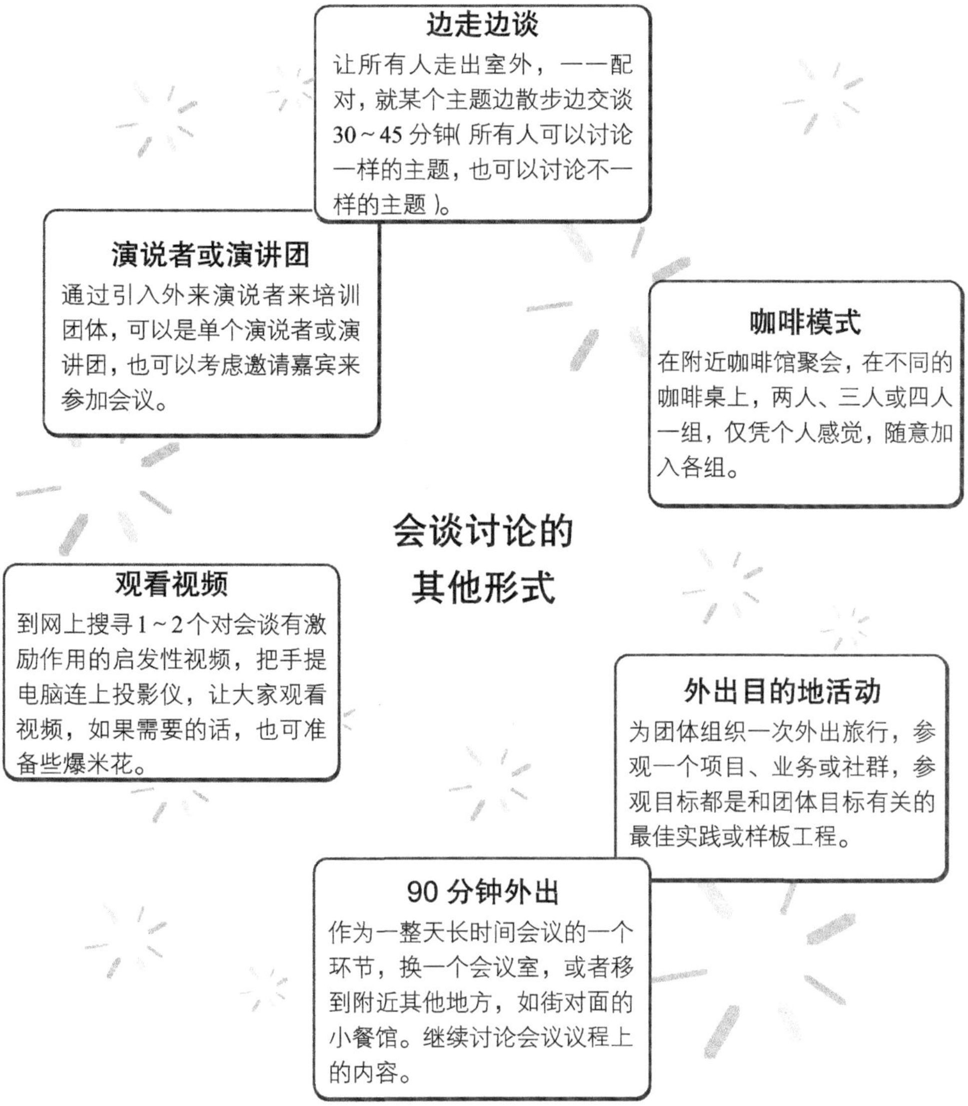

长时间的团体会议通常很费力，甚至令人精疲力竭。类似上述这些参与形式——引入新奇点、肢体活动或场景变换，就像能量补充剂，对于想要高效而多产的会议而言，价值无限。

为结构化活动设定框架

1．用一句话点明目的：

“现在我们要讨论的事情是……”

2．组织参与者：

“寻找两个你不太熟悉的人做伙伴。”

3．等待，直到现场安静下来。

4．简述流程：

“两位成员交谈，另一位成员旁听。”

5．详述基本规则：

“轮到你作为倾听者的时候，你要……”

6．提醒活动允许的时间限制：

“这个活动的时长是……”

当引导者导入一项新活动时，很多团体成员不会集中注意力来倾听引导者描述的活动要求，尤其是当他们预计在某些活动中不好意思、无法放开投入时。而上述框架显示的流程，轻快流畅又具体明了，这样，即使这些略微分神、以自我为中心的参与者，也能抓住要点，知道自己下一步应该做什么了。

结构化活动后的回顾总结

理由

流程化的活动，如“列出想法”或“任务小组讨论”等，常常能产出大量观点。所以在流程化活动完成后，非常值得花些时间让全体成员针对刚刚的讨论进行回顾和反思。例如，大家也许会有这样的观察体会：“我从来没有想到居然有这么多的思路来看待这件事情！”或者：“现在我开始懂了为什么这个问题是这个样子的。”

当大家分别在不同的组别中讨论后，全体的回顾及反思尤其重要。因为它立刻就能创造出一个团体共同工作的环境及氛围，从而重新恢复团体作为一个整体的统一性。

做法

1. 开始前，在下列清单中选择一个问题，所有这些问题的重要性都是一样的。现在的（特定的）活动已经完成。
   - 你觉得活动怎样？
   - 你从中学到什么吗？
   - 它让你开始有了哪方面的担心？
   - 它带给你什么感觉？
   - 关于团体，你注意到了什么？
   - 关于成功的远景，你想到什么？
   - 你听到什么新东西吗？
   - 听到这么多的不同观点，你的反应是什么？
2. 请几位参与者回答你选的问题。或者，大家轮一遍回答问题，这样每个人都有机会回答。
3. 第 2 步完成后，进入会议议程的下一个环节。或者让大家讨论：“我们接下来做什么？”

10

有效的议程：设计原则

定义、排序，沟通议程的框架

- 议程注定失败的做法
- 有效议程的基本要素
- 从基本要素到逻辑模块
- 从单元到整体顺序
- 沟通会议议程
- 议程策划角色
- 让参与者融入议程设计
- 设计原则：总结和综合

议程注定失败的做法

□ **1.** 将议程的时间分解到分钟，并假定会议会绝对准时。

□ **2.** 假定每个人将知道你在会议上要努力达成什么，并认为如果他们不知道，会主动提问。

□ **3.** 打算用会议前半部分时间，来确定后半部分会议要做事情的优先顺序。

□ **4.** 试图通过用投影仪、饼图等形式做报告，来保证会议的吸引力。

□ **5.** 当遇到困难的、重要的议题要研讨时，会通过省去休息时间和缩短午餐时间，来保证研讨时间。

□ **6.** 当最重要的讨论可能会比较敏感时，会把它留到最后。认为也许团体到那时能准备得更好，可以进行研讨。

□ **7.** 既然每个人都希望会议能按计划进行，就假定没有人会提出不在议程之内的主题。

□ **8.** 当你知道议程太满时，你不会提前告诉任何人，认为人们有时会在压力下做出最好的思考。

□ **9.** 为保持自己的灵活性，不把议程写下并明示出来。

□ **10.** 不会浪费时间规划议程，认为事情从来不会如自己所期望的那样发展。

有效议程的基本要素

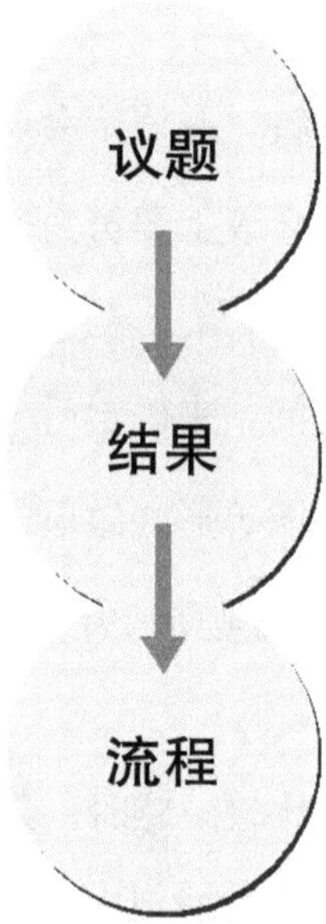

会议由 3 部分组成：要讨论的议题、每个议题期望的结果产出，以及达成期望结果所需的流程。这 3 个组成部分可以认为是会议规划的基本要素。

每个需要讨论的议题可以视为会议的一个单元。例如，如果团体要讨论 3 个议题——一个市场营销议题、一个员工配置议题和一个预算议题，每个议题都要单独讨论，就要按照完全不同的单元来对待。

每个议题的期望结果可以视为会议不同单元的目标。例如，市场营销议题的期望结果可能是新网站的开发计划。

流程是指为达成期望结果，团体要进行的活动或一组活动。这些活动包括头脑风暴、分类、辩论，以及其他活动。

从基本要素到逻辑模块

	第一单元	第二单元
议题	• 新总部搬迁策划。	• 前台岗位招募。
结果	• 讨论主要阶段和重要步骤。	• 确定岗位要求，安排招聘负责人。
流程	1．头脑风暴。 2．优先排序。 3．分组定义步骤。 4．艺廊之旅。 5．开放式讨论。 6．决定。	1．回顾去年文件。 2．修改建议。 3．决定。 4．寻求主动承担招聘的负责人。
	2 小时	10 ~ 15 分钟

议程策划者的核心任务之一是把会议每个单元的 3 个基本要素转化成有逻辑的模块。按如下线索，可对此进行完整的思考。

1．议题：我们需要讨论什么样的议题。

2．结果：对于每个议题，我们期望的结果是什么？

3．流程：需要什么样的活动（或一组活动）来支持团体达成期望的结果产出，每个活动估计需要多长时间？

要做好这些步骤，组建有逻辑的模块是有挑战的，但这正是区分高效会议和无效会议的关键所在。（第 11 章提供了定义结果的概念与工具，第 12 章提供了流程设计的概念与工具。）

从单元到整体顺序

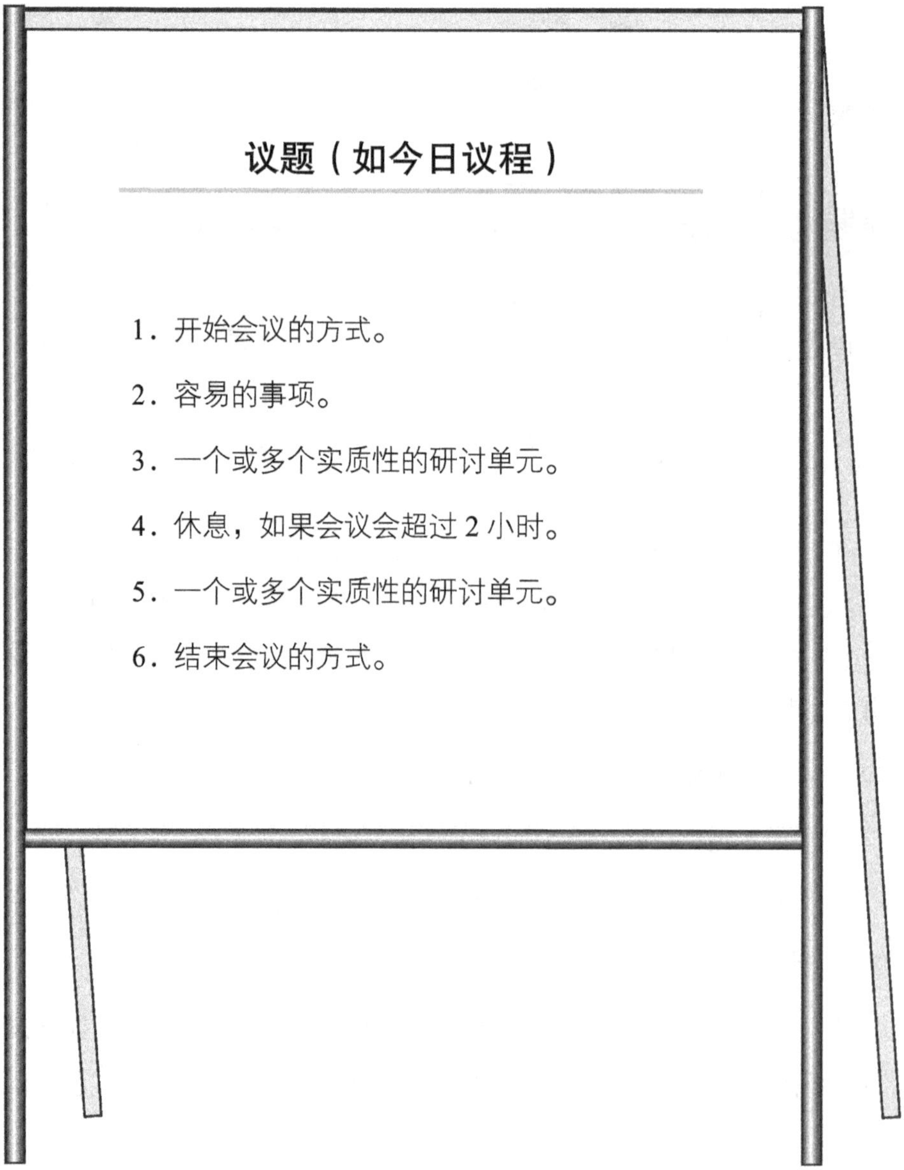

设计者完成每个单元的逻辑模块后，下一步是把所有单元顺序排列。上图展示了一个通用的方法。接下来会提供 6 种方式。

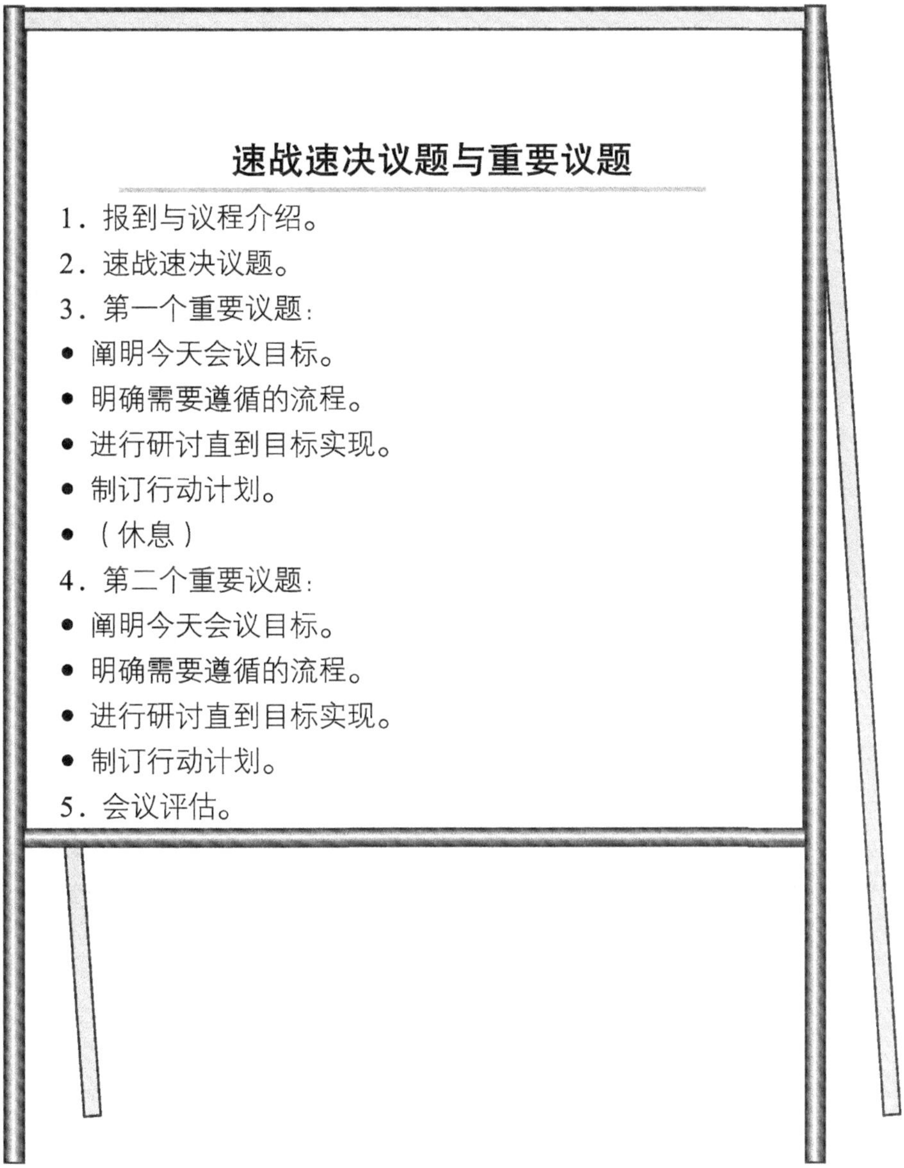

适用场合：这种形式适合于在同一天内要持续对几个重要议题进行研讨并做出决策的管理团体会议。

时间：这个模板中的速战速决议题，一般需要花 30～45 分钟，通常采用“一字排开，逐个击破”的方式来对待。而每个重要议题通常要用 30 分钟或更长的时间。如果一个会议有一个以上的重要议题，一般至少要进行 2.5 小时。在流程设计上，与速战速决议题相比，重要议题需要投入更多的精力。大部分速战速决议题，可以用简单的开放式讨论来完成。

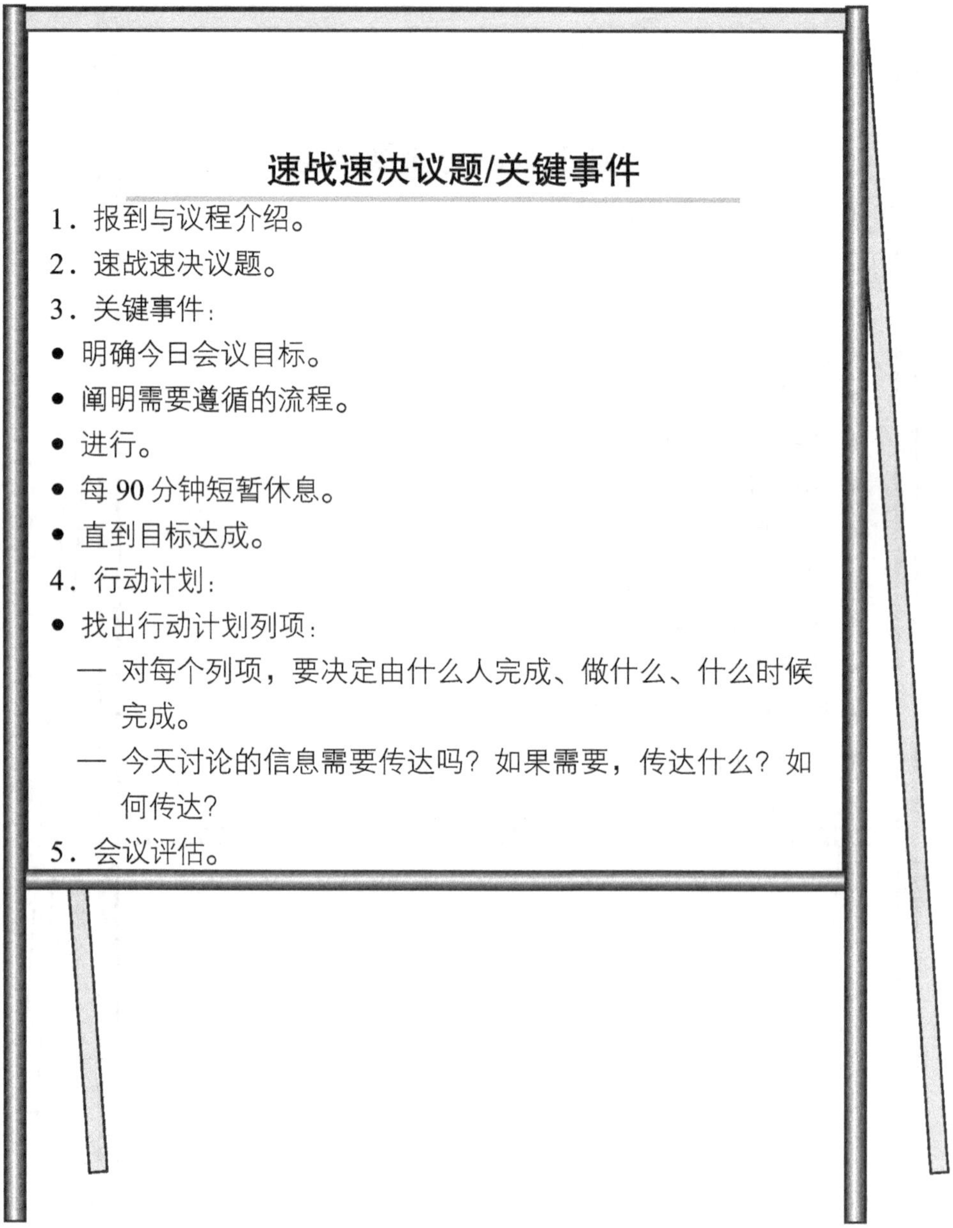

适用场合：当团体为解决复杂问题而召集开会，并有明确的最终目标时，这种形式最适合。例如，开发战略计划，设定年度预算，策划大幅裁员等。这种会议需要深思熟虑，精心进行流程设计。

时间：这类会议每个单元通常会持续 3～6 小时。项目一般会持续几周，甚至更多。关于速战速决议题的研讨，最好如人们所愿给每个人 5～7 分钟。未尽事宜暂且放在一边，留到会后或下次会议讨论。

旧议题/新议题

1．报到。

2．宣布事项与报告。

3．旧议题：

- 从记录中记载最久的未达成项目开始讨论，其记录中列举了此前会议搁置的相关问题。
- 处理未达成项目或再次搁置。
- 持续进行研讨，直到每个议题都得到处理，或决定搁置为止。

4．新议题：

- 新议题应该事先就列在议程之中。
- 所有的新议题必须得到处理，或者决定搁置到下次会议。

5．会议评估。

适用场合：这种形式类似于简化版的罗伯特议事规则，常被公益组织采用，尤其是董事会议。由于成员不是固定的合作伙伴，他们不会倾向于在两次会议之间花太多时间来思考议程。因此，此前的会议记录通常是用来架构议程的关键工具。

时间：会议会一直进行，直到所有的旧议题和新议题都得到讨论为止。由于时间的压力，团体会倾向于推迟许多项目的讨论。

逐个列出，一一击破

1．报到。

2．宣布事项。

3．今日讨论事项：

- 列出所有事项。
- 排出优先顺序。
- 从优先级别最高的事项开始。
- 阐明期望的结果产出。
- 当讨论完成时，找出并记录任何下一步行动。
- 继续讨论，直到所有事项得到讨论，或者直到会议时间用完。

4．检查所有下一步行动。

5．会议评估。

适用场合：这种形式适合需要持续讨论的员工会议，这类会议中的大部分议题比较简单。这种形式不需要事先策划，因而期望的结果需要在会议中实时地进行澄清。当有人提出复杂的议题时，他们的讨论往往仅作为决策的参考信息收集起来，决策很少在这类会议上做出。

时间：这种类型的会议一般会计划 1 小时。其中，“今日讨论事项”应该持续一个固定的时间段，通常是 45 分钟。

按成员分配时间

1．报到。

2．宣布事项。

3．成员 1 的所有议题。

4．成员 2 的所有议题。

5．成员 3 的所有议题。

6．检查回顾下一步行动计划。

7．会议评估。

适用场合：这种形式尤其适合成员各自有不同责任领域的情境。其既可以用来收集信息，也可以用来进行决策。为了能有较好效果，这种形式需要成员进行事先准备，即定义各自议题和目标。

时间：各团体要自行决定如何在成员中分配时间。除非有人要求较多的时间，否则会平均分配。

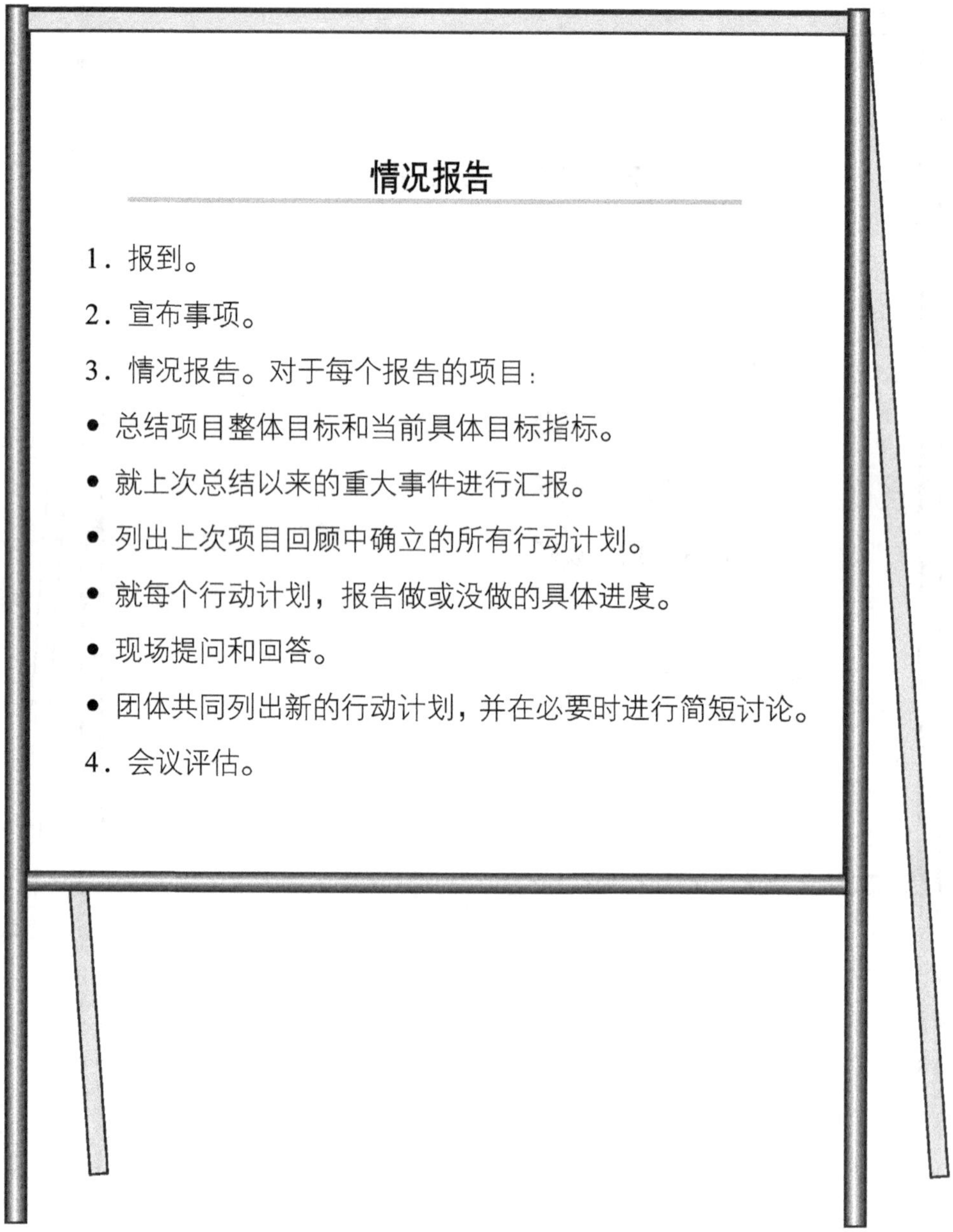

适用场合：这种形式对于项目团体会议比较有用，也适合大型项目成员会议，其中大部分成员都是独立工作的，并需要通过会议相互了解彼此的最新进展。

时间：每个成员的情况报告时间不能超过 10～15 分钟。会议的一半时间用来讨论行动方案。会议总体要少于 1 小时。为此，要让一些成员每 2～3 次会议报告一次。

沟通会议议程

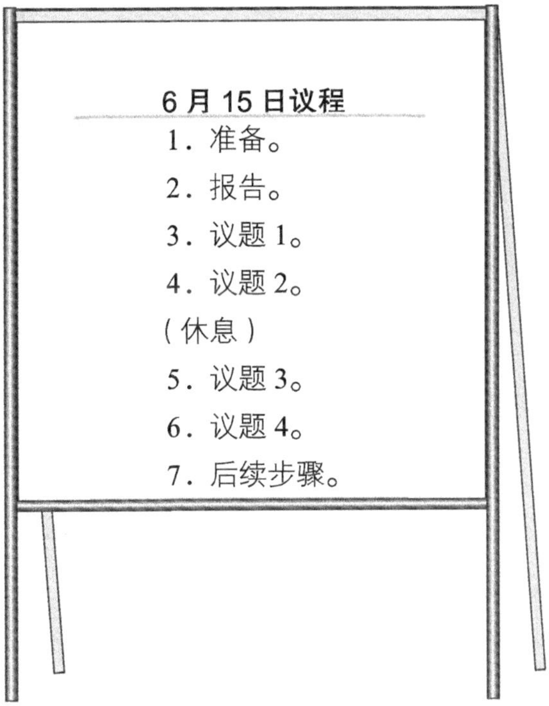

关于议程设计很重要的一个方面是议程的文件化方式。简单地说，议程要容易传达理解。人们不能遵从一个他们不理解的计划。从心理学上讲，会议中会有很多事情同时发生，要抓住人们的注意力并让他们全情参与是较难的。因此，议程的文件化方式必须简单、清晰，容易领会。

上图所示的是通用的做法，它体现出清晰的、简单的议程的很多特征：

- 页面上有主题，并且包含了日期。
- 标明了会议的开场，如“准备”或“介绍”。
- 用议题标明每个研讨单元，并按照讨论时间顺序进行排列（假定会议组织者将为每个单元描述逻辑模块，也包括对其他任何必要背景信息的说明）。
- 要列明休息时间（如果有的话）。
- 会议结束方式也要标明出来，如“后续步骤”或“结束致辞”。

议程策划角色

引导者	组织者
解释预留议程策划时间的重要性。	决定投入多少时间来进行议程策划。
请组织者列出所有可能的议题。	识别可能的议题，并决定哪些需要放进议程。
请组织者为每项议题设定总体目标。	澄清每项议题总体目标。
鼓励组织者为每项议题设定会议目标。	为议程中每项议题设定会议目标。
为团体在会议每个环节中能全情投入，建议一些适当的激发思考的活动。	考虑引导者的建议，权衡利弊（质量和时间的平衡），决定环节设计。
合并环节设计，草拟议程，完成时间预估。	对草案进行修改，并确定最终议程。
会议中不负责介绍议程（组织者是结果的所有者）。	介绍会议日程，解释每个议题的会议目标。

让参与者融入议程设计

构建整体议程

当没有专人进行前期策划，或者成员要以团体形式进行策划时：

1. 列出潜在的讨论议题。
2. 优先排序。
3. 为最优先的议题设定期望的结果。
4. 为解决议题建立流程框架，如开放式讨论、小组讨论或其他。
5. 对具体流程进行详细设计。
6. 时间许可重复步骤 3 ~ 5。

与策划者一起工作

有些团体想在选择议题上有话语权，但把具体会议设计留给一个或更多的策划者时：

1. 会议结束时，或结束后通过邮件，请团体成员建议后续会议的议题。
2. 请策划者为每个议题设定期望的结果，必要时与其他成员沟通。
3. 策划者对于会议每个议题的流程设计承担全部责任。
4. 议程要提前发出，接受建议和点评。

让大家确认前期工作

会议时间有限，而团体仍然要求对于会议内容有高水平的认同度时：

1. 在会议开始时张贴议程，或事先发放。
2. 先询问每个人，得到同意后开始会议。要获得每个人的确认。
3. 如果有变更的建议，要引导一个决策流程以建立一个决策规则（这样可以在后续的会议中防止出现更多的严重争议）。
4. 在张贴的议程上标注，明确新的一致意见。大家确认后，再进行会议。

设计原则：总结和综合

议程是含有双重目的的工具。一方面，它是会议的计划：会议如何进行的基本构架。它也是会议不同研讨环节的逻辑组合，每个环节有其自己的逻辑模块：主题、一个或多个期望的结果，以及达成结果的流程。另一方面，它是将会议计划沟通传达给参与者的文件。因此，它应该清晰、简单，容易领会。

在头脑中记住以上两个目的，以下是设计原则，你可以照此逐步实施，来设计一个有效的会议议程。

议程设计

第一步　确定谁将是议程的策划者，以及是否或如何从其他参与者那里获得建议。

第二步　找出要在会议上讨论的具体议题。

第三步　为每个议题定义期望的结果（可以参考第 11 章）。

第四步　设计流程，以使团体能在每个议题上达成期望的结果（可以参考第 12 章）。

第五步　完成前三步，为会议的每个单元设计出逻辑模块。把不同单元有序地按照会议实施的顺序安排在一起。

第六步　设计简单、明确的文件，把它打印出来或写在白板纸上，用来跟参与者沟通。

- 给页面一个题目。
- 用短句标明会议的开始方式，如“介绍”、“概览”或“准备”。
- 根据要讨论的议题，列出各单元的时间顺序。
- 注明休息（如果有的话）。
- 用短句标明会议的结束方式，如“后续步骤”或“结束致辞”。

11

有效的议程：想要达成的结果

设置目标的概念和方法

- 总目标和会议目标
- 会议目标的 7 种类型
- 设定会议的成果
- 定义想达成的成果

总目标和会议目标

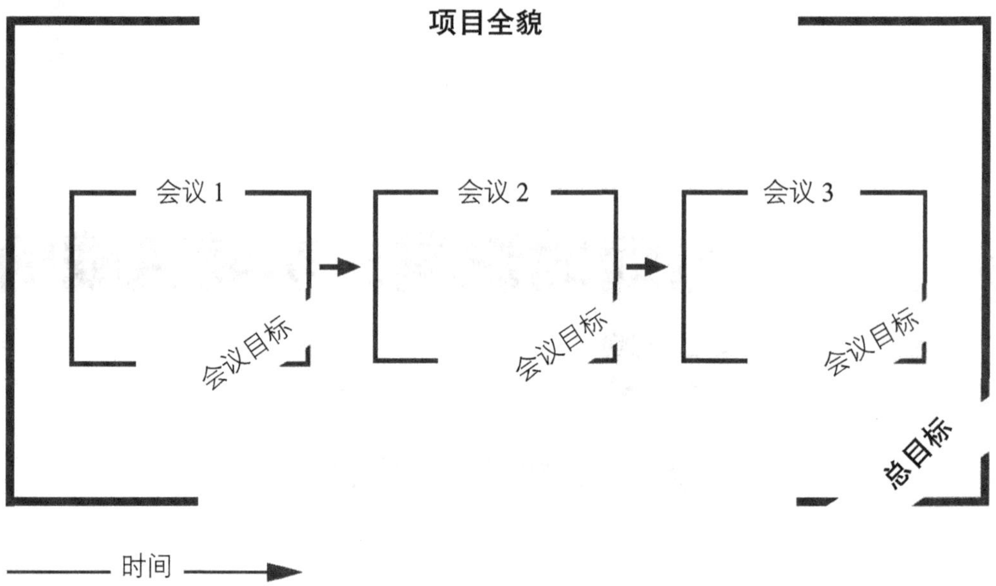

上图就是大家所知的“多重时段框架图”，它是为了清楚地描述长期目标中包含一些短期目标而专门制作的。

如图所示，项目的总体目标可以通过几次会议逐步获得。每次会议都有自己的时段，在一个接一个的会议过程中，团体每次都完成 2～3 个小的会议目标，从而一步步迈向总目标。就像接下来我们要阐述的那样，会议目标是具体的、明确定义的、符合实际的。会议目标事先被设计成在一次会议的时间框架内是能够达成的。

总目标和会议目标

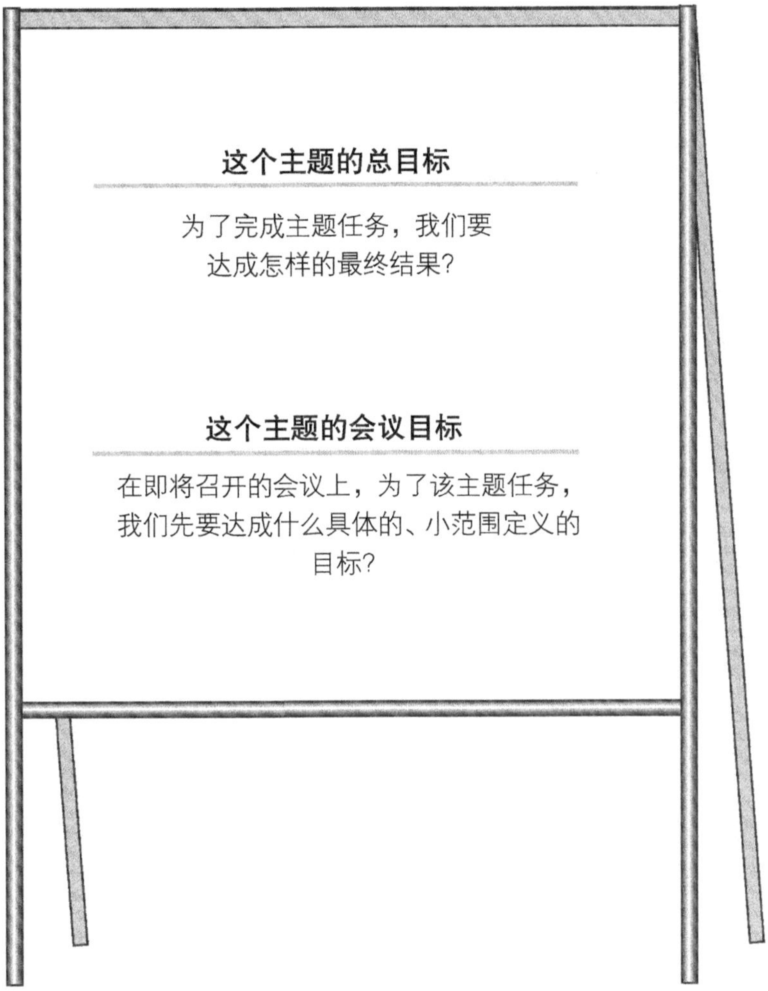

为会议议程中的每个主题定义出这次会议中想要的结果，是策划一个会议时最困难的任务。困难的关键点就是，必须分清楚什么是和主题有关的总目标，什么是和该主题有关的会议目标。

总目标和会议目标

第一次会议

案例分析

一家当地知名的体育用品店经历了一段快速扩张期，门店从全国 5 家变为 100 家。

起先他们光凭一位人事职员就能处理所有的 HR 需求，现在他们却需要一个真正的、成熟的 HR 部门。

为了设计这个新的 HR 部门并使之正常运作，企业主成立了一个由人事顾问领导的项目组。

该企业主委派项目组关注三个主题范围：

- 部门功能。
- 员工。
- 预算。

企业主也提供了每个主题的总目标。

就部门功能这个主题，总目标是：定义 HR 部门的目标、角色和关键系统。

就员工这个主题，总目标是招聘和雇用 HR 部门经理和其他职员。

就预算这个主题，总目标是做出符合实际的第一年预算。

在项目组的第一次会议上，涉及了每个主题。

在开始考虑部门功能的时候，人事顾问准备了幻灯片来解释大多数 HR 部门都会负责提供的主要职能和服务。

在集中讨论员工这个主题的会议环节中，人事顾问建议先把讨论重点放在招聘经理上。大家同意这么做，于是就制造了一份招聘 HR 部门经理的计划草案。

就预算这个主题，人事顾问写出了一份典型的支出费用清单，然后让几位成员负责提供清单中所列项目的实际价格。

每个人都觉得会议计划得很好，成果丰硕。

主　题	总目标	会议目标
部门功能	定义 HR 部门的目标、角色和关键系统	向团体介绍 HR 部门所能提供的主要服务和职责
员工	招聘和雇用 HR 部门经理和其他职员	起草一份招聘 HR 部门经理的计划
预算	做出符合实际的第一年预算	委派几位成员提供主要费用的价格信息

总目标和会议目标

后续会议

案例分析

三个月之后，这个项目组完成了企业主委派任务的一半。至此，绝大多数工作都是由项目组成员在各自的办公室完成的，工作方式就是在办公桌上阅读文件，撰写文件，电话沟通。

但是每周项目组都至少花一小时开碰头会，如果有些人不能亲自到，也会通过电话会议的方式出席。每月都要开一个半天的会议，用来决策及解决问题。

此刻就是召开月度会议的时候。

和往常一样，月度会议的议程是围绕上述三个主题来准备的，这也是项目组的聚焦点。

关于部门功能这个主题，工作已经进展到这个节点：他们已经准备好请一家服务商来设计若干关键功能的数据系统，包括工种分类、雇用、升职，离职和员工福利。在这次会议上，项目组要考察三家竞争公司的投标方案，这三家是甲骨文、大众软件和一家价格低且服务多的创业公司。这次会议的目标是三选一，决定谁是中标者。

关于员工这个主题，他们在描述每个角色的岗位职责上也取得了很大进展。每个人都同意，是时候继续往前，开始雇用一位好的部门经理了。

今天会议结束时，要达成的目标是完成 HR 部门经理这个岗位职责的描述，这样他们就可以把这个交给那家猎头公司了（公司以往一直委托此猎头公司寻找高级人才）。

关于预算，他们觉得是进展最大的一块。两个星期前，预算草案已经递交给公司两位副总审阅，而且已经得到反馈建议。今天的会议目标，就是总结这些反馈建议，然后开始修改预算，以体现对反馈意见的消化和领会。

会议又一次顺利结束。项目组成员再一次为自己骄傲，因为过程组织得非常出色，他们骄傲自己能成为这个出色过程的一部分。

主　题	总目标	会议目标
部门功能	定义 HR 部门的目标、角色和关键系统	对哪个服务商来设计关键数据系统进行审批
员工	招聘和雇用 HR 部门经理和其他职员	对 HR 部门经理职位的描述做最后定稿，以便交给猎头公司
预算	做出符合实际的第一年预算	消化、领会副总们对预算草案的建议，开始构思草案第二稿

在任何给定主题下，某次会议的目标，就是为该主题而设的、小范围定义的具体目标，这类会议目标有 7 种。例如，如果主题是“明年的预算”，总目标是“对明年预算案定稿并获得批准”，那么团体就可以根据上述 7 种类型，设定某次会议的目标。下面将生动地演示其要点。

会议目标的 7 种类型

举例

假设一个大的项目组的工作任务是“明年的预算”，这就是一个主题。同时假设他们的总目标是“对明年预算案定稿并获得批准”。现在想象这个项目经理正在计划最近将举行的一次会议，在这次会议中，一部分时间要花在做预算上。下面是一些会议目标的例子，每种例子代表了上述 7 种类型的一种。

会议目标的种类	例　子
分享信息	通过回顾过去三年预算中的关键数据和会计假设，让每个人了解以往预算的决策是如何做出的
促进思考	创造三种能降低 20%～30%非工资性支出的情景
提供建议	在下列方面获得建议和相应的理由解释 （a）减少支出费用 （b）增加营收 （c）以上二者同时进行
做出决策	最终确定支出费用变化的类别，哪些支出将会： （a）比起去年有所减少 （b）不会减少 （c）预计会增加
改善沟通	清除以往因一系列预算规划错误而萦绕于怀的挫败感
培养能力	花几小时时间给全体成员培训与预算有关的会计原理
建立社群	通过不昂贵但有趣的奖品及张贴幽默图片来庆祝“降低支出”的好建议

会议目标：分享信息

介绍：当有人要宣布某个事项、做一个报告或讲演时，他的会议目标就是“分享信息”。

举例：一个项目组将要开始预算方面的工作，和主题关联的总目标是“为这个项目的预算案定稿”。项目经理预计团体将通过三次预算会议来达成这个目标。第一次会议，项目经理的目标是让每个人了解本公司的预算案是如何做出来的。他的计划是展示去年完成的三个相关项目的财务数据。

关键：对于每位准备分享信息的人来说，通常会更多地考虑：哪种信息沟通的方式最好？我应该做幻灯片吗？带图表吗？需要分发讲义给大家吗？ 应该讲多长时间？他也常常把信息接收者看作“观众”。大多数团体成员也有相似的感觉，他们确实把自己看成观众，只是被动接受演讲者的演讲，结果团体动能就很迟滞。然而实践中，这种“讲者—观众”的思维模式既不利于工作，也不符合实际要求。在工作场所分享信息的时候，受众并不是“观众”，他们是这些信息的最终使用者。 而懂得这个道理的会议策划者就会通过类似结对快速交谈的方法，为团体创造消化吸收信息的机会。这样，受众就能在会后根据需要，知道在何时、如何利用这些信息。

会议目标：提供建议

介绍：当有人希望大家对一个主题提出反馈和建议，只需要评论和看法，并不需要团体来做决策的时候，他的会议目标就是“提供建议”。

举例：接前面的例子，项目组正在做预算，和主题关联的总目标是“为这个项目的预算案定稿”。但这次，会议策划者有不同的会议目标，他想知道大家对三种情况下的预算分别有何反应。他不需要马上做决定，但需要知道大家的想法。

关键：当参与者知道他们只是被要求提供建议，而不是去做团队决策的时候，他们就不会花很多时间来试图说服同事改变想法。相反，有主见的成员会集中精力影响听取建议的人，而这个听取建议的人多半就是他们的老板。

有时候参与者不清楚会议目标是“提供建议”，他们可能以为自己被邀请来参与决策，所以他们卖力地提出批评及辩论，而随后，当老板在收集了所有人的建议后做出了一个自己单边的决定时，那些误以为自己是去做决策的参与者会有挫败感和泄气。“既然你不采纳，为何还要来征求我的建议？”这句人人皆知的抱怨就是此类困惑的写照。所幸的是，此类问题在多数情况下是可以避免的，只要在开会前明确说明今天的会议目标只是“提供建议”，并不是参与决策即可。

会议目标：促进思考

介绍：大多数项目包含好几个阶段，通常每个阶段又包含很多思考的步骤。然而事情只能一步一步地去做。懂得这个道理的会议策划者，能够精准地设定有效务实的会议目标。

举例：下面是在会议中促进思考的一些例子：

- 定义问题。
- 分析问题。
- 识别问题根因。
- 发现潜在模式。
- 把一串想法分解为几个主题。
- 评估各种选择方案。
- 画出流程图。
- 找出核心价值观。
- 创建里程碑示意图。
- 创造工作分解结构。
- 进行资源分析。
- 进行风险评估。
- 定义选择标准。
- 以优先排序重组项目清单。
- 找出成功的关键要素。
- 编辑或为一段声明润色。

关键：这些会议目标极有可能让团体产生高度参与的、考虑周到的行为。目标中细节的逻辑关联很重要（例如，在问题没有被很好地定义前，就让团体评估各种可能的解决方案，这是不符合逻辑的）。同时，目标的清晰传达也非常重要，团体成员必须明白，这个会议的目标是让大家思考，而不是让大家做决策。当这些前提具备的时候，很多人就会非常享受这种思维活跃的讨论机会了。

会议目标：做出决策

介绍：有些决策很容易做，有些却非常难做。无论如何，当会议策划者想让团体处理一个问题，同时想在接下来的会议中把问题解决掉的时候，会议目标就是“做出决策”。

举例：简单的决策是一些容易思考的决定——既有利益关联不大的，也有事情很直白、大家很熟悉、结果容易预测的决定。例如，绝大多数预算计划流程中的决策，都是对现有程序和薪金的例行确认，这些事情常常不用太多分析就可以快速决定。而相对来说，困难的决策是那些决策时要面对不确定性，或需要考虑优先取舍，或当很多互相关联的因素彼此纠缠在一起的时候。例如，砍掉一个项目或减少工资的预算决策，常常需要更多的分析和考虑。

关键：一个深刻的问题是：“我们到底用哪条规则来做出这个决策？”对于简单的决策，通常不用关心这个决策是由某个权威人士做出的，还是团体多数人集体做出的，抑或是团体一致通过的。不管哪种情况，如果决策是容易做的，团体的反应通常比较友善、略显随便放任，基本上是“好吧，就这样做吧”的态度。然而，对于困难的决策，决策方式不同，对团体行为的冲击是有巨大不同的。当老板是决策者的时候，团体成员常常不会说出心中所想（他们常常在底下说“这到底是什么意思？”）。相反，当需要整个团体一起达成一致决定的时候，你又要准备好会面临一个“动荡期”！当人们不得不对困难的事情做决策的时候，更可能有一种被推动的感觉，觉得必须在错综复杂的局面中建立相互的理解。

会议目标：改善沟通

介绍：当会议策划者想要通过分享情感或搞好人际关系来融洽团体成员的工作关系时，会议目标就会定为“改善沟通”。

举例：一个项目组错过了一个重要的截止时间。上司把他们召唤到办公室，用十分明确的语气告诉他们，自己对他们的表现非常不满。每个人都闷坐不语。 私下里，一些人责怪数据协调员拖了后腿，其他人则责怪项目经理制定了不切实际的工作进度表，还有些人搬出自己的一套理论来解释失败原因。没有人在随后的项目会议上开放地讨论自己的感受，团体士气一落千丈。 最后，团体计划了一场“团建”会议，把问题都摆出来讨论，以期改变糟糕的氛围 。

关键：这是一种执行起来颇具挑战性的会议目标。这必然意味着，团体成员要抛开和任务有关的事宜 ，一起来谈论他们自己的感觉和彼此之间的个人关系。这就要求每个人的表现要和平常在团体中的习惯大不相同。 换句话说，需要大家更坦诚、勇于公开内心想法，也需要有更强的意愿来给予和接受互相的反馈。 参与者必须推翻原有的习惯性趋势，即给出反馈时非常谨慎，接受反馈时则持防卫态度。而推翻原有习惯并不简单。鉴于各种个人原因、文化原因，我们很多人不太情愿在工作中和同事之间有过多感性、情感的东西交流。所以，如果简单地宣布“好吧，大家听着，我们把气氛搞得好一点吧”，然后期待大家可以开放地、推心置腹地交流起来，这显然是不合理的，也许偶尔可行，但通常是不可能的。相反，我们需要用技巧性的、精心计划的方法：首先创造一个安全的、支持性的氛围，然后逐渐地培育自我袒露心扉和人际互动反馈这种能力。

会议目标：培养能力

介绍：很少有人认为“培养能力”是可以在普通会议中进行的。相反，通常人们认为这应该在教室内由培训部来提供的，而参加者也都是为了个人成长。但当我们把培养能力当成整个团体的会议目标时，可以在各个方面非常显著地提升整个团体。解决问题的能力、决策的能力、关于团体所在行业主流趋势的更多知识、各类工具的掌握、最佳实践案例，上述这些和团体目标的关系尤其紧密。 关于培养团体能力，上述这几条只是会议策划者能够考虑到的一部分。

举例：一个大项目的团体在进行预算的过程中已经受挫了二次。项目经理觉得团体内关键员工不懂基本的会计原理，导致他们在相应的讨论中混淆概念和迷失方向。他决定从公司财务部邀请几个人花几小时来为团体上课，教会他们相关的会计必备知识。后来，当团体中的每个人在回顾过去时，都把这次会议（课程）当成预算案交流讨论的转折点。

关键：培养团体能力的过程是一种团结一体的体验，它为学习注入了自信，为应用注入了希望，提供了互享的概念、互享的语言和“我们共同经历”的感觉。当然，要收获这些有益成果，需要制订一个好的计划，让所学知识用于实战。如果计划有效，随着连锁反应作用于大量的个人行为，整个团体的成熟度和能力将大大增强。

会议目标：建立社群

介绍：当会议策划者要促进友谊、增强同事间的紧密度、提升士气的时候，会议的目标就是建立社群。

举例：当预算任务完成后，项目团体决定举办一个小型庆祝会。他们没有觉得这个预算成果有多么了不起，尚不值得举办隆重的庆祝，但也不想就这么平平淡淡地度过而没有任何正式的致谢仪式。项目经理决定邀请项目的甲方在傍晚会议的最后一小时参加进来，那时团体将呈上完整的预算案供甲方最后批准，同时将享用一些点心和美酒庆祝一下 。按原先设想，项目的甲方提前就可以看到做好的预算案，而现在这样安排，主要是为了通过他对团体的一些赞美之词，通过随后和团体的互动社交，为团体“建立社群”的会议目标做出应有的贡献。

关键：通常认为“建立社群”不是很正统的会议目标，它常被归类到“外出团建”或“盛大的晚宴仪式”等，但这其实是一种错误的概念。当“建立社群”被整合到日常工作各环节内的时候，士气将非常高涨。例如，可以花 5～10 分钟的时间庆祝团体取得的成果或个人重要事件（如生日）。其他“建立社群”的方式包括团体一起做义工，分享对重要事件的反应，一起做一些简单而有创意的激励活动。关键一点，是要把“建立社群”放进会议议程，和其他会议目标一样，对其一视同仁。

设定会议的成果

引导者按以下清单去做：

1. 找出会议所有议题。
2. 选择某个议题作为开始。
3. 列出该议题可能的几个总目标。
4. 做决定，选出一个和议题关联的总目标。
5. 探究一下，哪种会议目标最匹配总目标，选一个。
6. 精确定义会议目标。*

挑另一个议题，重复步骤 1～6。

* 举例：如果会议目标是提供建议（如第 5 步已经选了），那么精准的会议目标可以是：对问题 X、问题 Y 而不是问题 Z 提供建议（同第 6 步说的那样）。

引导者应该记住，上述模板是通用性的。在实际应用中，负责人可能从某一步直接跳到另一步，甚至从一个议题跳到另一议题，其间没有走完模板上的标准流程。如果是这样，请顺着该负责人而走！因为每个人都有其独特的思考风格。

定义想达成的成果

询问负责人的引导式问题清单

总目标

- 如果成功，那会是怎样一个景象？
- 你怎样知道你已经完成任务了？
- 基本上，你想达成什么成果？
- 只是澄清一下，你说，当……的时候，你将全部完成？
- 为什么这很重要？
- 对此你的预期目标是什么？
- 请多说一些关于你想要的成果。
- 假设时间和钱不是问题，你最想看到的是什么？
- 多告诉我一些关于未来的愿景。

会议目标

- 本次会议你想要产生怎样的成果？
- 这里哪一部分是紧急的？
- 未来需要讨论哪些事宜？
- 逻辑上，什么事需要最先处理？
- 让我们试着把总目标大致拆成几个阶段。
- 本次会议结束后，你希望大家带着什么收获离开？
- 会议结束后，可以做些什么？
- 会议开始前，可以做些什么？
- 不出席会议的人可以做些什么？
- 哪些讨论需要每个人的参与投入？

12

有效的议程：流程设计

设计活动以达成会议目标

- 流程设计介绍
- 流程设计方法选择
- 整合不同形式形成串组
- 运用串组强化开放式讨论
- 在会议中保持活力
- 有洞见的流程设计
- 为活动预估时间
- 7 种典型的会议目标
- 有效议程的特征

流程设计介绍

常见错误概念

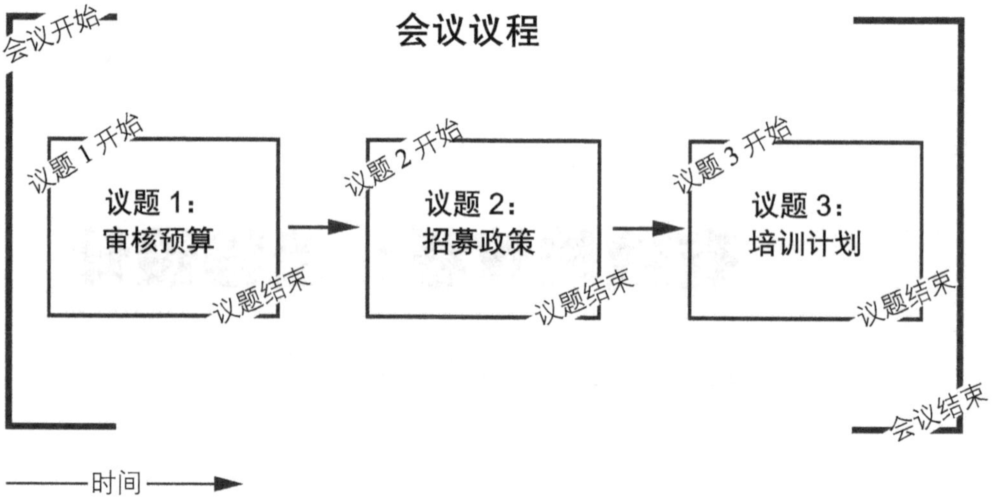

当大多数人在想象会议上将会发生什么的时候，他们其实是在想，哪些议题正是自己期望在会议上被讨论的。例如，“首先，我们应该审核预算。然后，我们应该讨论招募政策。最后，我们可以重新开始讨论下一年的培训计划。”

这张图混淆了流程的概念，这是在许多会议组织者和参与者头脑中比较普遍的现象。当他们说到会议流程时，他们实际上是指会议中将研讨的议题顺序。“我们从第一个议题开始，直到我们解决掉它。然后我们进行第二个议题，直到完成。最后，我们进行第三个议题。”

流程设计介绍

更多有用的概念

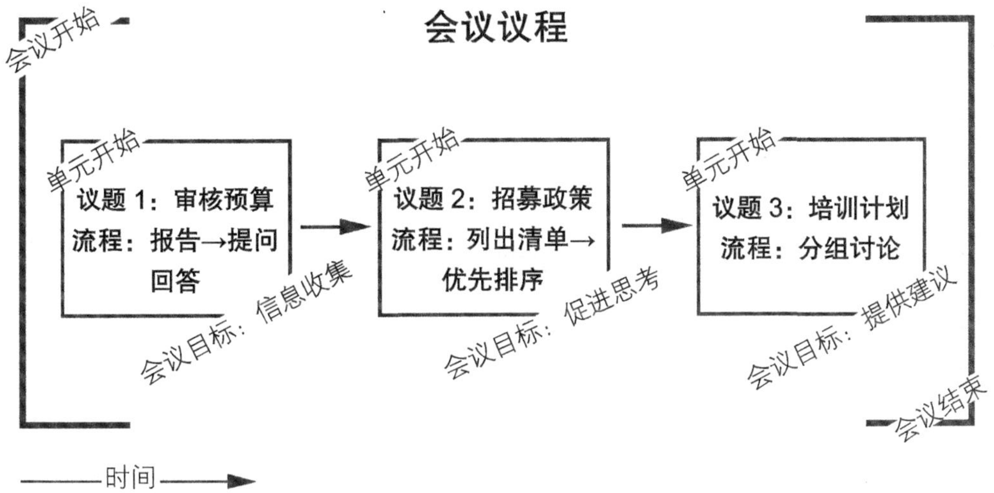

上图显示，议程中每个单元都有其各自的逻辑模块：

- 议题。
- 每个议题的会议目标。
- 达成每个会议目标的流程。

当会议设计者理解上图的结构时，就能以更丰富的想象力，以及更强的期待感来设计流程，这样就能让参与者更好地理解会议对自己的期望是什么。这使得会议中每个目标下的预期结果更有可能达成，尤其当目标比较激进或问题比较复杂时。

流程设计介绍

常见的其他错误概念

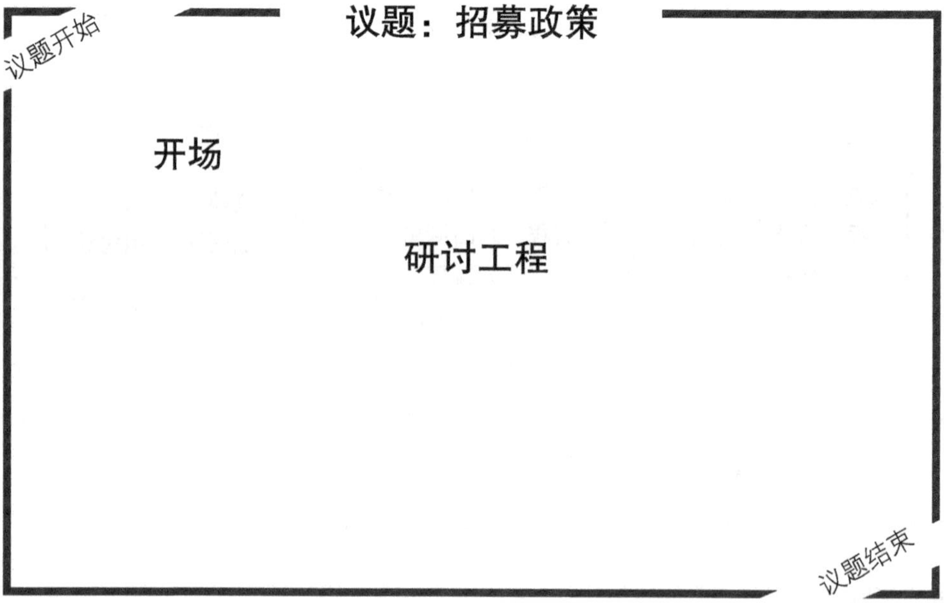

一旦会议议题被导入，大部分团体就会自动地进入开放式讨论。并且，他们典型的行为是一直进行研讨，直到他们感觉可以结束那个议题，而这一时点，同时也是他们要转换到下一个议题的时机，然后开始另一轮讨论。

有人也许认为开放式讨论能鼓励自发性和互动性，但它却只是对快速思考者和口才好的人有效。而对于其他任何人，开放式讨论不那么友好。但许多领导者却坚持把开放式讨论作为他们引发参与的主要模式。

他们为什么这么做？是因为他们有意识地、故意地要给团体施加压力吗？可能不是。也许他们没有意识到他们还有其他选择。

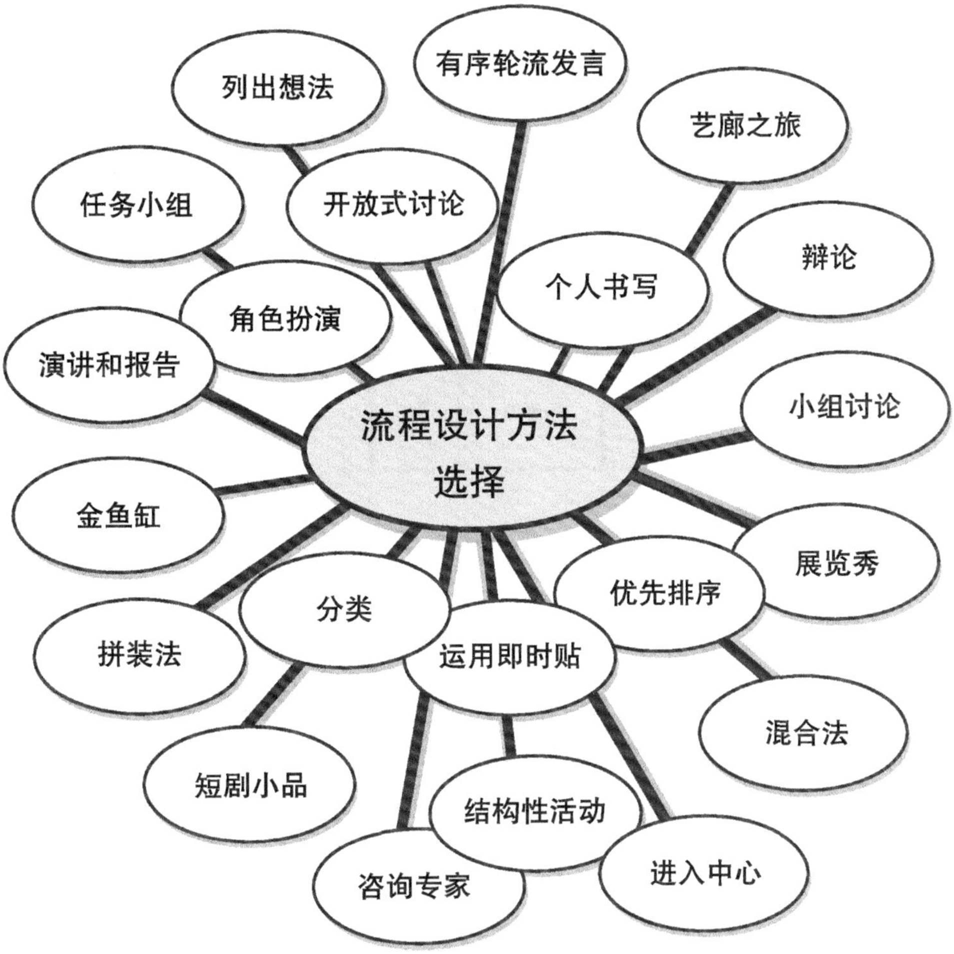

对于议程设计者，这张图提供了方便的参照。在任何给定会议单元中，为将参与水平提至最优，议程设计者可以参照第 6 章到第 9 章所述内容，选取更多样的简易形式。或者针对特别的会议目标，设计者可以参照第 16 章到 20 章的内容，选择或设计结构性的活动。

整合不同形式形成串组

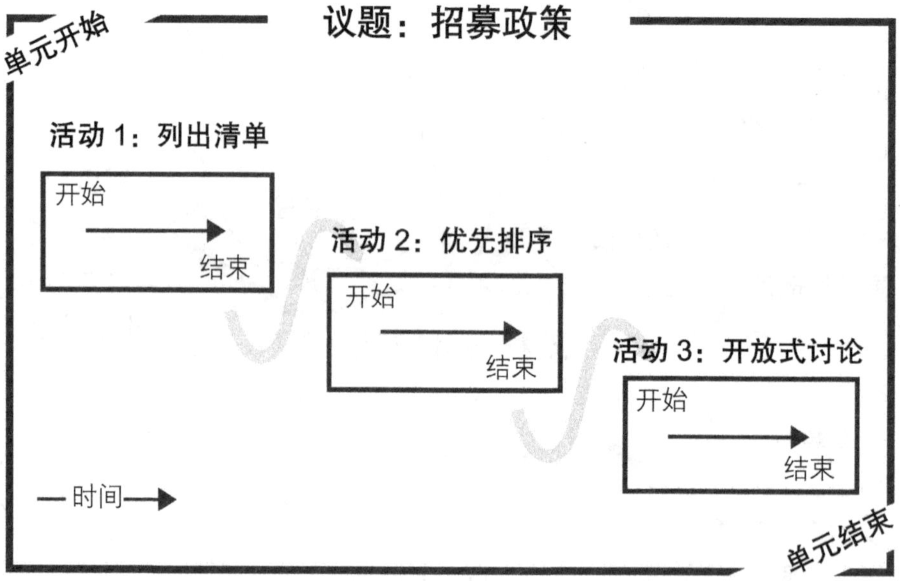

许多人没有意识到这样一种可能性，即可以按照不同的议题，将研讨时间再次细分成不同类型活动。如上图所示，开放式讨论是组织团体参与的方法之一，除此之外还有许多其他方法。所以，列出想法和优先排序，正如开放式讨论一样，也都是不同的参与形式。

“招募政策”是个大的议题，可以通过不同的参与形式组合，保持参与的变化感，同时也保持议题不变。

这种排序活动的方式叫串组（string）。

运用串组强化开放式讨论

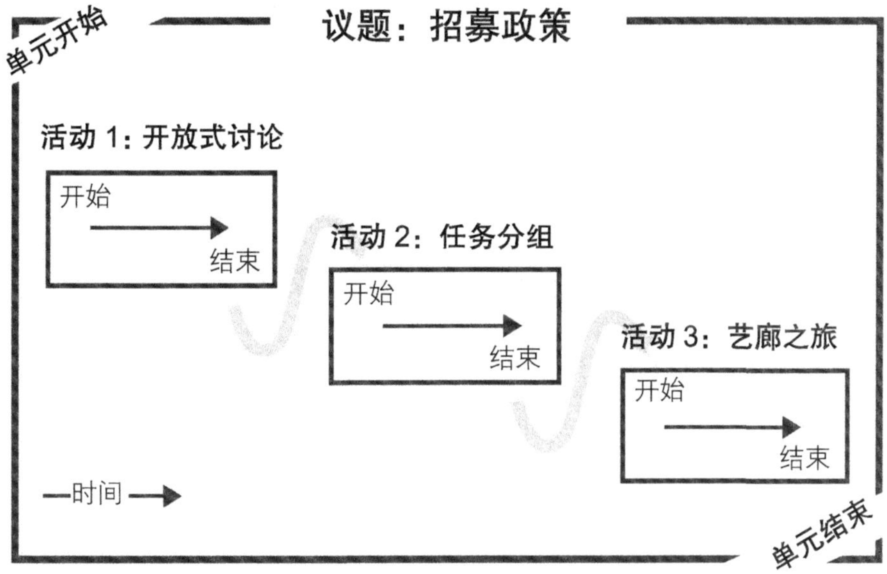

上一页图显示，开放式讨论可以在串组的第三部分，放在“招募政策”其他两个讨论活动之后。而把开放式讨论作为开始，来设计流程也一样容易。开放式讨论可以放在其他活动形式的前面，如任务分组（见上图）或者两人一对一交谈（图中没有显示）。

大量其他研讨形式与开放式讨论混搭，可以得到许多不同的串组。团体可以以有序轮流发言开始，然后进行开放式讨论。或者第一步进行三人成组或个人书写，或者更高级的形式，如短剧小品、辩论或金鱼缸法。

在会议中保持活力

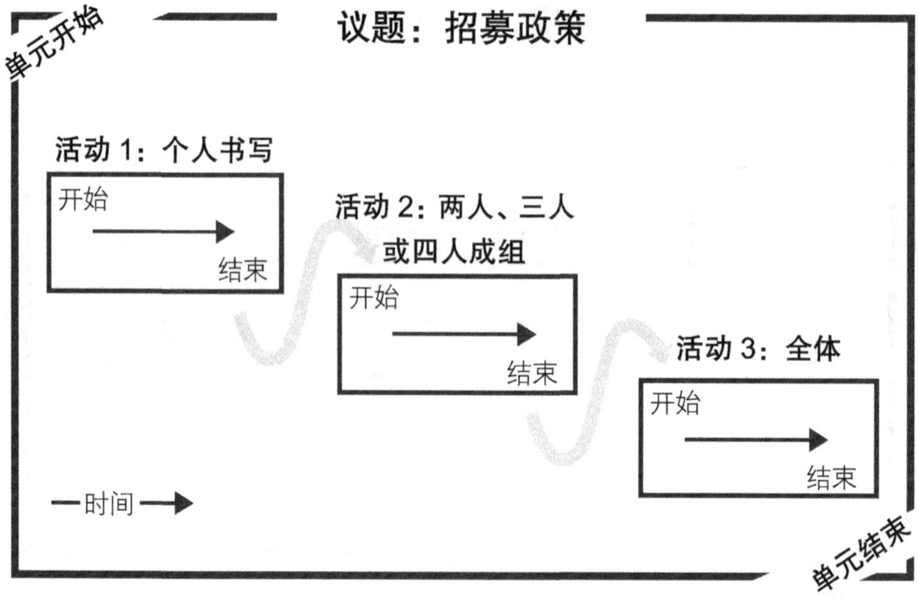

在会议中提升活力最简单的方法，是频繁地给参与者提供独立、两人组合，三人或四人组合的工作方式。这些容易组织的、随意的小组形式是保持每个人精神饱满的关键。

不时地变换串组形式——有时整体一起研讨，有时以小组来思考——是引导者可以应用的“最佳实践”。这看起来似乎太过基础，以至于没有人认真对待。事实上，这种基本结构能使我们对会议质量与产出的体验感有显著提升。

有洞见的流程设计

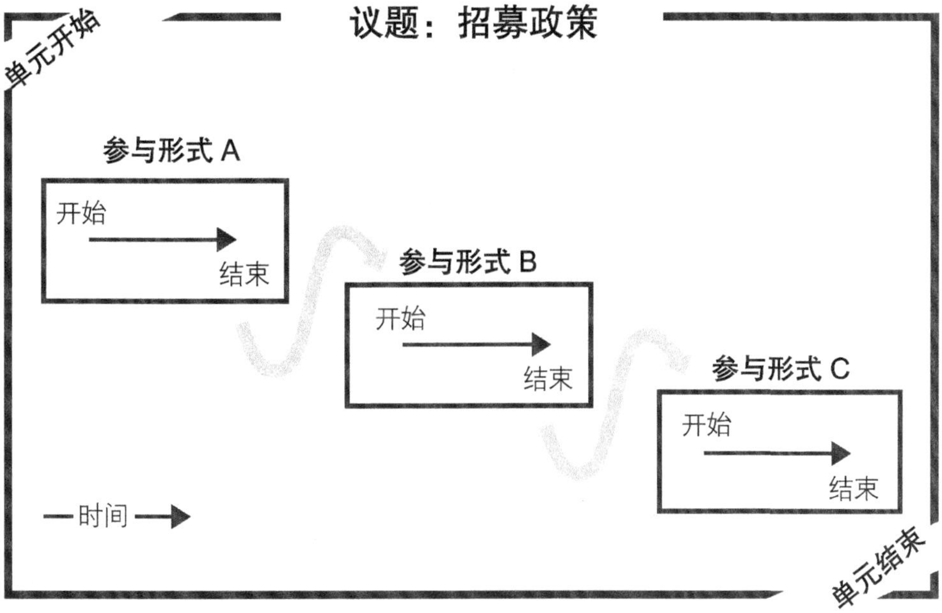

在会议中运用多样化的串组形式，可以以多种方式强化参与度。活动的紧凑结构有助于人们保持注意力，并对讨论的短期目标持续保持清晰。多元化的形式有助于人们保持精神饱满。

此外，团体可以连续不断地体验开始和结束：开始、结束，开始、结束，开始、结束。人们能感受到事情在一步一步地往前推进直到完成。

活力就是这样持续建立的。

为活动预估时间

流　程	典型时间	预估时间要诀
小组讨论	6～15 分钟	决定要给每个人多少分钟发言，然后乘以团体的人数。预留 3～4 分钟说明规则和进行分组。
轮流发言	8 人团体需 5～20 分钟，长短视议题而定	对简单直接的议题，假定给每个人 30 秒，那么对于能唤起更多内心想法的议题，则需要给每个人 2 分钟。
列出想法	7～10 分钟	列出想法的时间长短完全是主观和随意的，然而，对于许多人来讲超过 10 分钟不对议题进行讨论，是忍受不了的。
个人书写	5～10 分钟	如果是为其他活动做暖场热身的话，5 分钟书写就够了。而如果是要通过书写做实质性的讨论，则需要分配 10 分钟。
开放式讨论	15～30 分钟	如果希望获得人们的高参与度，一般 5～10 分钟可以让讨论进入正轨。如果开放式讨论超过 20～30 分钟，则需要考虑人们的关注力问题。
任务分组	30～90 分钟	要决定分配给任务小组多少时间来讨论，然后加上 10 分钟进行分组，以及往来讨论区域所需要的时间。

会议目标 1：分享信息

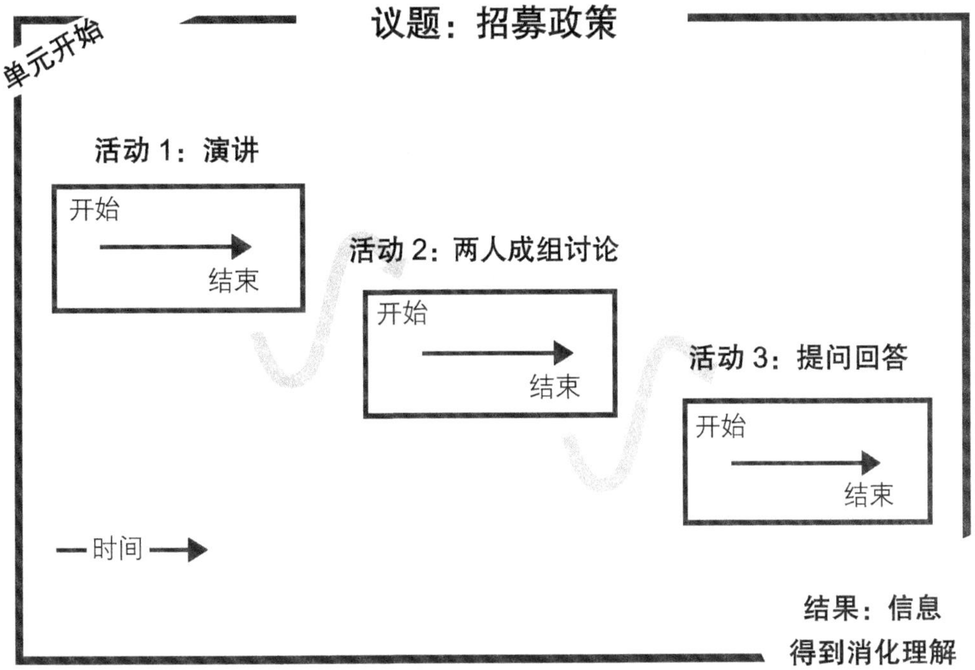

如果会议目标是分享信息，团体会自然滑向“听众模式”。大部分人基本就是往后一靠，安静地听着，或许有 2～3 个人会提问。

上图显示的串组会转换能量。通过让每个人与旁边同伴进行互动，就所听到的内容进行交流，能引导所有成员对演讲内容进行实质性交流。这样，在团体再次召集到一起时，总能得到更多的问题，而且是更多有趣的问题。

如果基于某种原因，会议设计者需要拉动更多的人参与，其可以用有序轮流发言的方式作为这个串组的第三部分，或者用个人书写——让参与者匿名写出问题，将写有问题的纸条投入帽子混在一起，供随后抽取。

会议目标 2：提供建议

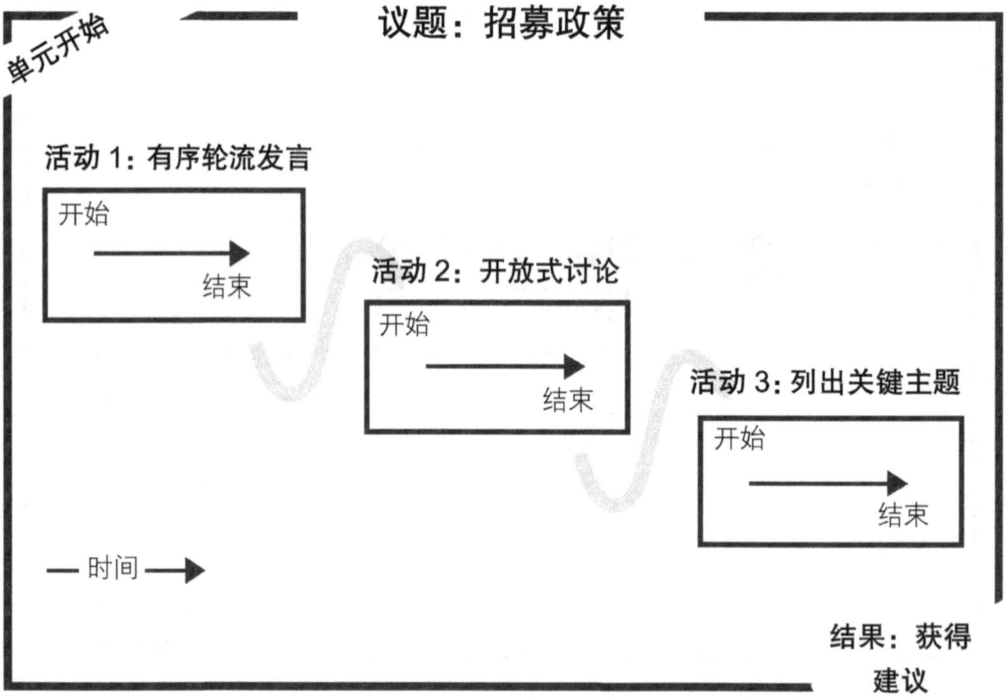

当会议目标是需要团体提供建议时，激发团体最直接的方式就是用简单的有序轮流发言。这样可以给每个人表达的机会，来对决策者施加影响。如果会议设计者希望成员之间相互探讨，如上图的串组就能够鼓励成员朝这个方向努力。或者设计者可以用“列出清单”活动来开始流程，例如，可以针对提出的议题，列出其优点和弱点，以决定需要采纳哪类建议。

如果会议设计者要提高建议的质量，可以使用辩论作为活动形式之一，或将成员形成不同的“任务分组”，以更加彻底地获得不同观点。

会议目标 3：促进思考

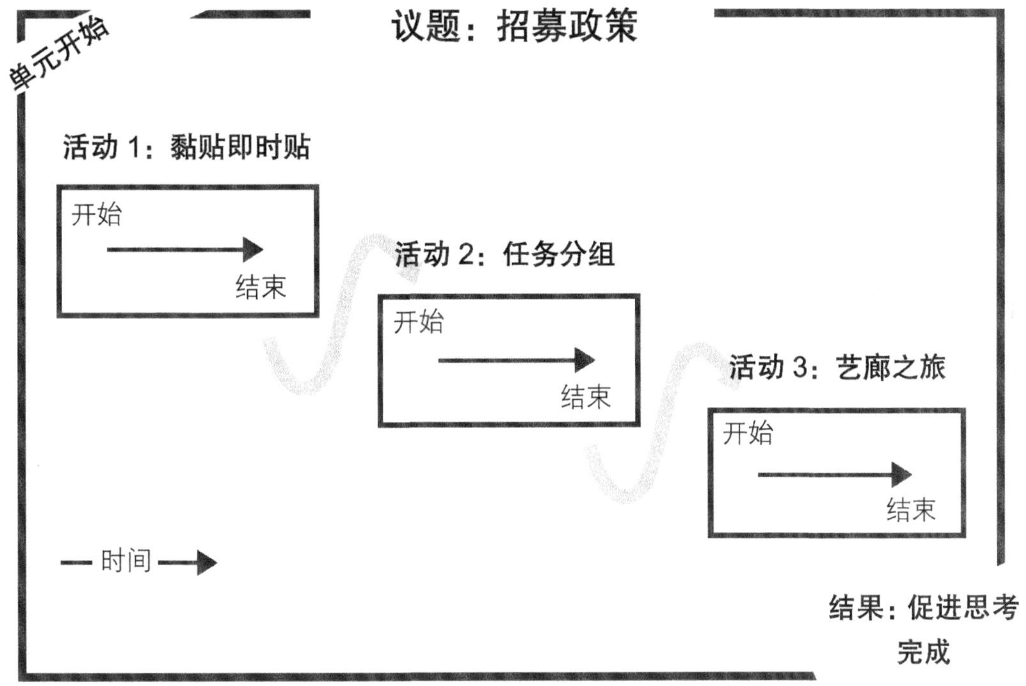

如果会议目标是促进思考，参与者会以极大的热情回应会议目标（对于许多人来说，他们知道他们的工作不是直接做出决策，而一起思考是他们十分愿意做的事情）。上图只显示了很多有用的组合之一，不论是定义、分析、重构、缩小范围、解决或者评估手头问题，或许都可以加以应用。

在第 18～20 章中提供的许多活动，都可以匹配到这个会议目标。即使这样，还有几个其他著名的问题解决工具没有包含在其中，如立场分析法。如果某个流程可为团体所使用，它或许就是上述活动之一，这些活动都能在适当的时候有助于促进思考。一般来讲，选择某种活动形式来进行“深入思考”，只需符合以下两点就可以了：（a）能激发多元化观点；（b）能利用这些多元化观点。

会议目标 4：做出决策

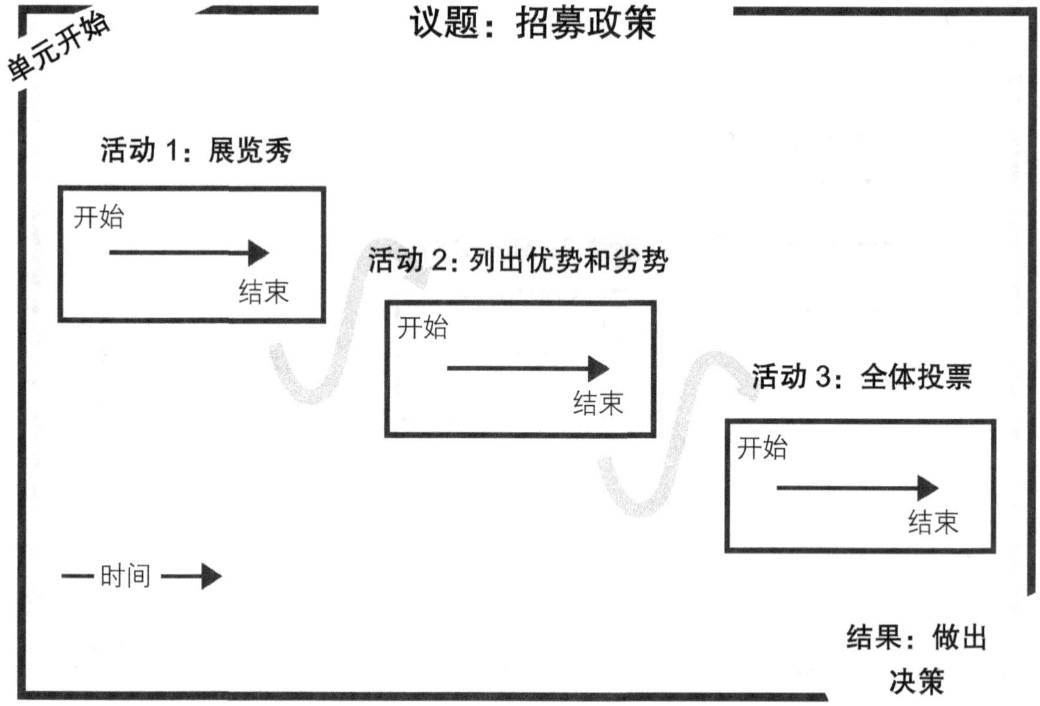

当会议目标是做出决策时，会议的参与度会有显著不同。对于低风险的决策，会议设计者可以要求团体快速结束议题。当风险很高时，或者为了做出决策需要解决争议性大的问题时，团体更可能会在动荡期花费时间。会议设计者应该预计到这种可能性。

上图设计的串组就是针对决策需要全体同意的情境。开始，在展览秀中提出了三个建议。接下来，团体列出了每个建议的优势和弱势。最后，团体使用“同意阶梯”（参见第 23 章）进行投票。前两种形式的目的在于达成相互理解，第三种形式可以用来测试整个团体看法的收敛程度。

会议目标 5：改善沟通

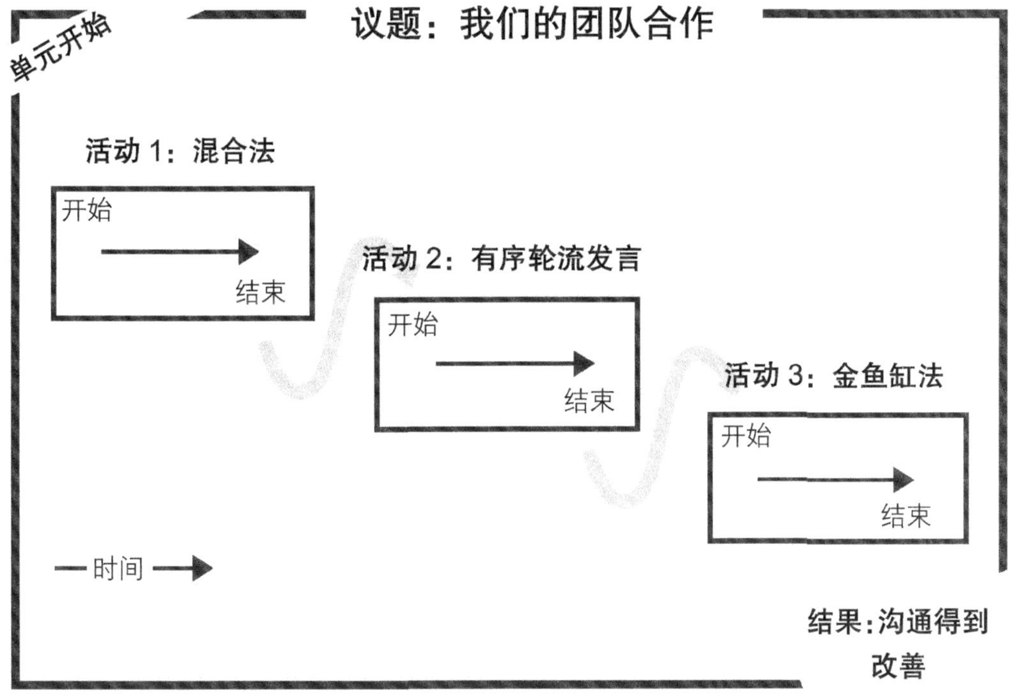

当会议目标为改善沟通时，许多团体成员的行为就会小心谨慎地回避那些可能无法回避的、有潜在沟通障碍的人际互动。

上图串组的设计能优化安全感。混合法就是一种高度结构化的方式，可以给人们提供三人一起讨论的隐私感，鼓励人们进行个人化的分享。通过有序轮流发言，可以完成自我披露的环节，并让团体准备好进入下一个步骤：提供和接受反馈。这时，各种各样的人际互动导向的活动才能发挥效用。上图所示的鱼缸法，如第 19 章所示，可以有几种可用方案——“如果我是你”与“组对咨询”。一旦信任度得到加强，开放式讨论，并不时转换为双人成组方式通常是团体感觉良好的做法。

会议目标 6：培养能力

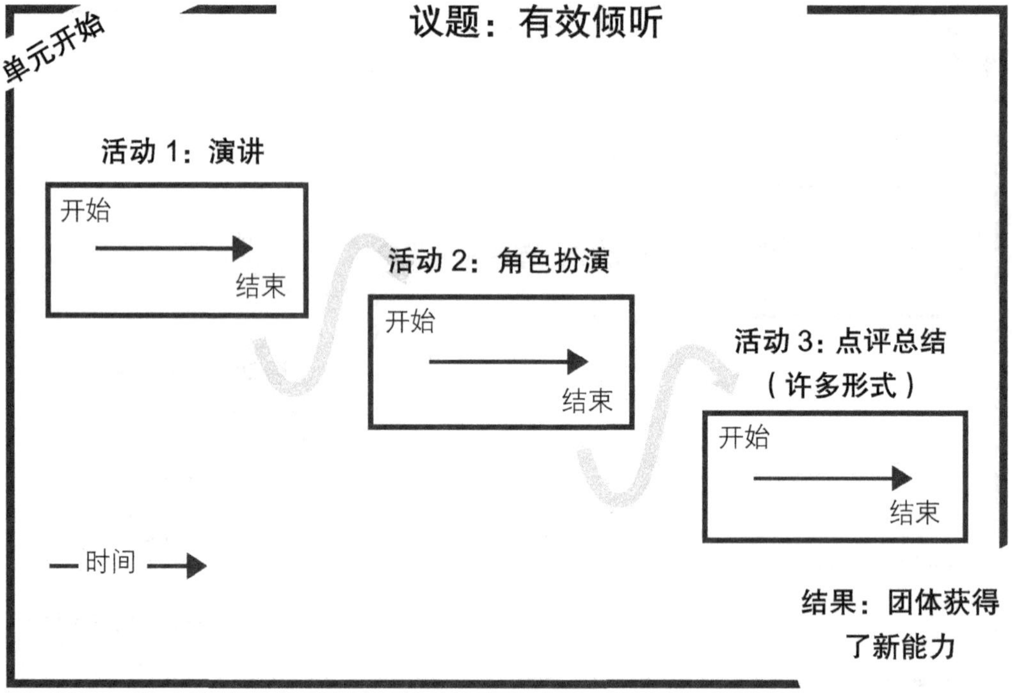

如果会议目标是培养能力，大多数成员会以此前课堂学习的经验来对待会议，即可能表现出积极的和消极的行为。实际上，人们可能为所学观点有趣或者新颖而着迷，但如果教学模式简单，如仅分发材料或展示许多幻灯片，就会令人备感无聊。

上图展示了在常规员工会议或管理会议中可以采用的培训方法。一个简短的演讲可以勾勒出议题，接下来配一个 10 分钟的“角色扮演”，或“案例分析”，或“短剧小品”，或高参与度的结构性活动——能把人们带入体验式学习的心境。简短的点评总结可以通过小组讨论的形式进行，也可通过有序轮流发言、开放式讨论、“列出清单”等形式进行。

会议目标 7：建立社群

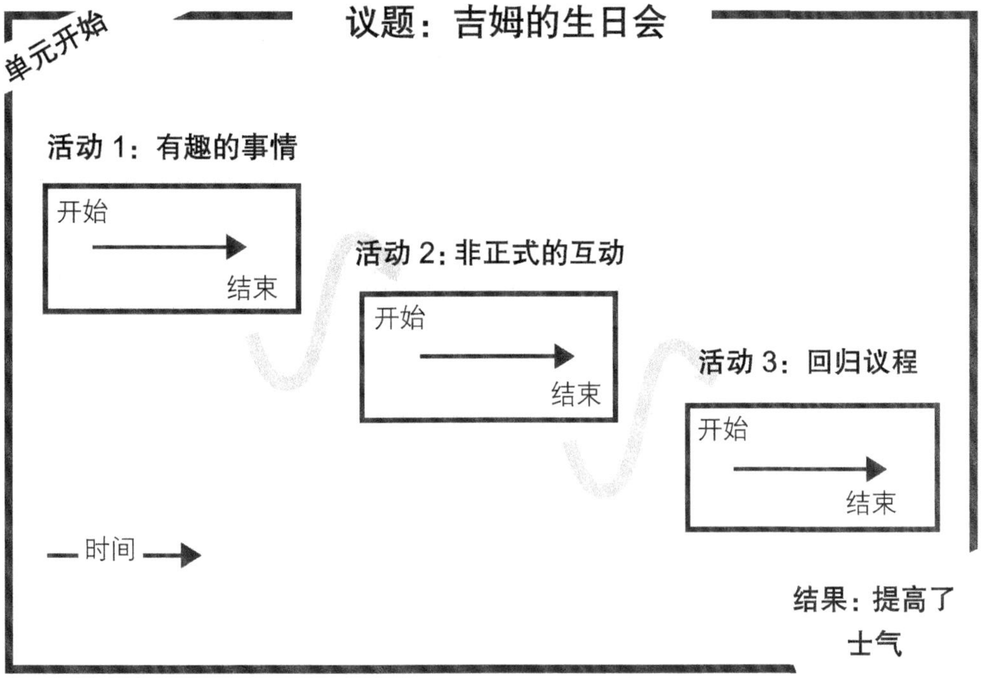

当会议目标是建立社群时，目的是为了加强友情、强化连接和提升士气。团体的行为表现通常可以三七开，即 70%的人喜欢在会议上用几分钟来做些有趣的事，而 30%的人不太愿意去做一些看起来不太严肃的事情。不过如果时间能控制在 5～10 分钟的话，即便最容易生气的人，通常也能容忍一些好玩的活动。例如，生日庆祝会就从来不需要谁批准，当然轮流发言也不需要谁来批准，大家在这个令人兴奋的时刻，可以用几分钟时间来分享彼此的感受。

上图的串组给出了一个有用的原则：几分钟的非正式互动是一个非常好的过渡，可以让大家从“建立社群”活动自然地回到正常的会议议程中。所以，如有可能，在会间休息之前可以安排这类“建立社群”的活动。

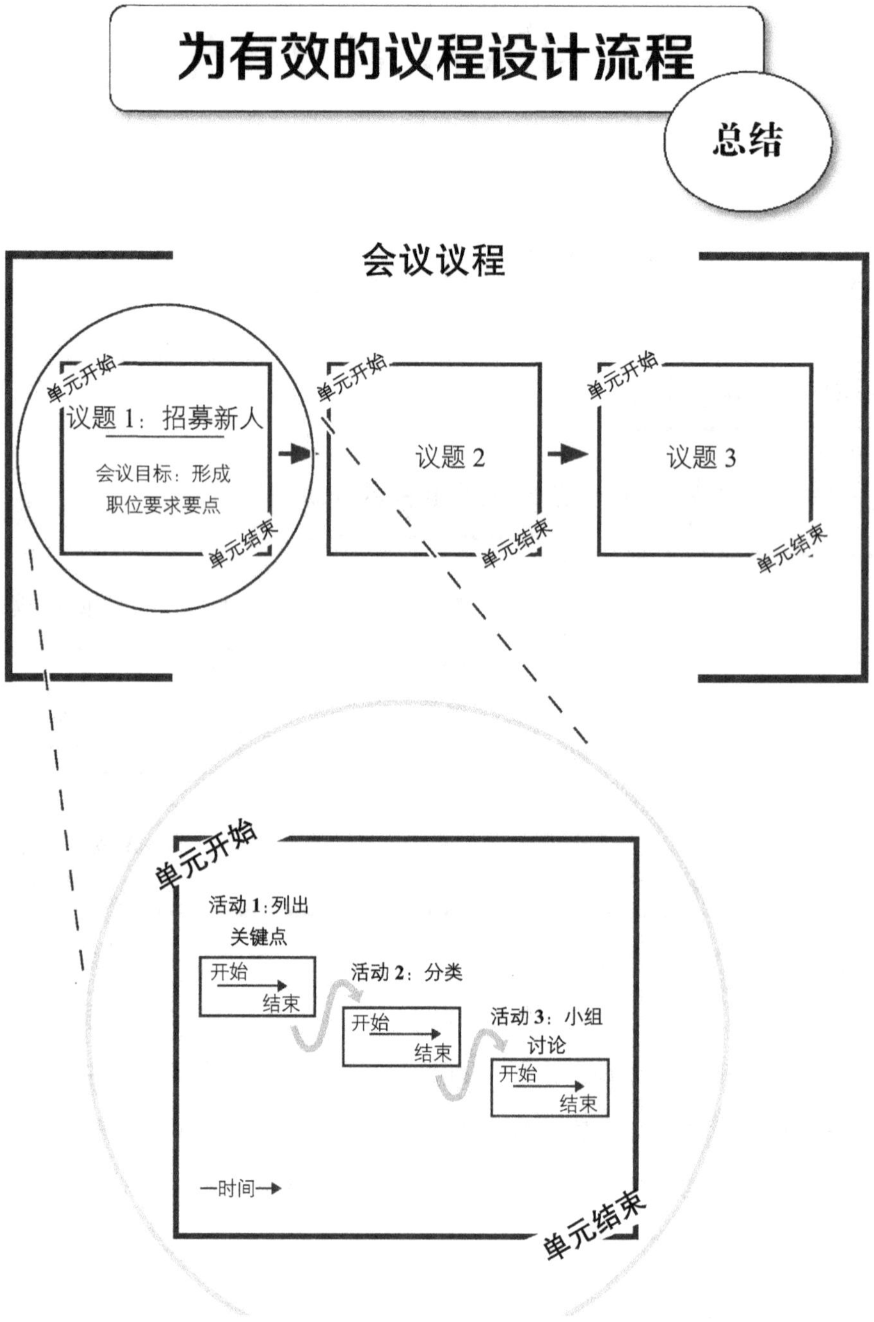

如果会议目标的达成需要高度的参与，策划者可以将三四个活动组合到一起，以取得期望的结果。例如，如果会议目标是对职位说明的思考，团体可以先列出此工作的关键要点；然后将这些要点按主题进行分类；最后分小组讨论，写出相关结果。这样对活动顺序的组合方式叫串组。

有效议程的特征

- ❑ 会议中要讨论的每个议题都得到清晰地识别。
- ❑ 定义每个议题的总目标和会议目标。目标可以写在议程上，也可以不写。但如果需要，都要明确地阐述清楚。
- ❑ 每个会议目标都有流程支持。在流程设计中，要有意识地考虑如何鼓励恰当地参与。流程包含一个或多个活动。当单一活动不能达成会议目标时，一系列的活动就要整合成串组。
- ❑ 每个活动都要进行现实的时间预估。时间预估可以显示或不显示在议程中，但在介绍流程时需要明确表述出来。
- ❑ 议程以两个基本要点开始：时间框架——通常是一个概览，让人们大致知道接下来议程是什么——和一个简单的欢迎活动，如报到环节。
- ❑ 议程结束的方式要让参与者有一种完成的感觉，如成果总结，下一步预览，会议评估，或给每个人一个机会做个结束感言。
- ❑ 不论何时，会议如果超过 2 小时的话，需要安排一个 10 分钟的休息时间。
- ❑ 议程要写出来并方便传达——或者打印出来分发到每个人，或者用白板纸粘贴在墙上。

13

面对困难的团体动态

不带批判的支持性干预

- 困难情境下难缠的人物
- 困扰大家的沟通风格
- 支持多元的沟通风格
- 令人困扰的沟通风格对整个团体的干预
- 妨碍沟通的话
- 支持沟通的话
- 发展支持性的团体规范
- 对偏离话题的分心因素做出反应
- 报到
- 加强关系
- 建立紧密的人际关系
- 给予支持和接受反馈
- 跳出内容讨论流程
- 会议效果的持续改善

困难情境下难缠的人物

当讨论的目标很简单时，大家都非常容易容忍彼此的个性。例如，某个团体成员个性较急躁，团体可能也不太在意这个。但是，当讨论的目标需要努力思考的时候，彼此的交流就困难得多，常常会产生误解和思维混淆，导致团体产生挫败及不耐烦的情绪。

在这样的时刻，保持讨论不偏题是极其困难的。当成员间情绪十分急躁紧张时，原本清晰的思维也渐渐混乱。一些人激动恼火，完全被情绪控制，以致无法集中心思讨论；另一些人则觉得，不管自己是不是能有效地组织讨论，都必须夺取讨论的主导权。一些人只想早点离开会场；而另一些人火气越来越大，极力克制着自己，因为他们现在最想做的事是找人打一架。

尽管紧张气氛在升级，但很多人还是坚持面对当下的现实，继续完成任务。他们继续努力着，但却是在压力下努力着。压力无法帮到他们，只会影响情绪，影响沟通风格，影响思考能力。 他们对周围的反应不敏捷，说出的想法也没有平常睿智，他们只会就这样滔滔不绝地说下去，却不知道自己的努力对周围能否产生影响，因为他们以为自己正走在正确的思路上。表现出上述症状的这些人，是想在压力下努力贡献自己的最佳想法。而这些症状，只不过是无数症状中的一部分而已。

这些症状的表露使很多成员不舒服。如果引导者在场，人们常常希望由引导者来解脱他们。例如，很多人会希望引导者干预，让说话太多的人闭嘴。而有些引导者也认为可以在会议休息期间找“难缠的人”谈谈，要求他们的情绪平和一些。类似这些所谓的解决途径，都建立在一个错误的分析之上：消除这些症状就能多多少少地去除危机。

本章提供给读者一个不同的观点。把困境中的动态现象看成整个团体的状态，用支持性的方式来处理整体状态，而不是去改变团体中某些人的个性。

困扰大家的沟通风格

很多团体都有一些这样的人物……

- ❑ 重复别人早已表达过的想法。
- ❑ 对细节吹毛求疵。
- ❑ 公开宣泄强烈的个人情绪。
- ❑ 把讨论带到非常抽象的层次。
- ❑ 使用艰涩难懂的术语。
- ❑ 不断提及自己喜好的某个话题，不管和当时讨论的主题有没有关联。
- ❑ 只管批评，不提供建设性的意见。
- ❑ 抱怨团体的进展要多慢有多慢。
- ❑ 一遍遍地重复自己的观点。
- ❑ 用争辩来澄清想法。
- ❑ 在偏离主题、无关紧要的事情上提出浪费时间的模糊问题。
- ❑ 滔滔不绝地发言。
- ❑ 用虚伪好听的话语掩饰意见不合。
- ❑ 说话太大声，好像周围的人都有听力障碍。
- ❑ 为每件自己说过的事情表达歉意。
- ❑ 光指责别人，而忘了自己也犯过同样的错误。
- ❑ 指桑骂槐。
- ❑ 安坐一隅，不发言，不贡献。
- ❑ 自以为是，自命不凡，好像什么都懂。
- ❑ 别人发言时，和身边的人窃窃私语。

上述哪种情况困扰到你?

支持多元的沟通风格

步骤说明

1. 阅读标题为“困扰人们的沟通风格”的讲义。列出哪些沟通风格令你不快。
2. 分几个小组，和组内伙伴讨论：对于令你不快的沟通风格，你会有什么反应？
3. 在下面的空白处，写下你自己可能困扰其他人的沟通风格。
4. 和你的伙伴分享你的个人反思。分享到什么程度，由你自己权衡。
5. 讨论：如果团体成员由于沟通风格不同而彼此传达了不认同或讨厌对方的信息，接下来会产生什么后果？
6. 大家一起讨论：如果某些人因为沟通风格不被大家认可而受到压制，整个团体将付出什么代价？面对多元的沟通风格，怎样让团体成员增加容忍度？

在我的沟通风格中，哪些会使别人产生困扰？

-
-
-

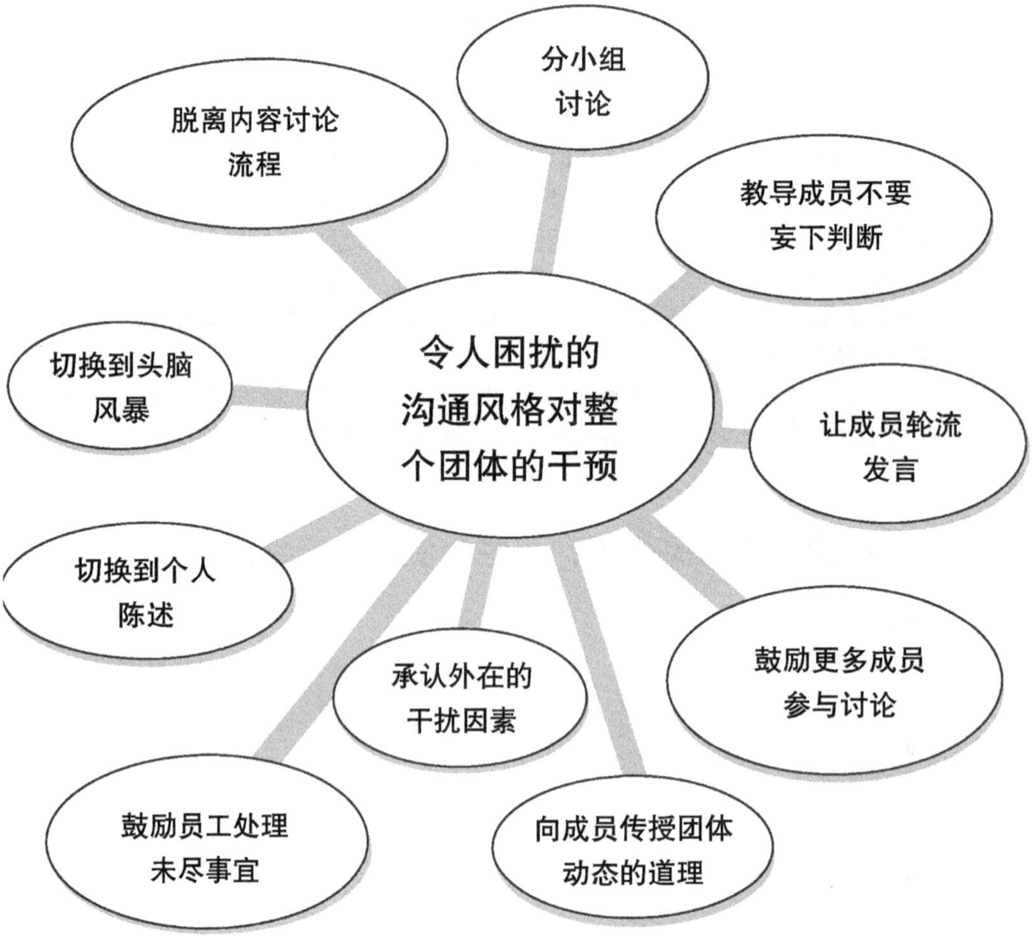

我们承诺对团体内每位成员都给予尊重和支持，引导者可以在不违背承诺的前提下，用上述干预方式处理团体讨论中的不快和障碍。

“不可能！！”

“别浪费我们时间了！”

“这个和我们讨论的无关。”

“你的想法不成立。”

“我们可以稍稍聪明些吗？”

“快点，我们没有时间了。”

“这是哪里来的？”

“你在混淆视听。”

“你表达得一点也不清楚。”

“疯了！”

“你让我们想得太费劲。”

“你一直在跑题。”

“笑话说够了吧，回到正事吧。”

“请不要说教。”

“我们不是已经讨论过这个了吗？”

“请简短一点，你说得太长了。”

“你只是在重复而已。”

“请说到点子上。”

“不要用这个误导我。”

“让我们简单些好吗？”

“简直荒谬！”

“如果你听了，就不会问出那样的问题。”

“别再绕来绕去啦。”

“关于那点，可以多讲一些吗？”

“我完全明白你讲的是什么了。”

“我可能没有完全跟上，你再重复一遍好吗？”

“等一下，我想她正要表达自己的观点。”

“我知道这对你不容易。”

“在换话题前，让我们确认一下是不是每个人都发过言了。”

“那你的想法是什么？”

“继续，我们洗耳恭听。”

“有意思。”

“哇！”

“可以举个例子吗？”

“不急，慢慢来。”

“去做吧。”

“有人补充吗？”

“这就是你要说的，是吗？”

“我听到了。”

“我知道要说清楚不容易，请继续！”

“那时候感觉一定很糟糕。”

“尽管我们在这件事上意见不同，但我很高兴你坚持自己的观点。”

发展支持性的团体规范

理由

很多团体没有形成相互尊重的、支持性的团体规范。团体成员间的交谈不具备积极回应、互相鼓励的风格，在接下来的章节中将详细介绍它们在实际工作中带来的积极影响。

相反，有些团体发展的规范是扼杀自发的灵感，压制未成熟的想法。成员间发表的言论也是如前面所示的那样，是对公开想法的禁锢。

这样的团体几乎没有可能度过团体动态的困难期。相反，只会陷入挫败—冲突—逃避的恶性循环中。要克服这种局面，团体必须打破旧的规则定式，发展支持性的团体文化。下面这个练习是迈向这个方向强有力的第一步。

做法

1. 让每个人通读一遍前面“妨碍沟通的话”，找出可能让自己感到不适的几条。
2. 三人一组。
3. 让每个人思考一下，如果自己听到这几句令人不适的话，会受到怎样的影响。
4. 现在让每个人读一遍前面“支持沟通的话”中的内容。
5. 每个人描述一下，当听到这些支持性话语的时候，有什么感觉。当对他人说出支持性话语的时候，自己又有什么感觉。
6. 让每个人记录下面问题的答案：“我将对自己的对话风格做何改变，以促使团体获得更有支持性的氛围？”
7. 聚拢回大组，邀请大家分享自己的反思。

对偏离话题的分心因素做出反应

情形

一些实时发生的事情会干扰团体聚焦主题的能力，就好比猛烈的暴风雨过后，人们需要谈论的不是日常主题，而是“被淹的地窖”和“漏雨的屋顶”。在一个组织发生变动时，如大量裁员，人们需要的是释放怨气和表达焦虑。

面对这些分心的事情，团体应该做些什么呢？很多人相信最好的应对办法是忽略这些事情的存在。之所以这样想，是基于价值取向而不是来自经验判断。现实一点来看，当一系列分心因素存在时，不管组织上是否允许成员谈论这些烦心事，它们确实降低了团体效率。

这个活动给大家提供了一个花一段时间梳理心中真正所想的机会。大家在一番自我剖析之后，常常能更好地专注于手头的工作。

技巧

1．如果团体很明显地不能聚焦于正在讨论的主题上，可以建议大家讨论一下团体分心的原因。例如，“我感到大家很难将注意力集中在这个主题上，我觉得很多人一直想着（当前的事情）。要么我们退后一步，先花几分钟时间谈谈这个（当前的事情）？”

2．确保大家都同意，然后进行下去。

3．抛出一个开放性的问题，例如，“关于当前这件事，大家有什么想法？”请每位都回答。

4．在每个人发言完毕后，提议插入一个活动环节，便于大家转换到真正的主题上去。例如，“我们就这个事情再讨论几分钟，然后休息一下，之后回到主要议题上来，好吗？”

报到

个性化的会议开场

目的

报到（check-in）无非就是一种会议前的轮流发言，是邀请大家分享此刻的心情，让大家简单说一下哪些因素会影响到自己的参与。实质上，就是每个人轮流在说："此刻，我的状态是这样的……"

有时候，每个人都会面临一些和工作无关的个人困难。小到"今天上班迟到"，大到"亲人病危"。而报到，可以让大家以不唐突的方式说出自己面临的问题。对于这些将要全力投入到工作中的成员来说，"报到"有助于让个性千姿百态的人加深对彼此的了解。

更进一步来看，通过让每个人在会议开始前发言，报到确立了全体参与的规范。任何人一旦在团体中发了言，他在随后的会议中更有可能参与发言。

步骤

1. 介绍一下，"报到"就是这样一个时刻：让每个人简要分享"今天自己的心情怎样"，或者"我此刻正在想着什么"，尤其是那些你觉得分享后心情会不一样的事情。可以分享任何事情，无论是否与工作有关。如果有人问起这么做的目的，告诉他们：帮助人们分享一些个人事情，能产生一个更佳的转换过程，让大家从"离会状态"进入"入会状态"。

2. 请自愿的成员第一个开始，随后大家轮流，当某个人发言结束时请他说"完毕"或者"下一位"。

3. 如果有人打断别人的报到发言，引导者应进行干预，可以说："抱歉，现在不是对话时间，请给每个人空间，以完成不受评论的报到发言。"

4. 所有人发言结束后，引导者可以做一下评论，认可一下你刚刚听到的某个主题。例如，"听起来，本周大家的压力都很大，也许今天大家可以略微轻松一点。"然后进入会议预定议程。

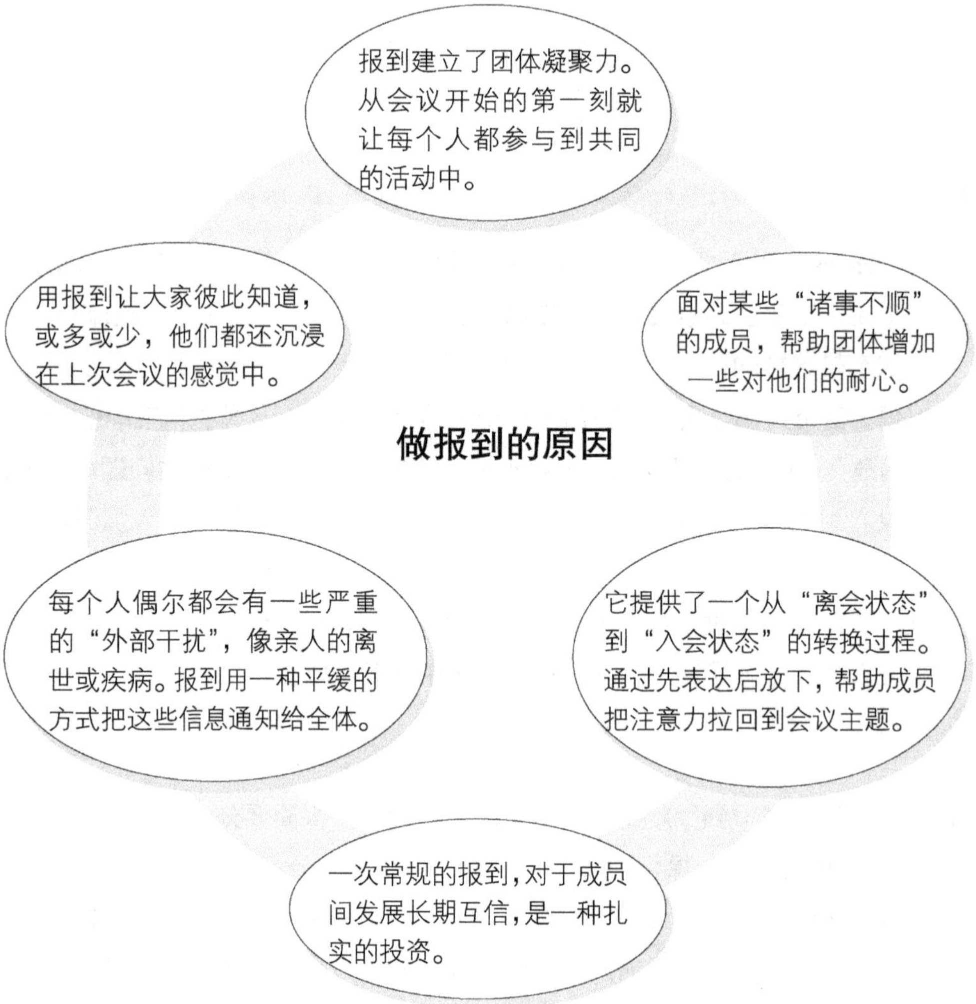

报到无非就是一种会议前的轮流发言，就是邀请大家分享此刻的心情，让大家简单说一下哪些因素会影响到自己的参与。实质上，就是每个人轮流在说：“此刻，我的状态是这样的……”

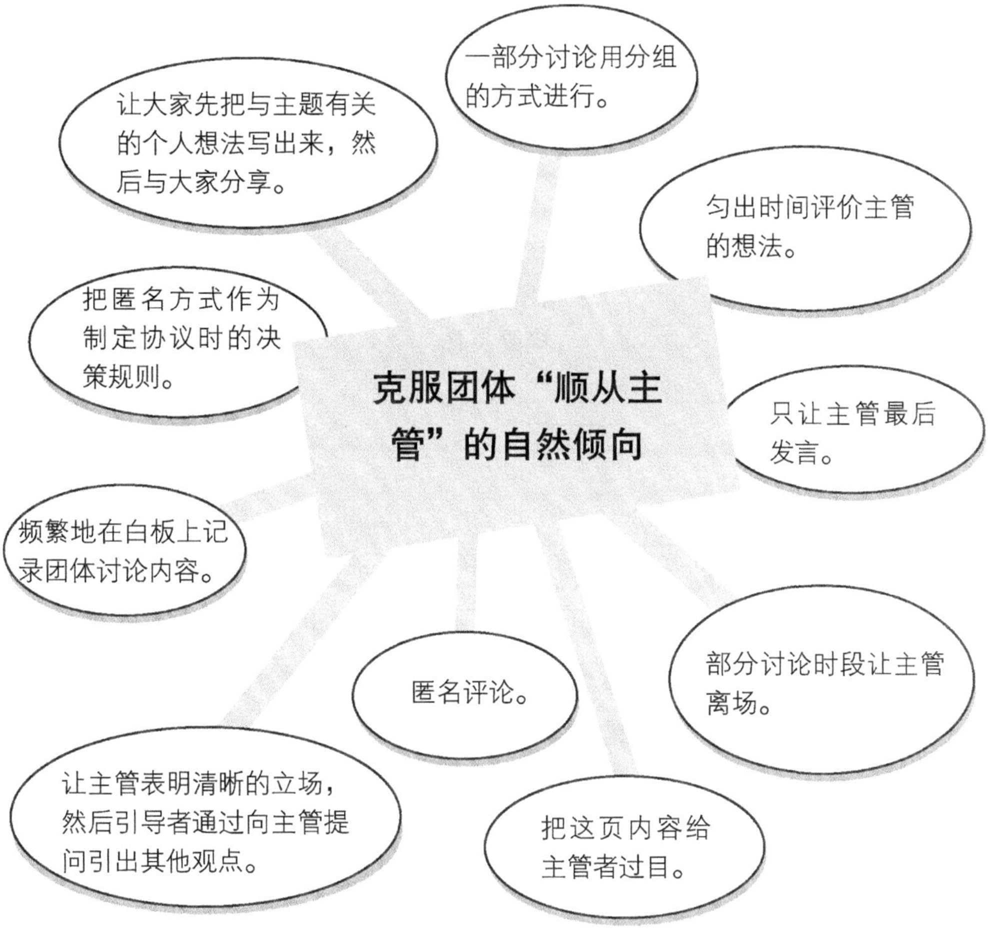

在很多团体中，人们自然地顺从主管。引导者进行干预，通常是最简单的、对团体干扰最少的方法，但是如果我们的目的是为团体注入参与的文化，更好的选择是找出“趋势和倾向”，然后告诉团体成员在官僚层级体制中说真话是需要勇气的。主管在与不在，就一些主题大家说出的话是不一样的，要分成小组来讨论这些敏感主题，然后回到大组回顾总结。

加强关系

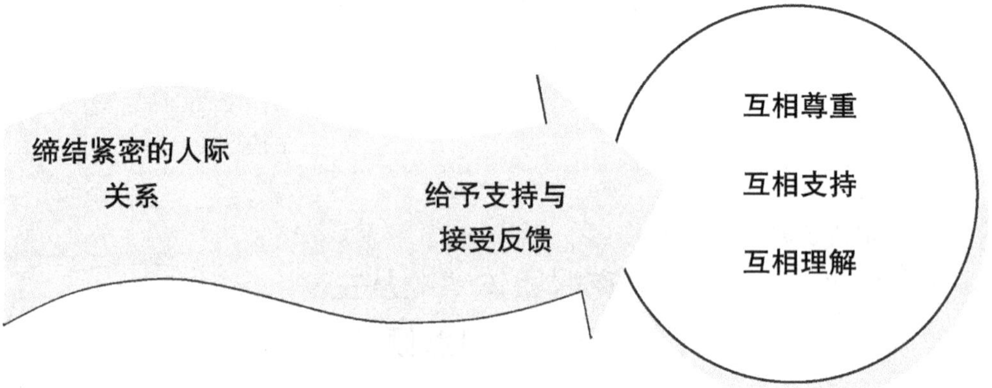

比起陌生人，熟人之间更有可能求同存异。

这个道理在商界和政界显得更明显，领导者常常习惯与同僚及其家人建立友好关系。在草根运动中也同样如此，运动积极分子如进步派（保守派也一样）会刻意设计一些活动让大家参与，这些活动是“社群建设”和“社会行动”的混合体。然而这个道理的作用在团体决策的范畴内被低估了。例如，把家里人的照片拿到会议场所，或者花点时间聊一聊小时候的邻里街坊，倘若这些举动发生在团体决策的场合，在某些人眼里简直难以想象。

团体内的各种挣扎纠结，使得合作共创相当困难，引导者的任务，就是寻找各种机会加强人际关系，以抵消这种纠结。在冗长而令人沮丧的会议中，参与者需要舒缓压力，哪怕是短暂的 1 分钟也好。更重要的是，工作关系的概念扩展开来涵盖人际关系后，成员间就以真正的“人”来看待彼此，而不仅是过去的“敌对方”或“同盟方”。关系的建立增强了互相理解的基础。

建立紧密的人际关系

趣闻和纪念物

1. 下一次会议让每个人带些个人物品进行分享，纪念物、照片或奇闻逸事都可以。
2. 下一次会议上，请成员自愿分享其人生大事。
3. 开始前，为分享活动设立先后次序。同时说明一下，团体分享时间一结束，大家该怎么做。例如，"今天的分享时间只有 30 分钟，如果时间不够，后面几位下次继续。"
4. 给每位分享者 5 分钟时间，再留出一些时间供大家提 2～3 个问题。然后轮到下一位。

两真一假

1. 描述一下此活动，说明所有人都要告诉大家有关自己的三件事：两真一假。谎言必须极尽夸张。例如，有人有一个兄弟，不能说，我有两个兄弟，而应该说，我有 12 个兄弟。
2. 一位讲完所有三件事后，让大家马上举手指出哪个是谎言，问道："有多少人认为这件事是个谎言？"
3. 让这位揭秘谎言，然后请下一位继续。
4. 全体做完后，为那位最出色的撒谎者鼓掌。

焦点椅子

1. 把椅子排成半圆，一把椅子放在对面，面对所有椅子。
2. 描述活动。说明一下，每个人都将在正面的椅子上坐 20 分钟。其他成员可以就他工作以外的日常生活随便提问。中心就座的人如果不想回答某个问题的话，也可以随时说"我选择不回答这个问题"。
3. 请一位自愿的成员就座。
4. 任何人都可以开始第一个问题，随后跟进下一个问题，大家必须轮流提问直到每个人都问了。

注意：这个活动常常会延续至好几次会议。

给予支持和接受反馈

观察和解读

1. 请每个人找一个搭档。
2. 每个人 5 分钟时间，向搭档给出自己的反馈。首先，“我发现你……”然后，“基于这个观察，我想到的是……”
3. 5 分钟后，提醒每对搭档互换角色。说者变为听者，听者变为说者。
4. 5 分钟后，让每个人另挑一个搭档，和新搭档重复步骤 2 和步骤 3。
5. 回归到大组，总结。

赞赏

1. 清点人数，然后给每个人一定数量（总人数 -1）的白纸。例如，在一个 7 人小组中，每人拿到 6 张白纸。
2. 请大家针对组内每位伙伴，写一件值得自己赞赏的事情，可以是简单的，或者更个人化的、仔细考虑过的。
3. 写完纸条后，请各人将其折叠起来，起立，把每张放到该成员相应的椅子上。
4. 在所有书写了的纸张都放好后，请大家坐回自己位子，阅读其他成员对自己的赞语。
5. 总结，至少花 15 分钟时间。

大家对我印象如何

1. 描述一下活动。说明流程：一个人面对所有成员问：“大家对我的印象如何？”“我的优点和缺点是什么？”大家可以这样回答，例如，“你是唯一一个能真正倾听每个人想法的人。”“我看到每次吉姆错过截止期，你都会袒护他。”
2. 请成员自愿上场聆听别人对他的印象，严格限定时间，至少 15 分钟。
3. 大家在表达看法的时候，切记，聆听者不要说话。时间一到，给聆听者至少 5 分钟时间来回应。
4. 到下一位自愿的成员上场。如果有些人愿意继续和第一位聆听者交流，则再设定一个限定时间。

跳出内容讨论流程

情形

有时候会议会在不明原因的情况下陷于泥潭，例如，有些人持续重提一些早已搁置一边的议题。这时，引导者可能会这样问："这里发生了什么？我们好像僵在这里了，有人知道是怎么回事吗？"

有人也许期望这么说能帮助团体反思一下流程，但通常没什么用，因为突然间的定位切换常常令人迷惑。某些人可能会对这问题做出反应，但大多数还是继续讨论原来的主题。问题在于，人们并不清楚引导者的问题是为了请大家暂时搁置一下讨论内容，将讨论重心转回会议流程。

技巧

1．描述一下你看到的情形："今早大家一致同意在他人发言的时候不要插话打断，但下午很多人却在互相争着发言。我还注意到有一些气氛紧张的迹象，例如……"

2．寻求验证："有其他人也注意到我说的现象了吗？""有人看到相似的情形吗？"对这些问题的回答，可以让那些无视团体流程的人，知道什么才叫"跳出内容"。

3．鼓励反思："大家对这个现象有什么想法呢？""你现在的想法和感觉是什么？"

4．鼓励大家说出不同的观点。不要试图马上解决问题或者马上让大家达成共识。唤起意识的方式都是探究性的。

5．当大家看起来准备回到原来的主题时，可以问："在我们回到主题讨论前，就刚刚我们说过的这些，大家还有什么要说的吗？"

6．稍稍休息一下，让会议流程计划者再想一下整个议程。

会议效果的持续改善

优点和可改进点

1. 贴出两张白板纸。一张标题为“优点”，另一张为“可改进点”。
2. 请一位成员说出优点，另一位成员说出可改进点，把两份清单同时写出来。
3. 鼓励参与者以结构式学习的精神，坦诚发言。
4. 在列出两份清单的时候，始终执行一个规则——不辩解，不解释，也无须道歉。

学习上次会议的经验

1. 请参与者回顾上次会议，回想任何使自己不快的事情。
2. 头脑风暴后列出清单：将来我们怎么样才可以做得更好？
3. 如果每个人都同意遵守清单上的一条或几条，那很好。但通常，获得共识并不容易，与其强推一个不成熟的共识，倒不如把步骤 1 和 2 当成一个唤起此意识的活动。通常，光是找出一个问题，就已经在解决之道上走出了很远。

14

引导者的典型挑战

处理会议中产生的各种状况

- 引导者常面临的 30 个问题
- 引导者常犯的典型错误
- 引导者对每种情境的有效回应

引导者的典型挑战 1

问　题	典型错误	有效回应
对话被能言善道的成员垄断。	没有经验的引导者通常试图控制这个人。“对不起，Q 先生，您不介意让其他成员也发表一下自己的看法吧？” 或者更糟：“对不起，Q 先生，您占用我们太多时间了。”	当一两个人过度参与时，其他人的参与度就会降低。 所以，要把关注焦点放在消极的多数人身上，鼓励他们多参与。 如果要设法控制这些垄断谈话的人，意味着你把过多的关注力聚焦在他们的谈话方向上。
讨论过程中处于嘻嘻哈哈的混乱状态。	试图通过争夺掌控权的方式来进行处理。如果有必要，就提高声音，挑战其中的带头者。 “好了，各位。让我们回来继续讨论吧。”（或者稍微好一点：“聚焦，各位，聚焦。”）	通常认为休息是个最好的回应。人们感到负荷过大或疲惫不堪时，不容易遵守纪律。经过短暂的休息，人们能够更加集中精力。 另一种做法是询问大家的意见：“我们是否应该用不同方式来进行讨论？”
整个团体参与度很低。	假定沉默就是赞成。不问大家是否理解了关键问题。（认为那是不必要地浪费时间） “各位，目前我们做得不错。我们已经完成了很多工作。” 不问已经取得的成果是不是实质性的进展，是否涵盖了所有人的观点，或者是否仅仅为表面文章。	要时刻对低参与度保持质疑。如果愤怒或害怕没有释放出来，这常常会阻碍自由表达。如果人们没有表示出已经准备好分享他们的感受，就需要从开放式讨论切换到其他压力低一点的活动形式。如列清单、分组讨论，或尝试新活动，如金鱼缸、混合法或者休息一下。

引导者的典型挑战 2

问 题	典型错误	有效回应
同时讨论几个不同的议题。	“吉姆，那听起来像是不同的议题。” “我们能每次只谈一个议题吗？” 聚焦在一个子议题上进行对话。为制止混乱，进行很有信心的提议：“暂停，伙计们，让我们聚焦在……”	运用“议题追踪”：给不同的议题命名。“让我来看看是否能总结下正在讨论的议题。” 运用“连接主题”：“你能帮助我们把你的想法与中心议题做个连接吗？” 为想法和议题在白板上建立一个“停车场”，以备接下来返回研讨。
许多人相互打断，争抢发言时间。	进行掌控。以同样的打断谈话的方式，来劝说人们彼此尊重。 选择一个人进行对话，但没有告知其他人什么时候轮到发言。以为这样做会控制这种局面。	如果必须要用打断发言来恢复到适合的状态，可以 这样说：“帕特，我想先暂停到这里。首先，让我们确认一下你的观点是否被听到。”然后，简要重述帕特的观点。接下来，列出一两条规则来重新组织讨论。然后，用排序发言、议题追踪、主题排序将讨论引入正轨。
人们彼此失礼。	干脆完全忽视，认为自己没有理由火上浇油。 寄希望于在白板纸上写类似“彼此尊重”的基本规则来要求大家，以此期望人们的行为变得相互尊重。	提高你“简要重述”的频率，压力下的大家需要支持。 如果想通过张贴写有基本规则的白板纸来控制气氛，则需要给出时间让人们反思自己的行为，这样他们就能自己说出要改进的地方。

引导者的典型挑战 3

问　题	典型错误	有效回应
午餐提前送达，香气四溢，成员注意力分散。	按既定议程进行，让食物在那里候着。 马上安排大家做小组活动，这样你就可以腾出时间趁热吃到午餐。 毕竟你要马不停蹄地连续工作，因此就不能好好用午餐。	坦诚面对这样的事实：一旦影响人体内在反应的事物出现在房间，不论是午餐、生日蛋糕，或者消防演习，良好工作的先机就已经被这些东西占据了。 应运用午餐的间歇好好思考一下，如何在接下来重新找回上午的好氛围。
没有足够的墙面空间来张贴白板纸，以记录人们所说的内容。	在白板架上进行书写。完成一页时，就翻过去，开始新的一页。这有什么问题吗？ 如果墙面不好用，那就不用白板纸。取而代之，用事先准备好的幻灯片。这会给每个人一个信号，无须在上面添加任何自己的主意，那已经完工了。 一直抱怨："如果给我们一个更好的房间，会议能进行得更顺利。各位，很抱歉。"（这不是我的错。）	如果房间里有长方形的桌子，可以把桌面竖起来，把它们并排放置。完成的白板纸可以贴在桌面上，抑或椅子背上。 也可以运用"Google Docs"或其他虚拟会议软件，让每个人在自己的电脑上看到同样的内容。 最好的做法是提前了解你的会议室，与会议策划者一起，保证能得到一个可以支持工作的会议室，以使团体能达成他们期望的成果。

引导者的典型挑战 4

问　题	典型错误	有效回应
成员没有投入议题讨论，造成参与度极低。	认为沉默表示同意所说的内容。 忽略他们，并为他们没有制造麻烦备感欣慰。	提议讨论："这个议题对我有影响吗？对我来讲重要吗？"先以两人对聊的形式来暖场，这样人们可以坦诚地探索各自的利益关切点。 而后，请策划者来评估消极被动的原因，以此来策划下次会议内容。
会上研讨任务跟进不佳。	说一段鼓舞士气的话。 忽略它。 找借口："好的，我们不是很需要那些信息。"	给小组安排任务。 在任务完成的中间安排一个中点汇报机制，可以让任何遇到困难的人有机会得到帮助。
没能准时开始与结束。	宣布："我们 5 分钟后开始。"然而，5 分钟后，重复同样的话，只是把"5 分钟"改成"再等几分钟"。 等待"重要人物"的到来，但对于级别低的人却不愿等待。 到约定的结束时间时，不经询问就延时。如果有人要离开，让他们悄悄离开，这样可以不打扰别人。	计划时间一到，就开始会议。（原则：履行你的诺言。） 也可以等待每个人都到齐。人们可以体验到被浪费时间的感觉。（原则：参与会议的每个人都是有价值的，保护团体的整体一致性。） 注意：确保掌控的人不是你，而是设定规则并执行的人。 如果会议总是延时，需要提高你的议程策划水平。

引导者的典型挑战

5

问　题	典型错误	有效回应
两人在对峙。	把焦点置于争论双方之间，排除其他人的互动，好像房间里不会有任何其他的观点提出。 像对待孩子一样。“别这样，你们两个，就不能好好相处吗？”	探寻其他人的观点：“针对这个问题，其他人有什么观点？”或者“在这个问题深入探讨之前，还有其他问题需要探讨吗？” 切记：当大多数人消极被动时，聚焦在他们身上，而不是聚焦在过于积极的少数人身上。
小组中一两个人表现沉默，其他成员积极参与。	把安静的人置于聚光灯下。“Z先生，你今天还没有讲什么，有什么要补充的吗？” 假定沉默意味着没有观点，继续进行。认为如果他们需要，他们会说的。	“我想从发言较少的参与者那里得到一些观点。” 分成小组研讨会更好，让羞于发言的人在没有争抢时间的感觉下畅所欲言。
小范围对话，低声谈笑。	忽视这样的行为，希望情况会转好。 惩罚窃窃私语者，相信让其丢脸是最好的纠正。	轻松地并有礼貌地与他们建立连接，鼓励他们重新聚焦。 询问是否有什么主题可以与团体一起分享。 如果问题继续存在，假定事出有因，例如，人们是否感到厌烦了，他们是不是要休息一下。

引导者的典型挑战 6

问 题	典型错误	有效回应
引导者因犯错而感到窘迫。	继续硬撑。示弱意味着在团体面前丢脸。 从团体那儿走开，彻底忘掉它，喝点水舒缓一下心情。纵然耿耿于怀也没有什么用。	人都会犯错误。向团体表现真实的自我，但也不要做过头。承认自己的错误，继续工作。 与有同样经历的朋友或教练交流，从自己的错误中学习。
引导者被惹怒。 引导者不被信任。 引导者胆怯怕事。 某个团体成员与引导者发生争执。	运用自己的感觉作为证据，认为其他人一定有什么问题。把他们叫到一边，努力让他们做出改变。这样他们可以知道他们为什么让你如此心烦意乱。 排挤他们，但不会做得太明显，毕竟你不想明显地被看出自己不再中立。 向同样也被这个人搞得不愉快的其他人表达同情。 忽略自己的感受，期望他们的行为会自行消失。	与某人生气、产生惧怕或者争执是人类自然的反应。引导者这个角色要对这样的“刺激”承担处理的责任。这里有两个方法来应对那一刻： • 安排休息，让自己平静一下； • 过会儿找到那个人，努力多了解一些他的信息。 这两种回应在压力下也许有用。但真正地接纳他人需要更多的个人成长和自我觉察的努力。这叫持续修炼，如写反思日志、静思冥想，或采用心理疗法。

引导者的典型挑战

7

问　题	典型错误	有效回应
没有清晰目标或结构地东拉西扯。	不干预，认为有些人就是需要一个机会来释放和宣泄。 在休息时，委婉地责备老板没有表现出更多的领导力和魅力。	请当事人澄清讨论的目标。 运用“排序发言”和其他技巧，礼貌地组织有序对话。
引导者因为沉默而感觉不舒服。	通过阐述自己的观点来填补空白，认为这可以给团体一些回应的基点。 讲个笑话。没有什么能比一个好笑话更能打破沉默的了。 说：“嗨，朋友们，我们必须要说点什么！”	沉默通常表示人们在思考。在要做什么之前，至少等待 15 秒。如果还是没有人说话，可以这样说： “有什么新想法吗？” “谁能再重复一下我们讨论的目标？”
在一场讨论中，大家似乎被大量散乱的议题所淹没。	说：“让我们每次聚焦一个议题。我们要从哪一个开始？”然后从他们第一个说的议题开始，不论是谁选择的。 停止讨论。将议题进行分类，优先排序，然后休息。	请人们说出目前正在讨论的议题有哪些。这能让人们暂时退后一步，在他们看到自己喜欢的树木的同时，也能看到整片森林。 运用倾听技巧如“议题追踪”和“归纳总结”，可以达成同样的目标。

引导者的典型挑战 8

问 题	典型错误	有效回应
令人烦恼的事过早地发生，会议状况很差。	继续推进，好像什么事都没有发生。说出来反而容易坏事。 揪出麻烦制造者，请其道歉，团体表示原谅他们后继续讨论。	鼓励团体先暂时离开内容，讨论一下正在发生的事情。 当下可以考虑的做法包括： • 事情一发生就讨论； • 先休息，然后讨论； • 待本次会议结束，讨论； • 下个会议开始前讨论。
成员希望自行推进讨论进程，不再需要引导者的进一步协助。	坚持劝说，如果他们更好地听从你的引导，他们能得到更好的结果。 提醒他们，他们正在做的就是你的分内工作，并且时间很紧张。	向策划者确认，接下来是否请你回去引导，必须是团体的决定。 确保在会议结束时有一个会议评估活动。 如果策划者选择脱离引导者，尽可能促成一个后续有你参与的简要总结环节。
老板占用了太多的发言时间。	休息时，告诉老板要少讲多听。 在团体面前，指出这个问题。现在人们意识到了这个问题，就假定人们可以改变它。	聚焦到关键问题，切换到小组讨论或者进行有序轮流发言，目的为获得更广泛的观点（以免被老板的观点局限）。 在某些团体中，老板要授权给其员工。在这种情况下，帮助团体后退一步，审视他们的权限状况。

引导者的典型挑战

9

<table>
<tr><th>问　题</th><th>典型错误</th><th>有效回应</th></tr>
<tr><td>有影响力的关键人物来得晚，走得早。</td><td>继续进行研讨。老板不在，真是太不应该了。老板不上心，就不会有好结果。
支持团体抱怨他们不受尊重。老板在时，他们一般不愿表达，所以利用这个时间让他们宣泄一下。</td><td>避免针对关键人员在场与否影响会议效果的讨论太过深入。
优化利用时间，询问团体，关键人物不在，我们可以做什么。如果接下来团体真的没有什么好做的，大部分人更愿意去处理积压的邮件。</td></tr>
<tr><td>有人说某些人的言论颇具冒犯性。</td><td>这对引导者是很重大的挑战。不论你怎么回应，总有人认为这是个严重的错误。
● 如果你不直面冒犯的言论，团体一部分人会认为你太消极，或者更差。
● 如果你直面这些言论，团体另一部分人会认为你在推进自己的意图，或者屈服于来自某个特殊派系的压力。</td><td>根据团体的文化和价值观，下列方法也许有用：
● “对于史蒂夫所说的，有其他的回应吗？”
● “史蒂夫，对于你刚刚所说的，你会开放地接受反馈吗？”（当团体在做“给出和接受反馈”活动时或有这样的经验时，这么说才有效。）
● 观察并等待史蒂夫的言论带来的影响。如果有人指出这点，请团体进行讨论。
处理这类问题或许是不愉快的，但忽略它们只会使情况变得更坏。</td></tr>
</table>

引导者的典型挑战 10

问 题	典型错误	有效回应
参与者与引导者私下分享了一个观点。	说："我刚刚在场外和一些朋友进行了私下交流，由此，我了解到大家在场内还是没有完全说出心中所想。所以还是让我们畅所欲言，好吗？"	不要施加压力。相信事情随时间总会有所进展；冒险想法总是比安全想法更晚浮现。 首先建议进行小组活动，在非正式的氛围下让遗漏的想法得以自然浮现。
会议室外发生了无法抗拒的、令人分心的事情。	提高你的声音，并让其他人也放大音量。 探出窗外大喊："不要吵！我们正在开会呢！"	承认干扰。 如果是短暂的干扰，休息一下。 如果是漫长的干扰，更换房间，或重新计划会议。
人们不断地查看手机。	谁看手机，就点谁名，责备他们的不礼貌。 让它发生，但生气地转动眼睛，当再发生的时候，大声叹气。 与时俱进，用邮件或者短信提醒他们。	在会议开始时，请求达成关于电子设备使用的规则。 提供较长的休息、额外的休息，或较长的午餐时间。 在团体保证不开小差以后，你还是注意到有人偷偷地查看邮件，可以说："我能看到电子干扰又开始了。我们会尽快休息一下。"或者你可以加一句："同时，请关掉手机。"

引导者的典型挑战 11

问　题	典型错误	有效回应
在琐碎的细节上纠缠不清，吹毛求疵。	责备群体在浪费时间，并说："让我们加快进程。" 冷眼旁观，心不在焉，暗自想："不论如何，他们现在就是没有动力做任何事情。"	重新把它当作值得应对的挑战： • "萨尔已经问过，为什么我们要这样做。谁能给出一个不同的做法？" • 列一个选项清单，或者引导一个简短讨论。
有人提高声音，或不断重复。	在午餐时，背后谈论那个人。告诉负责人需要多一些掌控。 在休息时找那个人谈谈。在会议重新开始后，当其再次出现同样的问题时，就皱起眉头，或摇头叹气。	人们重复的原因是他们感觉没有被听到。总结他们的观点，直到他们感觉被理解了。 鼓励成员在发现其他人观点与自己的不同时，积极参与协助阐明其观点。
有人发现了一个全新的问题，这是先前没有人注意到的。	试图想出一些原因，来阻止人们开始讨论这个新的尚未解决的复杂问题。 假装没有听见人们的评价。	要特别注意！这也许就是你等待已久的将整个情形导向新思路的大门。

第 3 部分

可持续决议

15

建立可持续共识的原则

整合每个人的观点之后做出决策

- 什么因素使一个决议具备可持续性
- 案例：一个典型的悲惨故事
- 案例：成功故事
- 常规决策和参与式决策的比较
- 两种思维定式："非此即彼"及"彼此兼顾"
- "彼此兼顾"的解决问题原则

什么因素使一个决议具备可持续性

理想化的过程

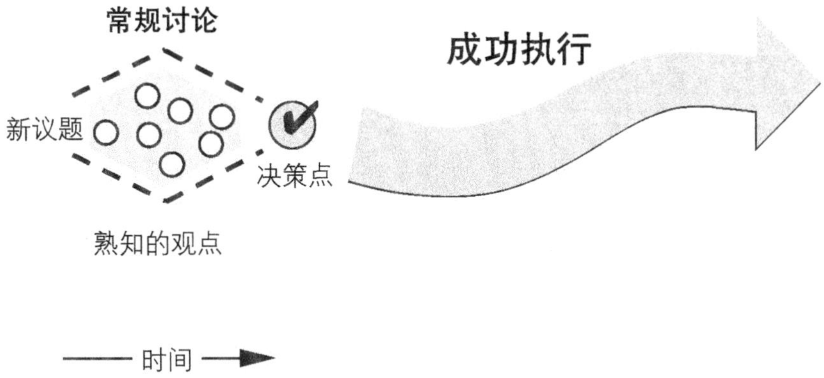

上面是“决策前讨论”及“决策后执行”的流程图，它代表了一种理想化的过程：决策前的讨论快速而又直接，决策后的执行简单而又明确。

很多人（也许是绝大多数人）十分赞同这个模式。没有挣扎纠结，没有动荡期。只是一个清晰的、线形的、可预见的向前运行过程——从一个想法起源，直到成功执行。

这个模式之所以有那么多人推崇，是因为大多数时候，它确实可行。换句话说，绝大多数的团体决策是例行常规的。讨论的事情是大家熟悉的，解决方案也是显而易见的，只需要最少的计划和组织即可成功执行。

然而不是所有的问题都是常规式的。绝大多数人没有认识到，当新的难度更大的问题来临时，这个模式就没用了！

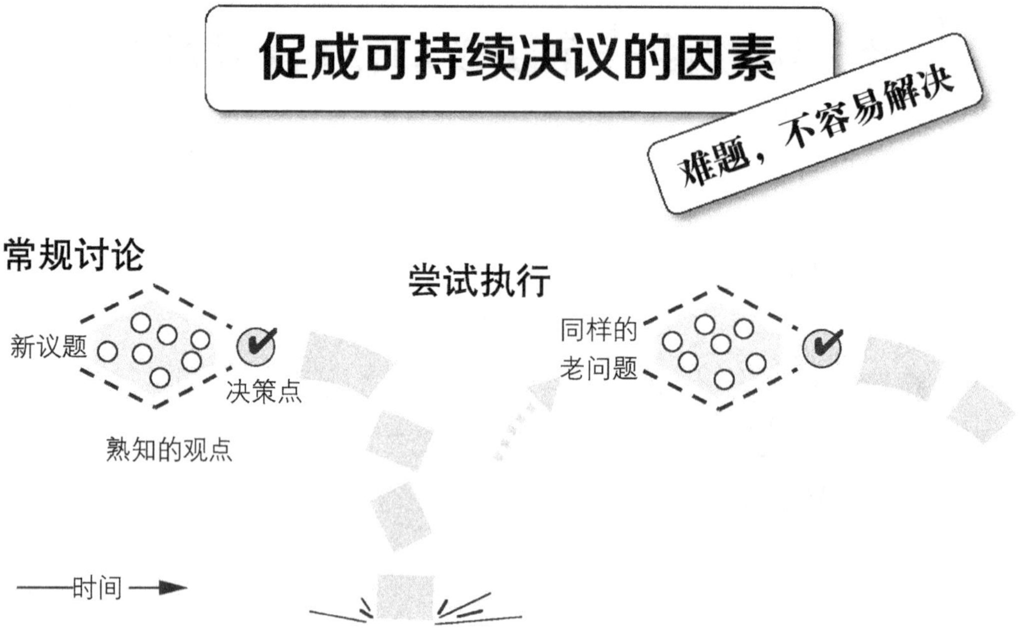

当团队试图用常规问题的解决之道来克服新的难度更大的问题时，他们很可能会做出一个根本执行不了的决策方案。执行过程将会失败，团体迟早会发觉，自己又回到了当初的原点。

试图用常规讨论来解决新的难度更大的问题，常常产生“伪解决方案”，当时听起来还不错的想法，过后再看却很荒谬。下面是一些常见的“伪解决方案”：

- 解决方案是选出 20 项最高优先级工作。
- 把任务交给一个早已超负荷工作的员工去办。
- 制定一项没有问责机制的政策。
- 成立一个委员会，把同样的工作再做一遍。
- 设立一个项目后，不提供资金预算。
- 经会议讨论做了一个决议，随后却可以被没有参会的人否决。
- 同意从现在开始“更努力”。

伪解决方案不解决任何问题，它们仅仅给了参与者一种完成某事的幻觉，这样大家以为无须通过动荡期就能取得成功。

不可持续的决议

一个失败的例子

期望用常规讨论的方式解决难题，是个错误。下面就是一个惨痛的例子。

案例研习

一家大型百货公司遇到一个难题：售货员老是上班迟到，企业主试了所有能想到的办法，罚款、警告、恳求，无一奏效。所以他召开了一个全店职工大会来处理这个问题。

会议一开始状态不错，关于“真正的问题”出在哪里，很多参与者都有自己的想法，他们也很想表达自己的观点。

看起来不同的意见分为两派：一派成员包括大多数楼层经理和主管，他们认为企业主雇了太多的兼职学生。他们说，学生是临时工，不会为公司长久的健康经营考虑。如果主管能够雇用更多的全职员工，他们就能够教育员工更忠诚，更有士气，更能遵守纪律。

另一派成员主要是大多数售货员，他们说问题出在报酬制度上，他们是拿销售佣金的，上午10点以前很少有顾客来店，所以开始的第一小时他们几乎赚不到钱，他们建议给早到的员工一些补贴。

企业主旁听着双方的争论。过了一会儿，大家开始慢慢没有了耐心。没有人妥协，团体也没有出现新的想法，看来没必要再继续讨论了。有人说：“任何人不可能每次都事随心愿，总有赢家输家，有时候该忍则忍。”企业主站出来说：“我的建议是，接下来的四个月，第一层的每个员工如果准时上班就可得到额外补贴。如果有效果，就推广到全公司。如果没效果，我将改变政策，雇用更多的全职员工。大家看这样如何？”一些人说“好吧”或者“先试着吧”。企业主问还有什么反对意见，没有人反对，于是企业主就说：“好吧，就这样同意了。”

会议结束后大多数人认为售货员那派赢了，管理层那派输了。售货员很高兴自己能得到补贴，自己的声音被听到且得到了认可。但管理层很恼火。他们觉得企业主不尊重他们的想法，他们的权威也受损了。

几个月以后，兼职学生的待遇变差了。如果有人申请周二和周五上班，那个员工就会被安排在周一和周四上班。如果要求上晚班，就会被安排到早班。毫无悬念，学生们也对着干：工间休息拖得很长，花很多时间打私人电话，最后一刻请病假，辞职申请只提前两天呈上。全职员工看在眼里，抱怨牢骚比以往任何时候都多。第一层员工的士气跌至历史最低。

四个月之后，企业主结束试点，让经理们雇用更多的全职员工。有了更好的劳动力，他们现在宛如重生，他们觉得可以迈开步伐，提升士气和忠诚度，注入更严格的纪律标准了。但是售货员们却非常气愤，他们觉得经理们撕毁了协议，剥夺了自己的额外补贴 。他们告诉新来的员工：“不要相信你的老板，他是混蛋。”紧张的氛围萦绕了好几年。最原始的问题——上班迟到越来越严重，却一直没能解决。

可持续的决议

一个成功的例子

针对极富挑战性的难题，参与式决策过程能产生有意义的、整合式的、广受支持的解决方案。关键在于合理地利用资源，同时对流程坚定不移。

案例研习

在加州的 Mendocino，当地管理部门召集了一个由伐木者、环保人士和政府官员组成的群体，试图在一片私有红杉林何去何从的问题上，解决长期以来的纷争。

直到 1975 年，私有林地的物业税还是基于成活树木的颗数，林地上的树木越多，物业税也就越高。后来为了激励伐木公司多植树，树龄小于 40 年的红杉可以免税。但这个政策带来了一个没有预想到的后果：它也鼓励了砍伐老树，包括一些古树，而不管这些树是不是真的有市场需求。

环保人士提议对所有的树征税，而不管树龄。伐木公司则反对这个提议。他们争论说这会打击植树的积极性。更糟的是，这会导致他们砍掉更多的树，树越少意味着缴税越少。很多 Mendocino 的居民则提倡保护老树林。如何获得一个可行的解决方案？政府备感压力。

因此他们创立了一个由所有利益相关者代表加入的任务组。任务组被委任：制定一份物业税法案的修改提案，该提案将呈交加州立法部门申请批准。

任务组的第一次会议显示了意见的多极分化。伐木业者坚持认为环保人士的建议将极大破坏当地经济，因为当地经济严重依赖伐木业。环保人士反驳说，伐木公司唯利是图、没有远见，未能维护当地生态系统的需要。

很多观察人士怀疑该任务组能否做出这份将经受立法部门层层审查的提案（通过提案必须有 10 位立法委员赞同。另外，特殊利益集团的说客们有大量机会阻止他们不同意的提案），但是任务小组的召集人决心排除万难。他们给予大家鼓励和人员支持，这样小组就能坚持努力，找出各方都认可的解决方案。他们知道如果让争议持续下去，将导致昂贵的法律诉讼、社群分裂，以及对当地经济各种潜在的破坏。

接下来的几个月，任务组定期会晤。他们慢慢放下架势，变得更愿意探讨共同立场。当他们越来越熟悉彼此的观点时，讨论也变得更有趣，更有洞见。

他们花了几个月的时间，最终做出了一个创造性的框架：如果不去计算成活树木的棵数，而通过计算被砍树木的棵数来计征物业税，这将有什么结果？这将阻止伐木公司的过量砍伐，鼓励按市场需求砍伐。通过免征成活树木的物业税，土地所有者再也不会因为保护古树而多缴税。

他们制定了一个正式的提案并呈交了立法部门。由于受到所有利益相关者的支持，提案在无一反对的情况下顺利通过了审查。提案快速通过成为法律，整个地区因此受益。

团体决策

百货公司员工会议中的团体决策

常规讨论

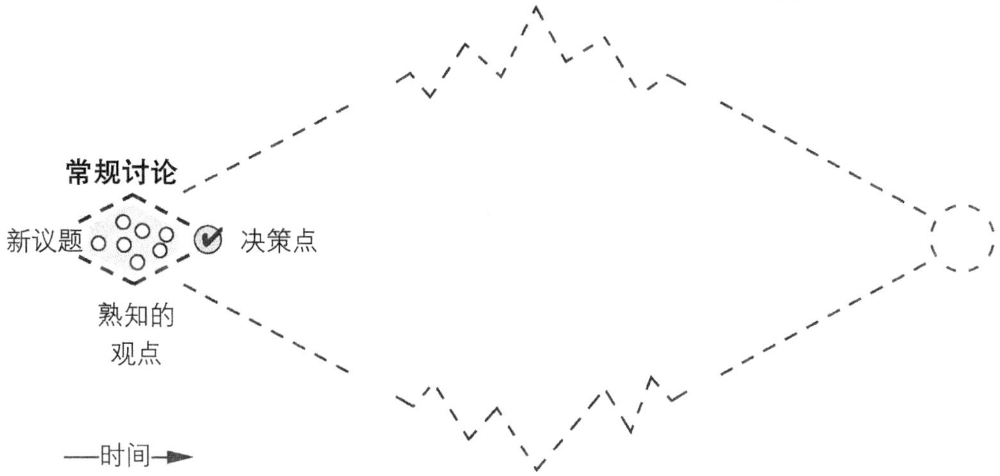

百货公司员工会议出了哪些问题？不但参与者没有解决长期存在的难题，他们随后的行动也产生了长时间的彼此敌对和讥讽。上图能让我们深入了解会议不成功的原因。

要获得一个可持续的决议，需要我们付出多大的努力？这个团体对此一无所知，所以做了一次例行常规的决策过程。他们只考虑常规的想法，没有任何创意。例如，没有人提出晚开店门 1 小时的建议，或者，为早到售货员免费提供卡布奇诺咖啡。团体没有探索更多的可能性，而只是集中于两种传统方式：大家只提出自己的观点，而不深入考虑他们观点背后隐含的更大可能，或者只是重复自己的论点而得不到任何新的想法。没有人尝试考虑对方的需求。企业主期待会议一结束就能出成果，所以他提出了建议，随后只做了一下表面功夫来征询团体是否同意，这样团体就达成了快速的决策。快，但毫无用处。

团体决策

林地物业税修改任务组中的团体决策

参与式流程

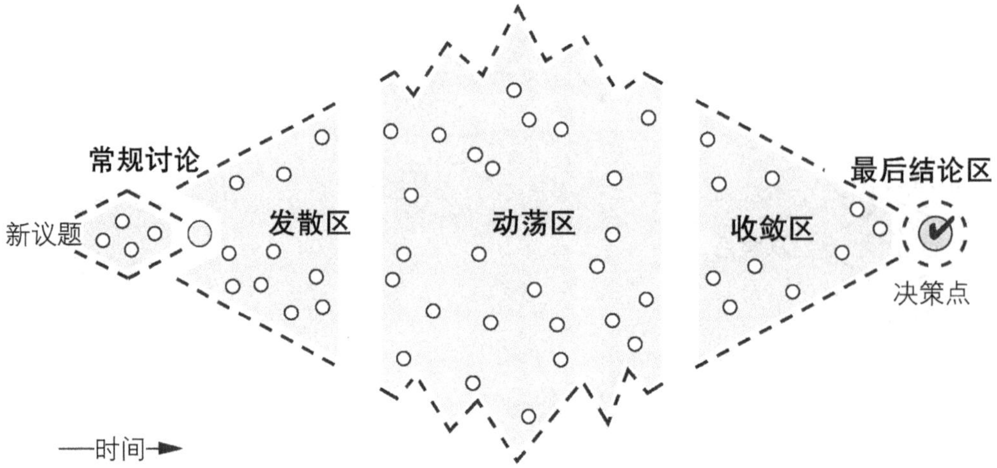

什么因素使第二个案例变得如此不同？毕竟该案例存在的问题难度更高：利益关联性更大，利益相左的这些团体矛盾更大，毫无疑问，达成最后结果的总体框架更复杂。但是，各方还是找到了创造性的解决方案，让所有利益相关者都能真诚地接受。上图是一个粗略的草图，代表了这个小组经历过的决策流程。

这个小组并没有企图在一两次会议内就解决问题。相反，他们创造了一种结构框架，支持他们不断地坚持努力直至找到完美的方案。对决策层来说，很清楚的一点是：最后的想法必须得到所有各方的支持，否则提案不可能成为法律，尽管这很有挑战性，但也正是这个要求，让利益方跳出派系斗争的死结。他们有时候不得不在整场会议中苦苦寻求，以理解每个人的观点和意义。但是渐渐地，他们能互相理解彼此了，这就使得他们最后能挖掘出一个能融合每个人观点的解决方案。

解决问题的两种思维模式

比起林地物业税任务小组的成果，为什么百货公司员工会议的结果是如此之差？关于此问题的部分答案很明显：两者的组织运作方式是不同的。百货公司的员工举行了一次会议——常规例行会议。他们只为自己创造了一次表达常规想法的机会，然后便做出了决定。相比较，林地物业税任务组成员设计了一种参与式的流程，以便让解决问题的过程一步步展开。他们也同样从表达常规想法开始，但他们创造了一种结构框架，支持大家超越自己的初始立场，创造了一个彼此理解的分享框架。

但是，这只是告诉我们他们做了什么，没有指出他们为什么这样做。换句话说，为什么这两个团体的组织运作方式如此不同呢？答案就是：两个团体的组织运作，来源于解决问题的不同思维模式：一个团体的思维模式是非此即彼，另一个团体的思维模式是彼此兼顾。

从“非此即彼”的思维模式出发，解决问题变成了在争斗双方中二选一。不管你选了 A 还是选了 B，总是有人赢有人输，这就是它的运作方式。从“彼此兼顾”的思维模式出发，解决问题就是要找出一个包容的方案，包容每个人观点的方案。你不是在 A、B 之间选择，而是寻求一个让 A、B 都满意的全新做法。

团体以“非此即彼”的思维模式做事，常常急功近利。他们只想快点做出一个决策，毕竟，大家何必在同一件事上一遍遍地纠缠呢？一旦选择明确了，过多的讨论已无关紧要了。但是如果团队以“彼此兼顾”的思维模式做事，就会更看重效果，而不是速度。

如果一开始的选择就可以让团体获得可行的解决方案，那就太好了。决策当然能快则快。但如果一开始的选择范围中不存在可行的方案，那意味着需要更多的努力。以“彼此兼顾”思维展开讨论的团体，不只是要获得一个决策，而是要获得一个可持续的决议，也就是要创造出一个能有效执行，并得到各利益相关者支持的解决方案。

下一页是这两种思维模式不同特征的比较。

解决问题的两种思维模式

	非此即彼	彼此兼顾
价值系统	竞争	合作
预期成果的类型	赢/输	赢/赢
对赢的态度	胜者为王，赢者通吃	你的成功就是我的成功
对输的态度	必有一方为输	一人输，则等于全体输
对少数意见的态度	少数服从多数	每个人都有可取之处
探究对方立场的原因	搜寻谈判筹码，以便算计对方或与对方妥协	建立一个分享的框架，以便双方涌现创意想法
基本心理活动	分析：把整体拆分成部分	综合：把部分整合成整体
所花的时间	短期来看，通常更快	长期来看，常常更快
何时使用	当权宜性大于持久性的时候，非此即彼的思维通常能得到满意的结果	当各方都能阻碍决策，而且利益关联很大的时候，彼此兼顾的思维通常是解决问题的唯一希望
不同思维背后的哲学	适者生存	万物互相依存

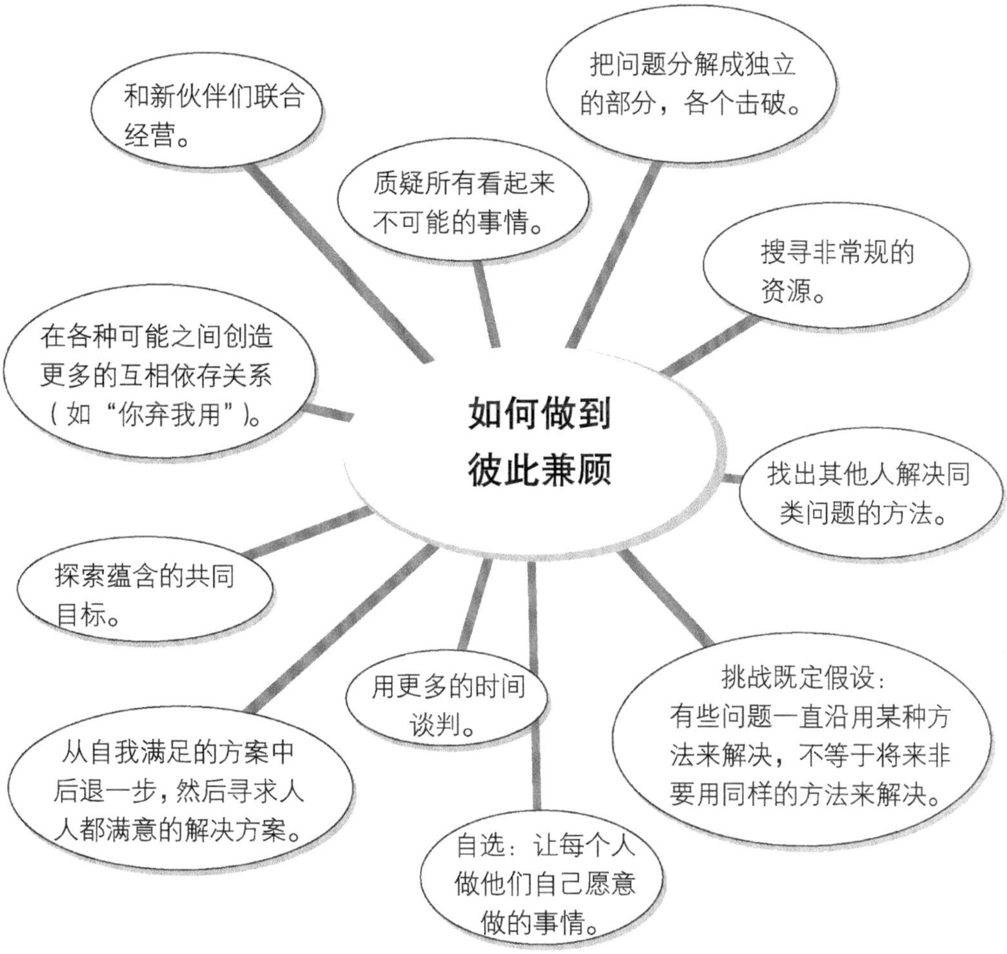

上述解决问题的原则，有助于人们把貌似对立的不同观点综合成一个完整的解决方案。注意，上述原则中没有一条要求成员用对抗的方式消除彼此的不同。所有的原则都以获得各方满意的解决方案为导向。

16

现实中的包容性解决方案

运用案例分析来激发新的非对抗性解决方案

- 在寻求包容性解决方案时，案例分析是强有力的支持
- 案例分析
- 把案例分析的运用作为有价值的引导技巧

现实中的包容性解决方案

运用案例分析激发创造性想法

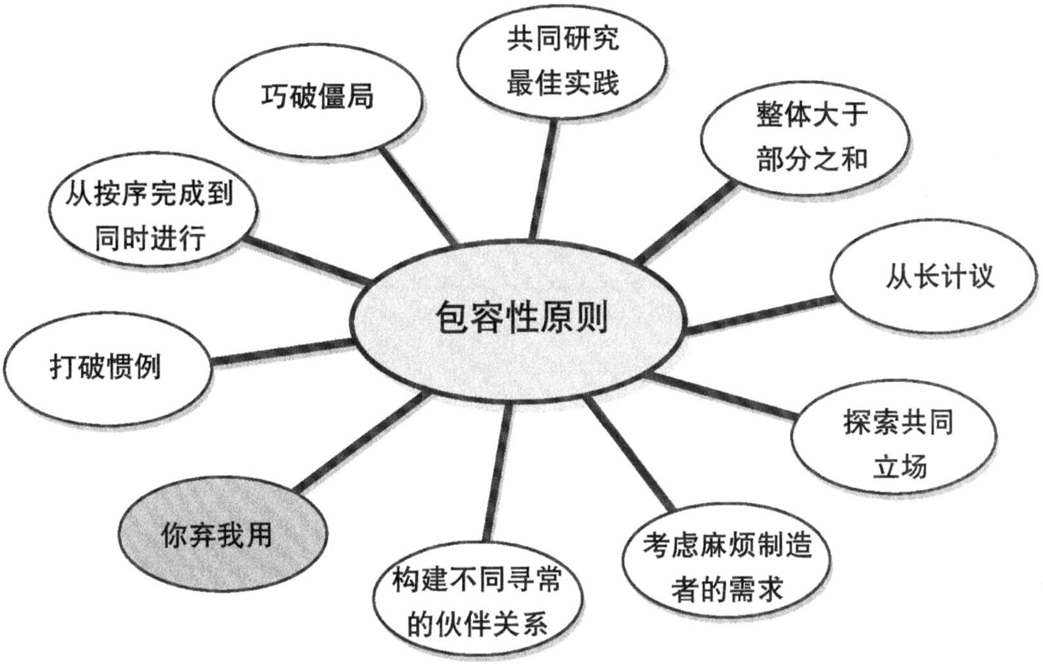

包容的、非对抗的问题解决原则，通常是达成可持续性决议的核心。

以 Mendocino 税务委员会的案例为例，在伐木税率上，经过多年的争议之后，他们终于认识到在税法上的改变，是可以让每个人都受益的事情。于是，他们改变了沿用 40 多年的对现存树木征税的做法，转而向对砍伐的树木征税。这个变革的背后，就是一个创造性的问题解决原则：

挑战固有思维，以往事情一贯这么做，并不意味着其在未来也一定要这么做。

采用包容原则可以促进创造性思维。例如，引导者也许可以导入 Mendocino 的例子，组织研讨，然后询问："什么是我们团队中固有的假设呢？有什么是我们可以挑战或质疑的？"活生生的例子通常可以激发团体成员以这样的方式思考。在后续部分要呈现的是 10 个极佳的案例。

案例分析

整体大于部分之和

问题

一直以来，奥克兰城联合校区意图通过教育来改善城市中的青年失业、中途辍学及少女早孕等问题。过去的解决措施包括灯塔学校、家庭资源中心、资产预算，但效果并不理想。每次，得到的改进都赶不上问题的恶化。2003 年，校区进入破产程序，移交州政府进行管理。同时，校区领导层被指控无能和腐败。

解决方案

通过引导的支持，社区全体共同致力于开发一个模型，把教育和社区支持结合起来。这个模型叫“社群全面服务校区”。项目向校区所在地的所有居民提供教育、卫生保健，以及其他具体服务。服务的内容基于居民和区域员工的投入。3 年以后，毕业率得到实质性的提高，退学人数也显著减少。而且，社区中所有的中学都有了校内卫生保健中心。

原则

整体大于部分之和。把社区内不同的部分组织到一起，包括校区管理者、邻里街坊、卫生工作者、警察、教师工会成员、城市管理者、宗教领袖，以及其他相关人员。他们带着不同的视角、不同的利益，进而产生了一种要考虑各方需求的压力。并且，这种压力迫使大家更全面地看待问题，以找到全新的、整体的、系统的解决方案。

案例分析

巧破僵局

问题

在对加拿大 BC 省原始森林的采伐作业中，加拿大大型林业公司麦克米兰·布隆德尔（MacMillan Bloedel）几十年来一直陷于和环保团体的斗争之中。政府的任务特派小组曾尝试开发一个可为各方接受的土地使用计划，但以失败告终，因为有太多的、强有力的、坚定的利益相关者。林木公司强烈反对他们的砍伐权被限制；工会则深切关注失业的问题；环境保护者却对提议的保护土地数量完全不同意。

“第一民族”社区深受其害，因为决策严重影响到他们的领地，却被排除在决策之外，因而进行了强烈的抗议和抵制。沟通变得越来越具有对抗性，各方都尽可能以煽动性的方式，向媒体诉说自己的观点和诉求。

解决方案

不论是在法庭上，还是在持续不断的公开抗议中，战争在持续猛烈进行。

然而在同时，努力工作、全情投入的各阵营人员，又难免进入到“不打不相识”的状态，后来，这种简单的交流方式促成了非正式对话。人们创建了一个“无冲突圈”，在那里，人们只可以表达其自己的需求和兴趣点。第一民族的领导者引进了一个商讨流程。这样，对抗性的辩论才转向了彼此尊重的对话。最终，在多年僵局以后，在对“中央海岸”范围内这块土地的使用上，第一民族和 BC 省政府达成了协议。

原则

僵局是一种会持续存在的冲突。如果你退出，则意味着失败，没有任何一方愿意成为失败者，所以每一方都会坚持自己的立场，以保护自己的利益。但是，一个持久的冲突也意味着一个持久的关系。假以时日，即使对方还是持续不断地表达不同见解，双方也会从人性的角度更加了解另一方。争论虽然没有改变，但人却在改变。

这是一个核心原则，是从对抗走向合作的心态的基础。

案例分析

共同研究最佳实践

问题

马歇尔医疗中心，加利福尼亚州埃尔多拉多县最大的卫生保健设备供应商，要进行电子医疗记录系统（EMR）的计算机网络升级。医生们则组成了任务小组来商讨选择他们想要的相关设备，而医院的管理层也采取了同样的行动。医生们关注病人的治疗质量，所以要求 EMR 系统使用方便灵活，能有效地记录医嘱，描述每个人病人对药物的反应。院方则期望提供给病人最佳的服务，其中大部分的服务取决于保险公司的保险报销。为保证保险快捷和全款支付，EMR 数据必须标准化，以符合保险公司的报告标准。所以，对于院方管理者来讲，系统数据的灵活性就意味着不能满足报告标准。

解决方案

管理者和医生组成了"实地考察"小组，他们去了其他一些医院，考察他们的 EMR 系统运作情况。小组发现一些 EMR 产品的设计，可以系统地跟踪病人的治疗进程，从医生门诊室到实验室，到医院其他部门。数据设置得足够差异化，来保证输入的灵活性。同时，这些 EMR 也能找到方式，将不同的数据转换成标准化的分类。这样，马歇尔小组明白了，EMR 可以满足他们的各自需求，因为它本来就是为横跨整个医疗系统而设计的。

原则

在人们争持不下时，通常，他们只会持续地、反反复复地主张他们中意的解决方案。一个解决途径是，给定一个"研究任务"，让他们去了解在其他的情境中，需求上的冲突是如何解决的。让他们去研究最佳实践，设计可以转换和调整的原则。这个方法将"非此即彼"的解决方案，重新构建为这样的问题："有什么方法能起到作用的？为什么？如何做？"并且，实地调查研究能让人们就彼此的需求进行对话，而不是争论。

案例分析

打破惯例

问题

在圣何塞国家银行，有许多女职员。某一年，有10%的女职员怀孕了。很明显，高比例的产假会严重地影响银行的效率。管理层在思考对策：应该为产假设限吗？应该解雇一些员工吗？女职员们也意识到银行的损失，但她们认为在孩子出生的最初几个月，进行陪伴是非常重要的。每一方都理解对方的观点，但没有任何一方感觉自己能改变立场。

解决方案

允许妈妈带婴儿来办公室上班，可以把婴儿安置在办公桌旁。她们既能整天工作，也能随时照顾到婴儿必要的需求。她们的薪水有少许削减，以反映其实际的工作时数。当婴儿成长为幼儿时，他们会被安置在附近的一家日间托儿所，这也是银行资助运营的。

原则

这个问题的解决突破了传统的惯例，即妈妈必须要在工作和陪伴孩子之间做出选择。这里，银行的需求（完成工作）和妈妈的需求（陪伴婴儿）得到有效结合。因此出现问题时，我们可以自问："在我的情境中，有一些传统惯例锁定我，让我不得不做出"非此即彼"的选择吗？为什么那个传统惯例看起来那么"神圣不可侵犯"？如果挑战了这个传统，可能出现什么新的选择吗？"

案例分析

你弃我用

问题

许多国家的代表聚在一起，要拟定关于海洋资源开采的国际政策。其中涉及的一个问题是，如何最好地进行海底矿区的分配。联合国有一个代表发展中国家的机构指控发达国家享有不公平的优势。他们担忧：来自发达国家的私有企业拥有更好的雷达、采矿设备及专业技能，能勘探到优质矿区。基于这些优势，发达国家可能提出不平等的矿产资源分配方案，而贫穷国家却没有办法评估分配方案的公平性。

解决方案

各国代表决定，请发达国家以其精密的设备和专业技能，探明两个价值相等的矿区。然后由代表发展中国家的机构来首先选择，分配给发展中国家。发达国家则获得剩下的矿区。这样，发达国家则有动力去探查两个等价值矿区，发展中国家也能受益于对方的专业技能。

原则

这种情境涉及关于固有资源——优质矿区的分配问题。此案例中他们采用的包容性原则，是将强势与弱势双方的利益捆绑到一起。在你自己的情境中，什么动力可以诱导强势一方乐于参与呢？

案例分析

探索共同立场

问题

某大城市郊区种族组成越来越多元化。居民组成社区委员会，来保持住户的特色，同时也在提倡不同种族间的融合。委员会怀疑金融机构因人口构成的变化而削减在该社区的投资。

在对几家当地的贷款公司进行调查之后，委员会发现，有证据表明贷款公司的确实施了歧视性策略。委员会要求其在社区做更多的投资，并威胁可能会抵制贷款公司。贷款公司则否认指控，对更深入的监督拒绝合作。

解决方案

开始，双方争执不下，彼此指责对方应为投资减少承担责任。但在他们认识到他们都有共同的关切因素时，事情就出现了转机。他们的共同关切是：保全社区。因而，他们一起成立了一家当地的开发公司，来促进商业复苏，并由贷款公司出资。

原则

在处理因环境改变而产生的一些问题时，典型的策略是相互追究责任、分裂形成对立阵营、寻求权势人物的帮助等。

在这个案例中，参与者遵从了不一样的原则。他们聚焦探索共同的关切因素，他们把开发共同愿景当成目标。这帮助他们进行了有效的协作，采取了建设性的、自我授权的行动。

案例分析

考虑麻烦制造者的需求

问题

有一个社区遇到了问题，社区内高中学生在公共场所的行为越来越过分，尤其是在夜间越发猖狂。市政当局决定增加巡逻警察，并在社区对年轻人强行实施宵禁。社区成员拒绝了这个决定。他们认为宵禁限制了每个人的自由，并且街面警力的突增可能会使社区内的暴力事件增多。

解决方案

社区居民包括青少年和成年人，共同商讨问题的解决办法。他们可以举办午夜篮球项目，这样可以给年轻人提供一个在外面闲逛之外的选择，以免惹是生非。社区居民认为这个主意不错，既不需要外力介入，又能改善社区治安。市政当局也比较满意，因为这个方案也能让年轻人在夜间不再到街上游荡。

原则

通常，我们会以禁闭隔离、强制治疗、驱散开除、与之发生正面冲突、控制行为等方式，来“修理”麻烦制造者。而有时，若把麻烦制造者视为利益相关者，邀请他们参与问题解决的过程，反而是有益的。如果他们的需求得到理解，他们可能会成为转变问题的盟友。

案例分析

构建不同寻常的伙伴关系

问题

某西部的小城有了一笔一次性的盈余预算。两个团体立刻开始了这笔钱的竞逐。一方是妇联，期望用这笔钱来扩建短缺的日间托儿所，另一方是房屋业主和城市消防员，他们期望升级他们老旧的消防设备，来保障住房安全，以及降低保险成本。

解决方案

资金的一小部分，被用来将残破的消防站改建成为日间托儿所。并且，新托儿所符合州政府的对等补助基金要求，因而还能得到启动资金资助。剩余预算的大部分用来新建 3 个消防站。新消防站将城市消防等级从 AA 提高到了 AAA。这样，既降低了保险费率，提高了资产价值，省下的资金又能用来购买新的消防设备。

原则

当资金有限时，相互争夺经费是常见的事情。然而在这个案例中，团体则是相互合作，突破自我局限，在与自己无关地方，寻找额外可用的资源。你的团体能与对手成为伙伴吗？有没有发掘到其他非同寻常的联盟？

案例分析

从长计议

问题

在新几内亚的热带雨林，一家大型林木企业与当地土著居民接洽。公司打算以一次性付清的方式，来获得砍伐雨林、攫取硬木的权利。对于这个贫困雨林部落的许多成员来讲，这是绝对是个好消息。他们希望卖掉他们唯一可以换钱的东西，再用钱来购买他们自己不能生产的物品。

然而，当地环境保护者提出抗议，认为雨林可能就此完全破坏而无法恢复。

解决方案

环境保护者帮助土著居民开办了自己的林木公司，砍伐设备为小型便携式的、一次只伐一棵树的锯木机。而所伐的树木却卖出了远远高于林木公司提供的价格。这样，人们就不会担心因过度砍伐，而导致的雨林被破坏。林木公司也可以购买这些原木，再销往海外牟利。

原则

在解决问题时，团体通常会寻求简单、直接的解决方案，这样的方案往往聚焦在短期和眼前的需求。但有时，以长远眼光来探求解决方案会更有意义。如本案例所示，长期的可持续的考量能让创新策略得以浮现，而这往往是在寻求捷径的路上不可能发现的。

案例分析

从按序完成到同时进行

问题

欧文医疗中心是凯萨医疗机构下面的一个单位，其中心管理层希望降低耗时最长的外科手术——全髋关节和膝关节置换的成本。

这个任务无人敢接，因为解决方案的达成需要许多方面的协同，而他们平时合作并不紧密。合作的三方是：经常争夺资源的专家；非医师类员工，他们标准化的工作妨碍了创新思考；保险客户，他们的报销标准中规定了哪些医疗保健项目是可以接受的。

解决方案

共同组成的团体核查了外科手术流程。通过把部分按序完成的流程改为同时操作，效率得到提升。其关键是让人们知道什么时候开始某个任务，而不是坐等上一个任务完成后才开始。这样角色之间就能做到彼此契合。增加了一个职责灵活机动的“自由”护士，任何地方有需要时，都会出现。手术由一天 2 台增加到 4 台。流程间隔的平均时间由 45 分钟降低到 20 分钟。每年可以节省 188 小时的手术室时间。单一手术室的员工满意度就上升了 85%。

凯萨医疗机构已经广泛采用了这个策略。

原则

复杂的流程需要来自不同学科的专家协同合作，但这通常被设计为按序进行。这样，每个团体只能在前面团体完成之后才开始自己的步骤。这些缓慢、代价高昂的流程一般这样改进：把流程设计成更多同时进行的步骤、跨团体更快捷的沟通、更多的角色灵活性。对于不同信息同时获取、多功能的灵活利用，这些特征是包容、双赢解决方案的典型特点。

运用案例分析

理由

对于困难的真实议题的包容性解决方案，本章给予了集中介绍。每个案例分别展示了包容原则（也就是问题解决原则）的运用。这些原则能够使参与者考虑各方的利益，从而开发出创造性的解决方案。

大部分团体发现，放弃“非此即彼”的思维模式还是比较难的。为鼓舞和激励这样的团体，一些引导者会简单地给一些有趣的建议。例如，“如果你们这样做会如何？”“有另一种方式来看待这件事……”但许多人把这样的努力当成引导者要“介入团体”的先兆。他们会倾向于立即拒绝这些建议，丝毫不考虑它的可行性。

特别有说服力的方式是提供一个真实的案例，说明“彼此兼顾”的思考方式有多有效。研讨案例会比听取训导更有效。并且，这样的方式让引导者更加中立，同时还可以鼓舞成员继续努力，以达成可持续决议。

请把前面的案例作为工具来激发研讨。

做法

1. 复印前面部分或者全部案例，分发给大家。
2. 请每个成员与大家分享一两个案例。
3. 让每个人找一个伙伴，一起讨论案例。并问大家：“对于刚刚你说的案例，有什么感想吗？”
4. 5 分钟后，重新召集所有人，询问大家：“有谁发现一些原则，可以帮助进一步了解我们目前所处的状况吗？”给讨论保留足够的时间。

17

创造性重构

打破固有思维模式的原则和工具

- 看待同一个问题的两种方法
- 为团体引入重构的概念
- 支持团体融入重构的六种工具
- 总结

看待同一个问题的两种方式

主观认为的问题	重构后的问题
是他们的问题。	是我们全体的问题。
这是个问题。	这是个机会。
我们的目标无法达到。	我们没有把目标分解成切实可行的步骤。
我们的产品卖不出去。	我们的销售对象选错了。
我们没有足够的资源。	我们正在浪费已有的资源。
我们需要更多的支援。	我们应该更关注手上的援助。
我们的员工能力不足。	我们的员工没有足够时间把工作做好。
我们没有足够的资金。	我们还没有挖掘出新的资金来源。
我们相处得不好。	我们还没有把换位思考、感同身受用在工作上。
我们在这个系统中没有权力。	我们还没有在系统中找到自己的支点。
我们没有足够的时间完成全部工作。	我们必须根据事情的轻重缓急，合理安排时间。

为团队引入重构的概念

理由

某些人一旦习惯以特定的方式看待一个问题后，就很难转换思路来看待同类问题。我们的心智倾向于锁定一种思维模式。例如，很多招聘人员常常只因为外表而拒绝一个有才干的应聘者。一些公司甚至在招聘技术职位时也以貌取人，而外表对这种职位的工作表现其实毫无影响。

在处理棘手的难题时，大多数人会很快得出结果。他们认为自己已经尝试了所有可能的方法，没有必要再浪费时间。重构一个问题，极大地改变了对原有问题本质的理解，对大多数人而言，无疑是一种思维模式的转换。

所以，引导者在鼓励团体尝试“创新重构”的时候，常常发现很难激励团队在这方面投入更多时间。以下这个方法能帮助引导者有效地攻克这堵立在问题门口的阻力之墙。

做法

1．复印第18章中的“看待同一个问题的两种方式”，分发给大家。
2．请大家讨论“主观认为的问题”和“重构后的问题”之间的不同点。这个概念对很多人来说是陌生的。在理解消化一个新概念的时候，一些人的言论听起来也许有些僵化或天真。例如，你可能会听到：“对我来说，这整个想法简直荒谬。”此时请记住：尊重所有成员的观点，始终给予他们支持。
3．几分钟后说：“现在，让我们把这个理论应用于我们目前的情形。有人愿意说说我们‘主观认为的问题’吗？”然后把“主观认为的问题”写在白板纸上，请团体头脑风暴，得出“重构后问题”的清单，把清单写在白板纸上。
4．头脑风暴之后，鼓励成员讨论新想法的含义，这时可以说：“当你看到这个清单时，你有怎样的感想？”

从支持方案，到支持各方需求

理由

当团体成员之间来来回回争论不断的时候，能最大限度地帮到每个人的方法，就是停止对方案本身的争论，而是开始讨论如何满足每个人的需求。

例如，三个不同部门的领导就举行一场重要会议的地点展开争论：会议地点应该放在波士顿、底特律，还是纽约？但是在这三个方案表面之下，是三个各自的需求。第一个人希望会议地点离他办公室所在地——纽约近一些，因为他的助理在度假；第二个人在波士顿还要参加另外两个会议；第三个是底特律的人，也走不开，因为她预计区域主管最近会来走访，她必须在场。一旦每个人了解了对方的各自需求，他们就认识到，在周六或周日举行会议对大家都没有问题，而在哪里开会反倒是无关紧要了。

以上案例说明了，当大家清晰地说出各自的需求，每个人也理解了别人需求的时候，发展制订一个满足更广泛需求的提案就会变得容易许多。

做法

1. “他们提出的方案”和“他们的真实需求”这二者之间是不同的，确保每个人都理解这二者的不同。例如，在纽约开会是一个被提出的方案，背后的需求是：为了克服助理不在的不便。让你的团体了解这二者的区别。
2. 请每个人回答这些问题：“在当前形势下，我的需求是什么？”“我认为你的需求是什么？”
3. 继续问答，直到每个人都清楚地说出自己的需求并都对自己的表达感到满意。然后请团队制订新的提案，以更还地满足更广泛的需求。

关于这个问题，哪些是不可改变的

理由

思维习惯和其他习惯一样，都很难改变。例如，假设有人认为他的老板害怕面对困难，那人会发现自己很难改变这个想法，哪怕老板真的已经改变。

整个团体也会陷入这种思维习惯。例如，某个经营团体在不到 2 年的时间内对某一个岗位补充了 5 次人选。然而每次该岗位人员流失，他们只是简单地再招聘一个，然后祈祷此岗位不要再流失人员。直到第 5 个人员离职，他们才考虑重组部门，并同时废除这个岗位。

“关于这个问题，哪些是不可改变的？”这个问题，让团体能够从以往定义问题的固定思维中，挖掘出他们潜在的假设和偏见。一旦团体找出了自我限定的假设，他们通常就会发现一条新思路，从而引向创意、革新的解决方案。

做法

1. 在白板纸的顶部，写下“关于这个问题，什么是不可改变的”。
2. 列出每个人的回答。
3. 请团体看一遍清单，找出任何隐含的假设和偏见。鼓励开放式讨论。
4. 根据这些讨论结果获得的启示，列出关于这个问题其实可以改变的方方面面。

两种重构活动

反向假设

1. 在白板纸上写下标题——“关于这个问题的假设”。
2. 请团体成员列出如下相关的假设：
   - 问题产生的原因；
   - 关于此问题不同方面的关联。
3. 请人从列出的假设清单中选择一项，颠倒原先的假设。例如，某一项是“我们正在流失最好的员工”，反向颠倒一下，“我们留住了最好的员工”。
4. 发问：“我们如何促成这个新的、反向的事情得以发生？”鼓励大家通过头脑风暴找到答案。
5. 在清单上选择另一个假设，重复步骤 3 和步骤 4。完成后，针对一些有前景的想法展开讨论。

解除限制

1. 通过提问让大家找出存在的限制。“什么原因让我们无法逐渐制定出解决这个问题的有效方案？”
2. 当列出清单后，一次讨论一个项目，问：“如果这项不是问题的话，情况会如何？”例如，“如果我们有足够的资金，那会怎样？这种情况下我们会如何解决问题？”
3. 现在，确保每项讨论都简明扼要。目标是扫描全部清单，搜寻有潜力的解决方案。
4. 第一轮结束后，让团体找出潜在的、高收益的想法，并在此基础上准备进一步的讨论。

再介绍两种重构活动

重新探究问题的成因

1. 请团体成员把问题按主题拆分成几个部分。例如，在讨论“如何维持公共图书馆服务”的时候，可以把问题拆分成““经费”“用途”“人事编制”“市民优先级别”等几部分。
2. 请一位志愿者选择某个部分。例如，某人选择了“人事编制”。
3. 把这个选择看成问题的主要原因。问：“这个原因是如何影响你对问题的看法的？”例如，“人事编制”被看成问题的主要原因，于是就会有人提出新的解决办法：“也许我们可以在图书馆的繁忙时段，用志愿者来补充正式职员的不足，从而在较少经费的条件下维持图书馆的运营。”

大灾难
（无论如何都难逃灭顶之灾）

1. 请每个人用自己的视角思考这个问题，想象任何可能出错的地方。
2. 让每个人轮流说出他想到的最糟糕的场景。
3. 鼓励每个新发言者在上一个想法的基础上“借题发挥”，说得越糟糕越好，直到引来灭顶之灾。于是活动中必然充满各种呼号哀怨，宛如哀鸿遍野。
4. 玩笑平息之后，让团体找出值得进一步讨论的错误因素。
5. 在大家找出的错误因素清单上，每次一个问题，全部理一遍。问：“这是一个能产生灾难的错误因素吗？”如果是，再问：“我们可以做什么来减少它对我们的冲击？”

创意性重构
打破固有思维
总结

创意性重构包括“打破我们多种常规的分析思维模式”“重新考察我们原有的信念和假设”。这种思考方式要求我们有意识地转换思维模式，从一个完全不同的角度看待同一个问题。这样的转换，能够让团体看到新的选择，而这些新选择在几分钟之前他们完全无法想象。

由于它违背我们的直觉，显得“不自然”，所以很少会在团体内自然发生。引导者可以用两种方式带领团体走向这个新的思考模式：或者用结构化的思考活动，或者通过非正式的技巧让参与者改变思维。后者的例子就是类似这样的问话：“这是做这件事的唯一方法吗？”“假如这件事从未发生，你会因此改变计划吗？”这类简单的提问事情先无须多想就可以信手拈来。或者，你也可以用事先设计好的活动，就像前几页说明的那样。

第 4 部分

引导可持续决议

什么促成了可持续决议的达成

理解共享

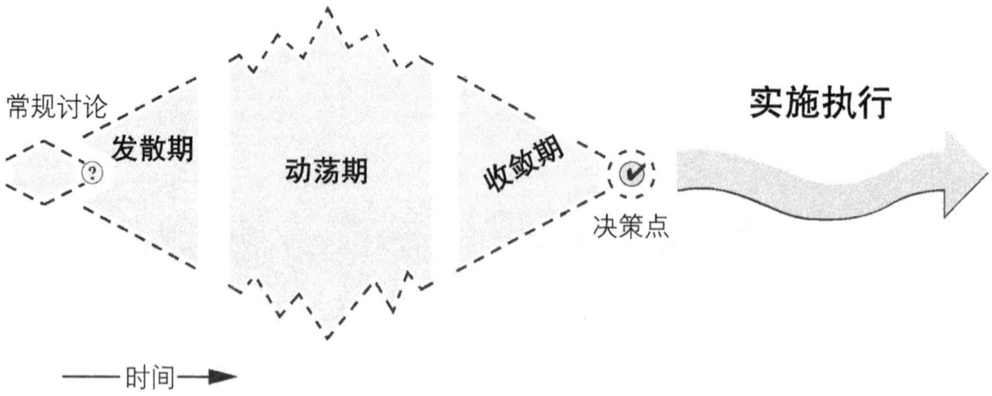

上图表示达成可持续决议的过程。直到决策点，其间团体成员一直在致力于打造一个共享的理解框架，这个过程是缓慢的。从另一方面讲，而决议的执行，与其说是痛苦的过程，不如说是有意义的过程。可持续决议的执行像是在风浪中游泳，要点是与潮汐共舞，而不是与之对抗。人们很自信，他们的努力正在指向想要达成的结果。

究竟是什么使一个决议真正可持续呢？答案是，决议必须基于这样一种解决方案，该方案整合了所有人的观点。参与者会说："对，这就对了。从我的观点来看，这个提议的确能解决问题。"

那团体如何达到这种效果呢？耐心、坚持和努力。人们持续努力，来理解其他人的目标和需求，了解他们内心的忧虑和渴望。人们在一起，共同面对并战胜冲突。他们站在彼此的角度和立场，探索所有的可能性。他们挑战自己的潜在假设，寻找富有想象力的解决方案。他们为了达成共同的结果，一起分担责任。

引导可持续决议

接下来的章节

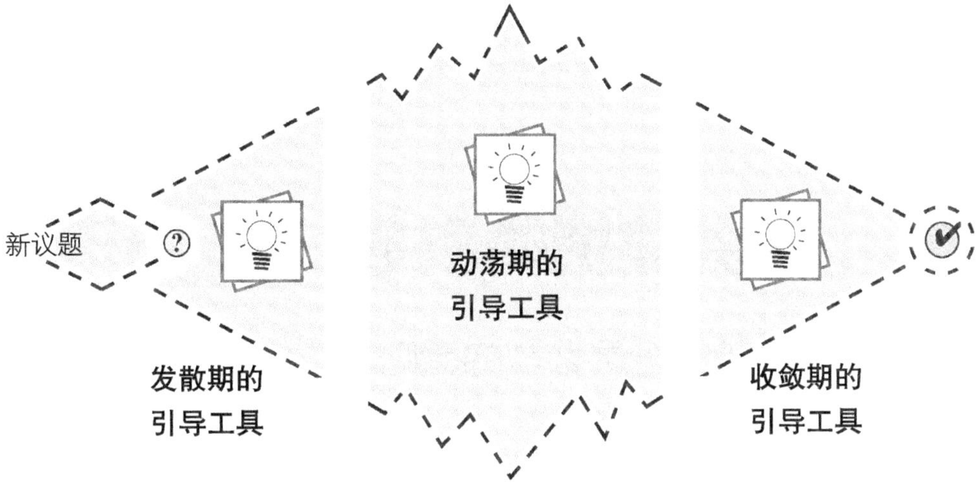

为达成效果持久的决议，在研讨过程的不同节点上，团队需要不同风格的支持。

例如，在团队成员还没有完全理解框架时，去促成收敛式思考是不明智的。当解决方案由利益对立方提出时，部分成员也许会不信任这样的解决方案，特别是两个阵营相互有误解时。这时，引导者的主要目标不是催促团体急切地达成决议。相反，是强化此时的沟通，帮助人们相互倾听，直到团体成员能从彼此角度进行换位思考。然后，才是鼓励进行收敛性思考的正确时间点。

理解这一原则的引导者，在团体研讨的不同阶段，将会以不同的方法来满足团体的需求。在这个主题上，参与式决策的钻石模型能提供大量内容以供参照。在不同的研讨阶段，它会给予引导者不同的技术选择。如何使用钻石模型就是后面 4 个章节将要探讨的主题。

18

发散期的引导

鼓励全员参与的原则、技术和工具

- 发散期介绍
- 常规引导技巧
- 挑战性情况的应对
- 结构化活动
- 总结

发散期介绍

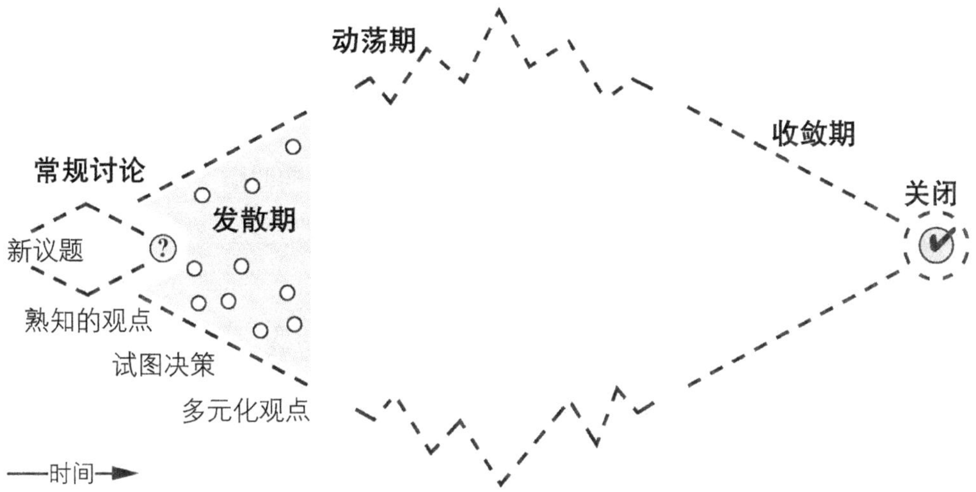

当一个多元化的团体开始处理一个复杂问题时，人们的观点不是统一的。他们的观点在许多维度上都各不相同：目标、优先性、对问题的定义、关键成功因素、行动建议、所需资源、谁应该出席讨论等。

为化解这些不同，第一步就是使其可视化。其典型的方式是列出清单、整理和定义，这些过程都是发散式思考的缩影。对于熟悉发散期的团体，成员行为容易被一些原则如“悬挂判断”“接受不同观点”所引导。另外的一些团体，许多人则没有充分体验过发散式思考。在这样的团体中，行为会趋向于小心谨慎、保守，甚至刻意保留一些观点，但又会对小众观点表现出不耐烦。

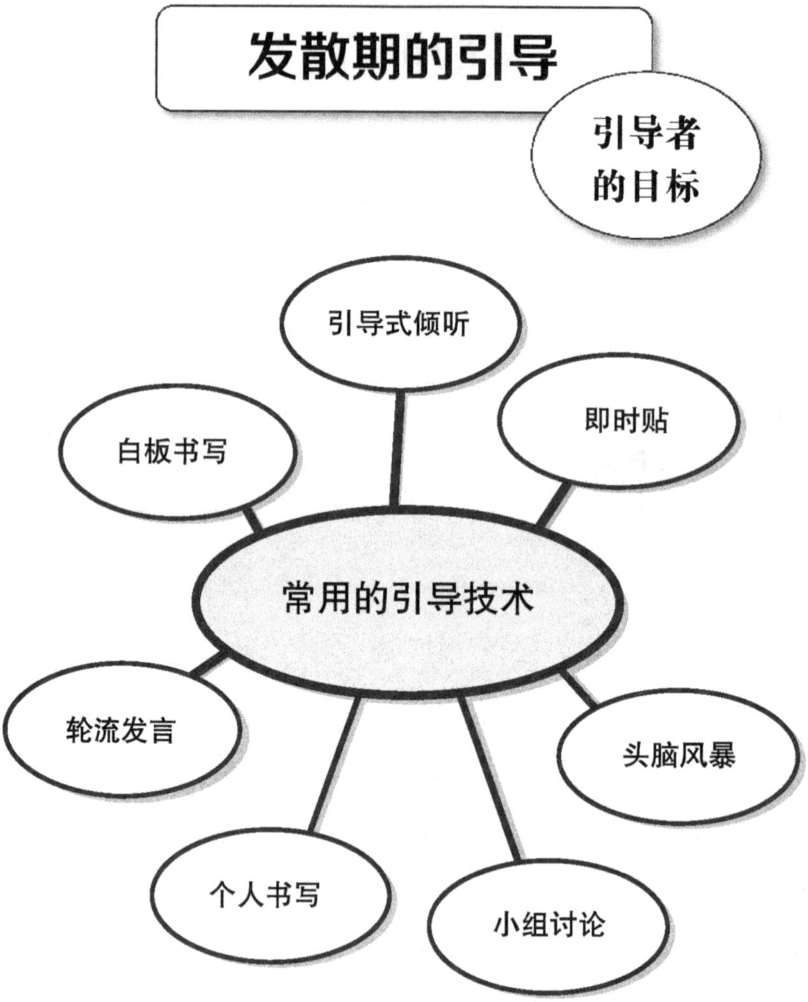

发散期需要引导者的加入。引导者加入有两个目的：一是与讨论的内容有关，二是与沟通的流程有关。

关于内容的重要性，发散式思考扩大了视点的范围，延展了各种可能性。引导者可以通过运用简单的如上图所示的方法和技巧，来帮助团体达成这一目的。关于内容管理，可能最为重要的是白板书写。良好的记录是有效发散式思考的必要前提条件。

关于沟通的流程，引导者是中立的第三方，倾听技巧能帮助其打造完全不同的、具有支持性和尊重性的研讨氛围。鼓励发言、引发表达、镜像重述和确认接纳这些基本的工具，可以帮助人们放松自如地表达其真实所想。简单的形式如小组讨论、轮流发言、展览秀，以及组织良好的开放式讨论，也会产生同样的效果。

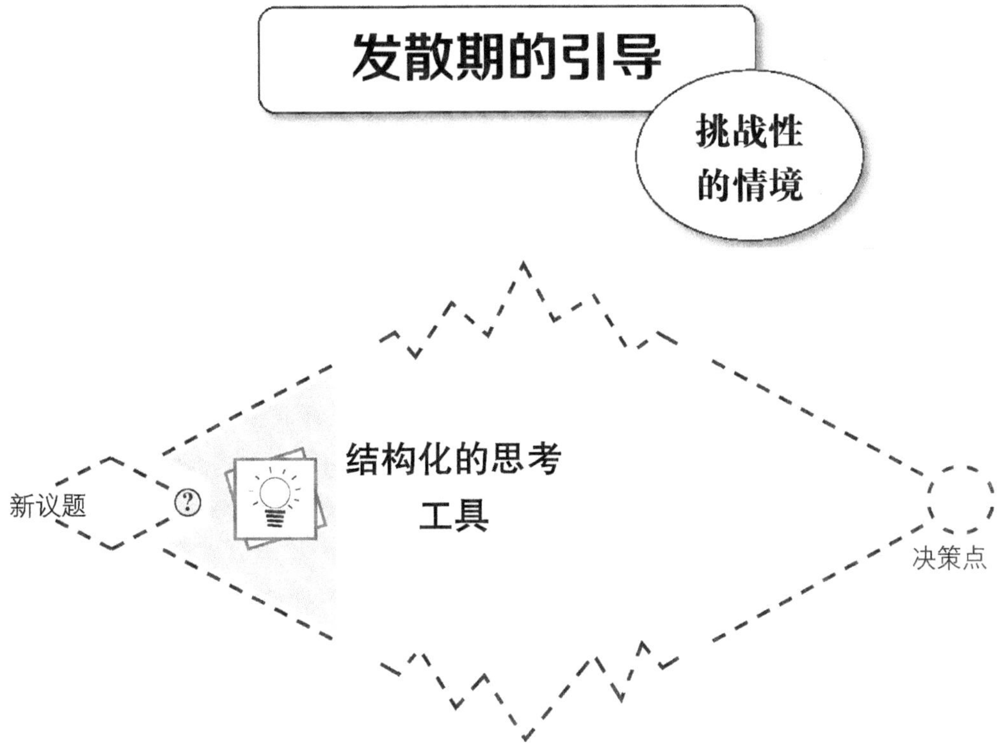

发散期的常用引导技术（如前页所列），对于大部分的情境和时机来讲基本足够。当成员感觉到安全，并有被鼓励参与的感觉时，他们自然会畅所欲言，尤其是看到白板纸上写着自己的观点和他人的观点确实不同时。

然而，也有一些时候，常用的引导技巧不能产生显著的效果。例如，当教育水平差异很大，专业水平显著不同，或所用语言熟练程度差异明显时——这些或其他一些不平等事实，都能让弱势的一方安静不语。类似地，困难的和容易引起争议的主题也是比较难以对话的，尤其是自己持有的立场可能冒犯他人的时候。

在遇到挑战性情境时，有经验的引导者会在其全部基础技巧之外，会补充能激发发散式思考的结构化活动，来应对这些挑战。本章将提供许多这类工具。

从自己的视点发言

理由

这是一个基本而直接的活动，用来鼓励参与者从自己的视点出发，提出对研讨议题的想法。

这个活动的目的，是促使成员快速了解团体思维的广度。通过对所有成员个人想法的呈现，团体就能对整体有了感觉。

活动的另外一个目的是，确认每个观点的有效性及其存在的合理性。借让团体成员听见彼此的贡献，可以传达这样一个信息："人人都可有所贡献。"

做法

1. 提出开放式问题，例如：
   - 你会如何描述目前状况？
   - 这个问题对你有何影响？
   - 关于这件事，你站在什么立场上？
   - 以你的观点看，这事为什么会发生？
2. 请每个人回答问题，无须彼此评论。
3. 可选步骤。当每个人都有机会表达完其观点时，问："今天没有来的人，他们可能有什么显著不同的想法，大家猜想一下他会跟我们说什么？"
4. 最后简要询问参与者，其目前的感受、领悟和学习心得，作为总结。

谁、何事、何时、何处、如何做

理由

在解决团体问题时，每个人都基于各自的视角，带来截然不同的问题。每个人都希望自己的问题能得到解答，但忽视他人的问题也需要回答。发散式思考中的这个要素，是团体决策最困难的一个方面。

例如，在最近的一次会议中，某位对预算流程感到困惑的人，他一再要求澄清和解释；另一位则在“为什么有人受邀参加会议，而另一些人没有受邀”上纠结了好久；第三位几乎理解了所有内容，但就是对一些自己不是很了解的细枝末节揪住不放。每个人都聚焦在成员自己的问题上，而不能看到他人在纠结于完全不同的问题。

这个活动有助于帮助团体在成员聚焦于单一问题上并一头扎进去之前，对问题的整体范围进行识别和认知。

做法

1. 挂 5 张白板纸，标题分别为谁、何事、何时、何处、如何做。
2. 从说明要讨论的大致议题开始。例如，“我们现在开始策划年度员工反思活动。”
3. 在“谁”那页上开始进行头脑风暴，列出一个问题清单，以“谁”来开头。例如，“谁来设定议程？”“谁能分给我们一间会议室？”“谁应该受到邀请？”“谁说我们的预算不能超过 500 美元？”
4. 在其他白板纸上重复步骤 3。
5. 当所有 5 张白板纸都完成时，找出容易的问题先进行回答。然后制订一个计划来回答其余问题。

明确要求

理由

为得到可持续决议，对于困难议题的解决方案，必须全面反映各个利益相关者的需求。通常这些需求会有显著的差异，例如，一个家居用品制造商，举行了一个讨论开发新型节能灯泡的会议。采购部门要求制造灯泡的零部件和材料应该是已经准备就绪的；市场营销部门则要求灯泡的外形要符合包装标准，工艺部门要求提供研发的精确时间进度表，以便高效地组织员工施工，而公司总裁则要求保证新产品是一个畅销的产品。像这样的团体，挑战是：进入具体细节之前，要对所有需求进行评估。

这个活动可以帮助团体，对每个人达到成功的前提条件有一个初步的了解。

做法

1. 挂 2 张白板纸，分别写上“需求与必要条件”和“须进一步讨论的议题”。
2. 两人一组，请每个人轮流说明自己认为的对于成功的需求和必要条件。
3. 重新召集所有人。给每人 3 分钟时间来陈述其观点，5 分钟说明问题。在白板纸上记录每个人的需求，也记录须进一步讨论的问题。
4. 重复步骤 3，请大家来审视清单，然后决定如何组织随后的讨论。

脑图

理由

脑图的简单例子就如下面“步骤 1”所述。

脑图能支持 4 种不同类型的思维方式：激发思维、逻辑思维、联想思维、分类思维。激发思维是在悬挂判断的同时，唤起其他思考的行为。逻辑思维是关于因果推理的艺术。联想思维是一种特别的激发思维，如此，一个想法可以激发第二个想法，甚至这两者之间没有任何联系。分类思维是指把各项进行归类，或者归到子类中。脑图能使团体迅速完成所有这些工作。

做法

1. 做一个脑图，让团体了解它是如何发生作用的。
   - 选择大家都有关的议题，如“改善我们的工作场所”。在白板纸的中心写上这几个字。
   - 请团队说出可以连接到中心议题的子议题。
   - 人们说出子议题时，从中心画一条分支出来，标出各个分支的议题。例如，“我们喜欢的用品”可以为一个分支。
   - 继续进行，多来几次，在分支上增加他们说出的子分支。如在办公室闲聊。
   - 很快，有人说出一个完全不同的分支，如“我们需要更好的打印机”。为每个新类别画一个新的分支。
   - 完成更多的子议题和分类，结束演示。
2. 鼓励对这种方法提出问题。
3. 开始就团队的实际议题用脑图研讨。可以进行 15～25 分钟。
4. 活动结束时，鼓励就关键的洞察和领悟进行讨论。

初始立场

理由

在处理争议性议题时，这个活动最适合在初始阶段使用，特别是冲突因众多对立的观点而加剧时或人们聚集在一起解决争议时，许多参与者都带着强有力的观点和充分思考的论据而来。他们需要一个机会来完整而充分地表达观点，以让大家看到他们的立场。

当人们无法在不受干扰和不被轻视的情况下进行表达时，可以断定，他们会利用任何机会，在讨论中插入他们的立场。相反，人们如果能得到支持来完整而充分地表达立场时，他们往往会变得善于倾听，通常这会带来更好的相互理解。针对困难问题，这是找到创造性解决方案的先决条件。

做法

1. 介绍活动，首先要说明可能会有几个不同的观点。鼓励人们相互给予时间和关注，说明大家都需要这样帮助彼此来有效地表达观点。
2. 采用按序轮流发言的形式，请每个发言者按次序从其个人的角度来回答下列问题：
   - 提出的问题和主张的解决方案是什么？
   - 基于什么原因，让你持有这样特别的立场？

   （在这个步骤中，通常是请每个发言者走到台前，来表达其想法。）
3. 每个人都完成一次发言后，请团体反思并讲出他们的领悟。

对我有何影响

理由

这个活动允许公开表达恐惧、困惑、伤痛和不满，支持人们更多地意识到自己的感受，这样，成员就能在更深的层面上进行探讨。

还有，这个活动能让人们从自己的角度后退一步，看到更大的全景。在听到他人的感受时，人人常常觉得出乎意料，从而获得更全面的信息。

做法

1．请人们就以下问题进行反思：
   - 对此情境，我有何感受？
   - 到目前为止，对我有何影响？
2．请每个人轮流向全体分享其感受和反思。有序轮流发言是最合适的形式，因为它排除了来回反复的讨论。
3．所有人讲完后，问大家："现在大家听到了每个人的发言，有什么感想？"
4．如果回应显示这个活动已经激起许多情绪，鼓励团体进行第二轮按序发言。可以这样讲："利用这个时间，让其他的成员知道你是怎么想的，不论它是什么。"
5．归纳关键议题，然后结束讨论。肯定每个人的自我披露，以给人们一种暂时完成的感觉，即便问题的源头还没有得到解决。

三个抱怨

理由

请人们抱怨自己的处境，就等于让人们有机会来吐槽，这在平常是不可接受的。但抱怨是有威力的，通常它会揭示出非常有价值的信息，否则其将会被保留和隐藏。

并且，当人们有机会发泄时，可以使其负面情绪得到释放，而不是憋着并发酵。这样他们更能放下包袱，奔向目标。

这类活动结束后，通常人们会在讨论的议题上取得重大进展。

做法

1. 向团体总体说明后续步骤。然后请每个人在各自的 3 张纸上，分别写下关于所讨论情境的 3 个抱怨。
2. 请大家将纸片丢进帽子里。
3. 拿出一张纸，大声地读出来，请大家来点评。写那张纸的人可以表明身份，也可以选择匿名。
4. 重复上面的步骤。
5. 10～15 分钟后，询问团体期望这个活动持续多久。
6. 时间到的时候，请大家表达对这个过程的感想，以结束讨论。

无人代表的观点

理由

团体成员通常会有非常多的共同假设，以至于不能辨识自己的盲点所在。然而，一个关键观点若被忽视，就可能使整个参与式过程得不到应得的结果。

例如，20 世纪 80 年代，环保组织与加利福尼亚州政府和联邦代表合作，策划出了许多不受欢迎，甚至最终被彻底否决的乡村环境保护提案。这些计划因威胁到伐木工人和矿工的生计，而鲜获支持。大多数情况中，计划因没有充分了解其影响范围内社区劳工的需求和目标，便着手设计，因而变得不切实际，无法实施。

这个活动帮助团体确定，有哪些利益相关者，他们的观点是否应在未来的会议中被更好地呈现出来。

做法

1. 列出可能受到这个问题影响的每个利益相关者群体，不要忘记要包括一些非显而易见的利益相关者。例如，你的问题是否影响实习生、供应商、邻里？它是否影响员工的家属？在这个活动中，每个受到影响的利益相关者都是十分重要的。
2. 逐个过目清单中的每个群体，要这样思考："目前的情况，对这个利益相关者群体有何影响？"例如，"我们明年将扩充项目，对于我们的实习生有何影响？"
3. 完成清单后，问大家："有谁发现了我们之前没有认识到的问题？""有谁本来应该参加这些会议被遗漏了？"

发散期的引导

总结

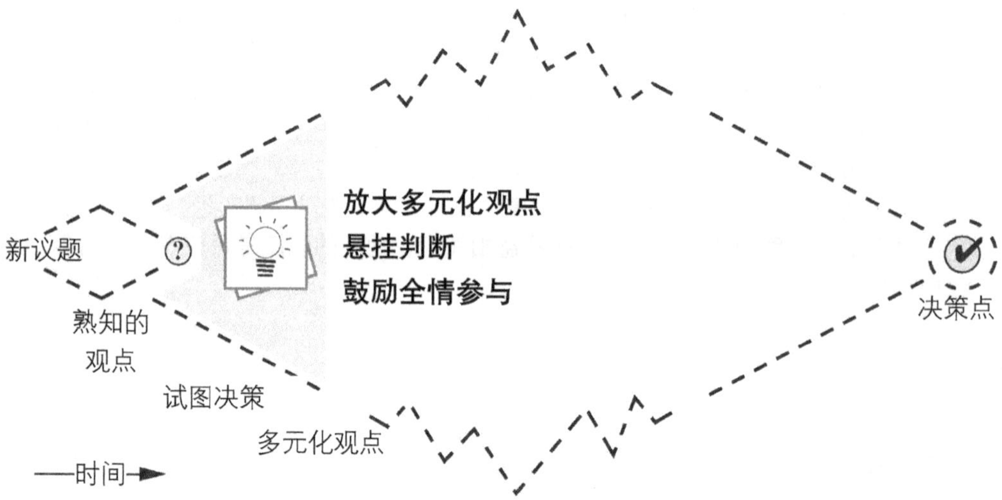

在发散期，大部分团队会遵从引导者的建议。首先，人们通常会感谢引导者提供机会进行沟通。另外，大部分成员会懒得（在本阶段）挑战引导者。然而，这样的听从也可能是具有欺骗性的。肤浅的，或是随便的活动也许能让每个人得到交流，但大部分人将会知道，当会议结束时，他们仅仅得到了一个“快餐”式的体验而已。

针对本章的目的，结构性活动是强有力且有效的。但要注意，不要过度使用。他们是指令式的，是预先设计好的。通常，人们只是想要对话，或者提出一些想法，这时团体需要的仅仅是一个沉默的白板记录员而已。找出团体成员间想法的不同，并不总是需要复杂的制作工序。

引导者可以采用一些低调的形式如按序轮流发言或两人对话，来使其简洁明了。也可以使用一些非指令性的倾听技巧，如简要重述、引发表达、镜像重述、鼓励发言、排序发言、确认接纳，以及为沉默者打造空间的方式，来鼓励人们全情参与，通常已经足够了。

19

动荡期的引导

建立相互理解的原则、技巧和工具

- 动荡期介绍
- 常规引导技巧
- 挑战性情境的应对
- 结构化活动
- 总结

动荡期的真实情况

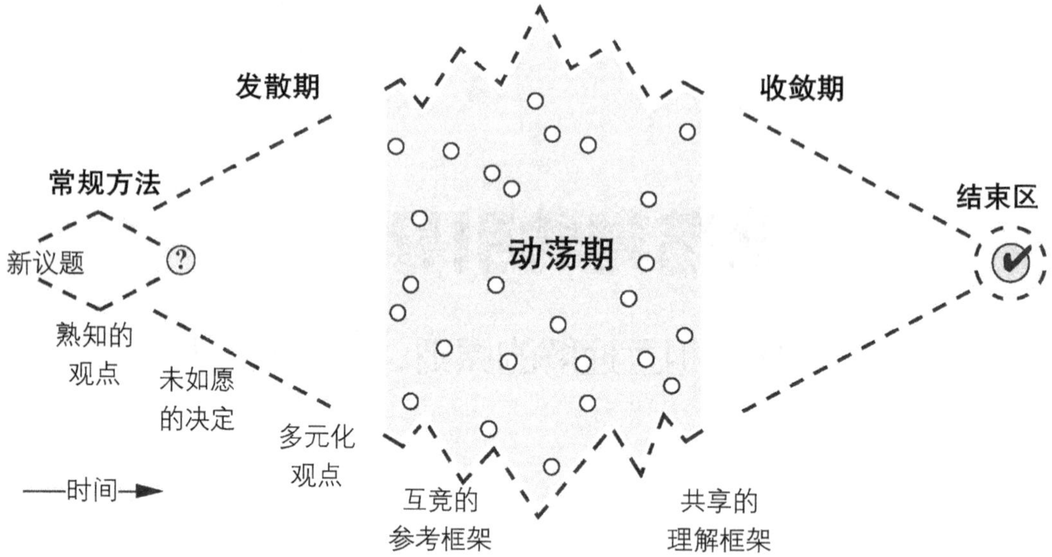

一段时间的发散式思考之后，大多数团体都会进入一个动荡期，这几乎是不可避免的。例如，假设一个团体刚刚完成了一次头脑风暴并列出了一个清单。理论上，下一步很简单——对清单上所有想法筛选一遍，再挑选几个想法予以深入讨论。但实际上这个任务相当费力，每个人都拥有自己的价值框架。而且，当人们彼此误解的时候，会更迷茫，更缺乏耐心，更自我为中心，对周围也更不友好。人们不断重复表达自己，插话，干扰，无视其他人的想法，粗暴地看低对方。

类似这些行为，常常连锁地激发出更多的同类行为，从而变成恶性循环。没有引导者的介入，此类恶性循环往往不断持续直到每个人都放弃为止。在这个时刻，他们几乎会同意任何决定——不成熟的、不现实的、平庸而无原则的妥协——只要它能让自己尽快离开这个会议室。

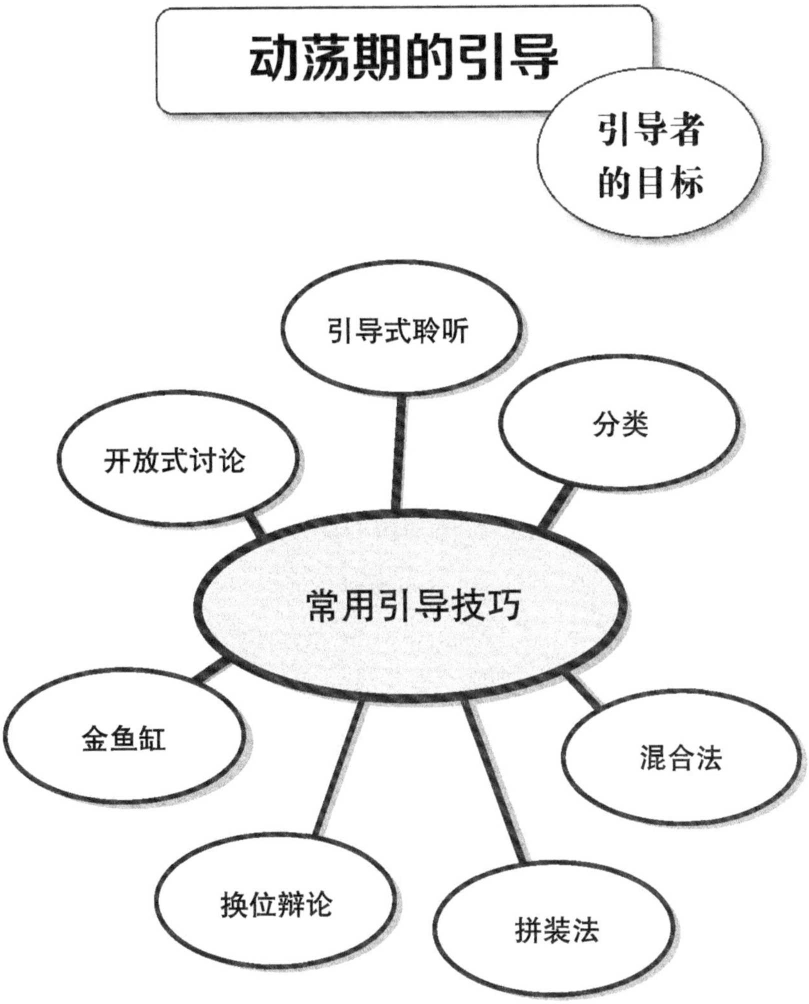

动荡期中，引导者的主要目的是帮助团体逐步建立起相互理解的共享框架。这不是那么容易的。

无论是引导者帮助某个成员承受来自他人的压力，还是帮助两个人消除彼此之间的误解，都需要很多仔细、反馈式的聆听。有时候，引导者也许是整个会议室内唯一一个听众。此刻，经典的聆听技巧“重述”及“引发人们表达”是不可或缺的。同样非常重要的还有：同理互动、确认澄清、帮助人们倾听他人、联结、为寻找共同点而倾听（所有这些都包括在第 4 章的内容中）。

更进一步看，能量管理是动荡期引导中的关键成功因素。为了避免恼火的参与者自我封闭，需要频繁转换各种参与形式，就像第 9 章中介绍的那样。所有上述提及的形式，都是为促进彼此相互理解而设计的。

动荡期的引导

面对挑战的情形

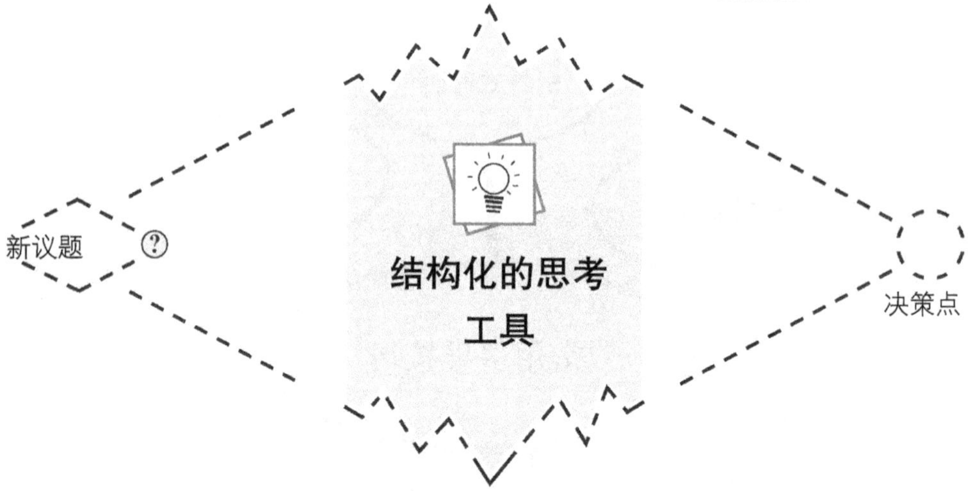

协助团体成员更深刻地理解他人观点的最简单方法，是鼓励他们提出直白的问题，然后仔细聆听对方的回答。这个常识性的方法，可以通过运用一个或多个标准化引导技术得以强化，这些标准化引导技术已经在前几页列出了。

但是有些人害怕提问，觉得提问显得有些冲突无礼，尤其是当发言者的言论难以理解的时候。同时，不管引导者是否在一旁协调，很多人会对没有条理、含混不清的提问和对话缺乏耐心。最重要的是，当人们认为自己被误解的时候，会情绪化地表现出一些不好的行为，每个人，不管是参与者还是引导者，都对此难以容忍。在这些困难的条件下，结构化的活动为参与者提供了额外的支撑及安全港湾， 这恰恰是参与者在动荡期中沉静下来并继续工作所必需的。很多这类活动将在本章阐述。

从他人观点中学到更多

理由

促进互相理解最基本的方法是提问。然而有时候人们在对他人观点提出问题时产生迟疑，因为提问常常被认为是一种批评。 通过结构化流程，这个活动帮助大家懂得，提问不是有意的攻击。这个简单的工具让大家建立起信任和耐心，从而极大地促进相互理解。

有些引导者可能犹豫着要不要使用这个工具，感觉这是在浪费宝贵的时间。但是反过来想，在互相不理解的条件下继续进行会议，结果是浪费更多的时间，只会得到更差的结果。

做法

1. 请一位志愿者做“焦点人物”。由他用“这里我要表达的观点是……”开头进行发言。时间为 3 分钟。
2. 发言结束后，邀请任意一位参与者向发言者提问。例如，“这个……是什么意思？”“关于……你能多说一点吗？”
3. 焦点人物开始回答第一个问题。
4. 回答结束后，引导者问提问者：“回答清楚吗？”如果是，进入步骤 5。如果不是，首先问提问者，对于刚刚发言者的回答，哪些已经清楚了，哪些依然不清楚。例如，有人可能说：“我听到焦点人物说，我们应该平均分配清洁杂活，但我还是不明白他为什么对此反应这么强烈。”
5. 当提问者和焦点人物都觉得自己被理解时，请另一位参与者上场提问。
6. 焦点人物回答了三四个人的提问后，请另一位志愿者成为新的焦点人物。

这个活动的目的是促进相互理解，不是马上解决观点的不同。这点应该在开始前强调说明，如果有必要，在活动过程中也可不断进行提醒说明。

如果我是你

理由

另一个促进互相理解的方法是让人们通过他人的眼睛看世界。

探究他人的观点能帮助人们悬挂自己的看法。所以，这个活动可以为一些参与者提供启示和洞见，这些启示可能是常规讨论中的盲点。

深入一步来看，这个流程使得参与者感觉“被理解”“被看见”。如有必要，该活动能让大家有机会修正任何误解。

做法

1．让大家拿出一条要讨论的言论，然后开始活动。这句言论应该以“如果我是你……”开头。例如，两种常用的选择是：“如果我是你，我的主要考虑会是……”“如果我是你，我的目标之一将是……”
2．把每个成员的名字分别写在两张纸条上，放入帽子。
3．让每个人抽取两张纸条，这样每个人手里都有两个不同的名字。（如果抽到自己的名字，可以放回，也可以和其他人交换。）
4．每个人都有机会成为焦点人物。两位拿到“焦点人物”名字的成员要对此人说：“如果我是你……”
5．听完两位的发言后，焦点人物可以回应。
6．每个人都扮演过不同角色后，请全体成员谈一谈对这个活动的感想，分享自己获得的任何启发和洞见。

有意义的议题

理由

每个参与者都会带着一些独特的、自己感兴趣或关切的问题来开会。很多情况下，参与者很想知道对于自己特别关切的问题，其他人的立场是怎样的。例如，有人想知道其他成员是否有决心留在团体内；有人则想讨论团体在诸多事情上的历史表现，在留住一个咨询顾问的问题上，有人想知道其他人的态度和立场。

但通常情况下，我们不清楚成员想讨论的这些议题，在什么时候以怎样的方式被提出来。某个议题可能对某些人非常有意义，但对其他人不见得很重要。这就产生了两难困境。团体怎样做，才能把足够的时间贡献给某些议题，同时不会让一些成员觉得无聊和游离，而且不会花过多的时间在这些议题上面？因为在其他成员看来这些对他们来说不相关的议题，会导致整个会议议程偏离轨道。这个活动，通过让成员对自己感兴趣的议题做一个态度偏好的初期评估，从而提供了一个平衡上述两难的境地的方法。

做法

1. 让每个成员写下一两个问题，如果问题的答案被大家了解到，这将会使大家更有效地参与会议。例如，“我们应该做好准备，在这个项目上花很多钱，其他人也这么想吗？”
2. 向每个人收集一个问题，写在纸条上，放到帽子里。
3. 从帽子里抽取一个问题，读出来，请那个写下问题的成员解释一下问题，为什么他想了解每个人对这个问题立场和看法，限时两分钟。
4. 请每个人都对该问题进行简要回答：“我是这样觉得的，因为……”每个人都发言完毕后，抽取另一个问题。如果时间不够，把余下的问题留到下次会议。

关键词

理由

每个人都会做出自己的假设。人们常常想当然地认为，其他人对某件事情背后的假设和自己是一样的，诸如对一个词汇意思的理解、对一个事件的可能性假设，对一个人的行为动机假设，等等。当团体成员意识不到这些假设之间的不同时，他们就会觉得理解他人的想法和行为是很困难的。

例如，一个市政部门主管请下属对一个重组提案表达意见。一些人对此很重视，但其他人并不当回事，这样，在没有进一步解释之前，举行的会议非常混乱。一些人听说主管要离职，怀疑重组是不可能的；少数几个没有听说的人，则卖力地针对提案提出建议。这些个人假设上的差异，之前从来没有人提起，然而这样的差异确实影响了每个人对完成任务的承诺。

“关键词”这个活动，能帮助人们挖掘出他人言论背后的真正含义。通过对关键词含义的讨论，人们可以找出没有言明的、会造成沟通障碍的假设。

做法

1. 让团体造一个句子来陈述一个问题。例如，“新电脑太贵了，买不起。”把该句写到白板架上。
2. 请团体成员找出该句子的关键词。在所有关键词下画线。
   例如，“<u>新电脑</u><u>太贵</u>了，<u>买</u>不起。”
3. 让团体决定，先集中讨论哪个词汇。然后问：“通过这个词汇想到了什么问题？”记录所有的回答。然后问：“这个词汇含有的哪个假设是我们可以挑战一下的？”例如，“买”是不是获得新电脑的唯一途径呢？
4. 对每个关键词重复步骤 3。自始自终鼓励大家讨论。

事实和观点

理由

这个活动能让团体互相交换很多信息而无须拘泥于讨论谁是对的，什么是真的。

例如，一个团体需要开始考虑明年的预算。“事实和观点”将帮助他们在短时间内找出统计数据（“去年我们在法务费上花了 4000 元”）及对未来的思索（“我们明年也许要开始着手处理两个新的诉讼案”）。

注意，在这个例子中，“事实和观点”延缓了对预算的争论。这个练习活动的好处在于，能从不同的方面收集很多材料。一旦团体成员看到了事情的整体图像，他们就能决定要讨论哪些议题，以及讨论这些议题的先后顺序。

做法

1. 在墙上贴两张白板纸，一张标题为“事实”，另一张标题为“观点”。同时，准备两种颜色的即时贴，数量足够，确保每个人每种颜色至少 10 张。
2. 问团体成员：“关于这个议题，你知道些什么？”让每个人把答案写在自己的即时贴上，用一种颜色的即时贴来代表“事实”，另一种颜色代表“观点”。（如果有人问“如何辨别哪些属于事实，哪些属于观点”，那么回答“请自行决定。如果自己决定不了，就两边都写上”。）
3. 请每个人把自己的即时贴粘到墙上。写一条贴一条，这样其他人就可以随时看到。阅读这些贴在墙上的想法常常能激发新的思考。参与者可以继续张贴各类想法直到时间用完。
4. 所有数据都收集完成后，请大家观察、思考。

这个提案将如何影响我们的工作

理由

有时候参与者显然对提案非常不满，但又无法用语言有效地表达自己的顾虑。困难的原因可能在于：大多数提案以不同的方式影响到不同的岗位角色，当参与者不知道其他岗位角色和自己的细微差别时（这很常见），他们就不能理解他人的顾虑。

这个活动能帮助团体成员把全部的注意力聚焦于"这个提案将怎样影响到每个参与者"。结果就是，当大家从各人处境的细微不同中获得启发、洞见的时候，很多迷惑和误解自然就清楚了。

做法

1. 找出在场人员中可能受新的提案影响的那些人。请一位志愿者出来做焦点人物。
2. 做 3～5 分钟的头脑风暴，列出对下面问题的回答清单："如果我们实施这个提案，它将如何影响这位焦点人物的工作角色？"头脑风暴进行的时候，不允许有争论。
3. 时间一到，请焦点人物来到会议室前面，详细说明"回答清单"中他认为重要的，每个人都应该理解的条目，由此让全体成员懂得提案对他岗位角色的影响。同时鼓励参与者提问。
4. 让团体成员选择第二个焦点人物，重复步骤 2 和步骤 3。

重视会议中的离题现象

理由

离题现象，是动荡期产生困惑和挫败感的主要原因。当有人提出与议题似乎不太相关的议题时，其他参与者往往开始紧张。他们不想让发言者打岔，把团体带离正轨。但发言者也许认为自己找到了一个关键的“附属问题”，在解决主要问题之前，大家必须面对这个“附属问题”。

这种两难现象常常出现。因为每个人都有自己独有的观点，很少有人在其他人尚未意识到的时候就发现了一个隐藏的问题。团体成员可能会认为发言者离题了，浪费了大家的时间，而事实上发言者可能超前于其他成员阐明了隐含的复杂问题。这个现象发生时，团体便进入了动荡期。

通过支持团体更深入地欣赏每个人的观点，“重视离题现象”能够缓解相互的误解。

做法

1. 在讨论刚开始，或者第一个离题问题被提出的时候，张贴一张白纸，标题写为“副议题”。以后再出现偏离的问题，接着写在这张纸上。
2. 在每次会议中，请团体选择“副议题”清单中的一个问题，大家讨论 15 分钟。
3. 15 分钟后，问：“我们完成了吗？”“你们想延长一点时间吗？”
4. 时间一到，迅速地总结一下然后结束。可以问：“你们学到了什么新的东西？你们接下来要做什么？”
5. 下一次会议上，重复步骤 2～4。

协助他人表达想法

理由

任何有写作经验的人都知道，要清晰阐述一个重要的想法通常需要几易其稿。诞生于团体交流中的想法也是如此，它有别于普通的私人书写。同时，当“草稿式思考”在团体内流传的时候，造成误解和失望的可能性就会比较高。

如果团体成员缺乏耐心，通常想表达想法的人就会放弃，哪怕这个想法可能是很重要的。这个活动通过反向操作来抵消这种倾向。在活动中，看起来笨拙（也许更不堪）但又想勇敢表达想法的人，被允许用非语言的方式表达自己的失望和不满，只要他的负能量不直接指向某个特定的个人。

做法

1. 当发现有人在完整表达及坚持自己的想法上遇到困难时，问他是否需要团体的支持。
2. 解释一下，这个活动包括两个角色：想法的起草者，认为某个想法很重要，试图清晰表达此重要想法的人；协助者，任何一个愿意遵循基本活动规则的人（见下面）。
3. 请“想法的起草者”告诉大家，自己正在思考的东西。
4. 随后让协助者告诉起草者，他听到并理解了对方讲的东西，说，“所以，你的意思是……对吗？”
5. 协助者一开始的几次复述可能漏掉一些内容、想法，起草者可以说：“不，不是这样的！”（……或者类似效果的言语）。起草者有权使用不同的声调和非语言的姿势来发泄被误解的不满情绪。（为了使活动有效果，每个人必须认可和接受：起草者有“怒目而视”等权利，无须害怕因无礼而被藐视。）
6. 几轮活动过后，起草者的思想得以深入，启示和洞见得以浮现。

结对咨询

理由

两个人之间不断争吵对团体破坏很大。对于团体动态中任何争吵的一对，他们的争论，既可能来源于很深的、对议题的意见不和，也可能只是由于他们的关系不和。这个活动可以帮助双方各后退一步，在他们的互动方式上互相给对方以反馈。

注意，这个活动在已经成熟的团体中效果最好，对那些只在一起开过几次会议的团体，效果一般。同时请注意，此活动也可以在“线下”完成，以私人的方式，在两个成员之间，除了引导者，没有其他团体成员在场。

做法

1. 解释一下，这个活动每次只在两个人之间进行，其他成员可以坐一旁以尊重的心态保持安静，通常需要 10～20 分钟。之后可以有几分钟的总结。
2. 让两位参与者把椅子移至面对面，让他们面对面发言，而不是对着引导者说。其中一位做反馈的时候，另一位聆听，之后，角色互换。说明一下，一个人说话的时候，另一个不要打断。
3. 决定哪一位先说哪一位先听，然后请发言者开始。（注意：第一轮的时候，引导者可能需要阻止聆听者插话。）
4. 第一位完成发言后，请聆听者重述听到的内容，然后问发言者，聆听者是否理解了你说的内容。如果不是，请发言者再重新强调一下主要观点，然后请聆听着再重复解述一遍。
5. 如有需要，不断重复步骤 4 中的循环，直到发言者感到自己确实被理解了。然后互换角色，重复上述步骤。
6. 继续互换角色，直到双方都觉得自己得到了完整的表达，或者直到限定时间用完。然后交还给团体总结一下。

我还有什么没有说吗

理由

人们常常克制自己，不说出自己真正想表达的东西。有时候他们欲言又止是因为害怕祸从口出，但有时候保持沉默只是由于他们不确定有些想法是否值得一说，或者无法把自己的核心思想进行完整有序的阐述。换句话说，很多时候，只要给予一点点支持、推动，团体成员就能跨前一步，说出心中所想。反之，团体则常常保持沉默。

这个活动帮助团体成员在讨论时，观察到自己正在思考但尚未说出口的想法。它也给了成员们一个机会来反思：如果一个人真正放开了自己，为大家分享了自己的观点，那么这个团体将会获得什么好处。

做法

1. 描述一下这个活动。解释一下，为什么让大家畅所欲言的结构化活动能给大家带来好处。对此一致同意后，大家继续。
2. 把团体分成多个两人小组。请所有人回答这个问题："在这次讨论中，有哪些想法我还没有大声表达出来？"同时告诉大家，如果不想说，依然可以不说。
3. 接下来，请每个人（依然结成对）回答这个问题："如果听到了你伙伴的想法，团体会得益于此吗？"
4. 聚拢，回到大组，邀请志愿者，如果他觉得自己的想法对他人有用，请他向全体分享。

动荡期的引导

总结

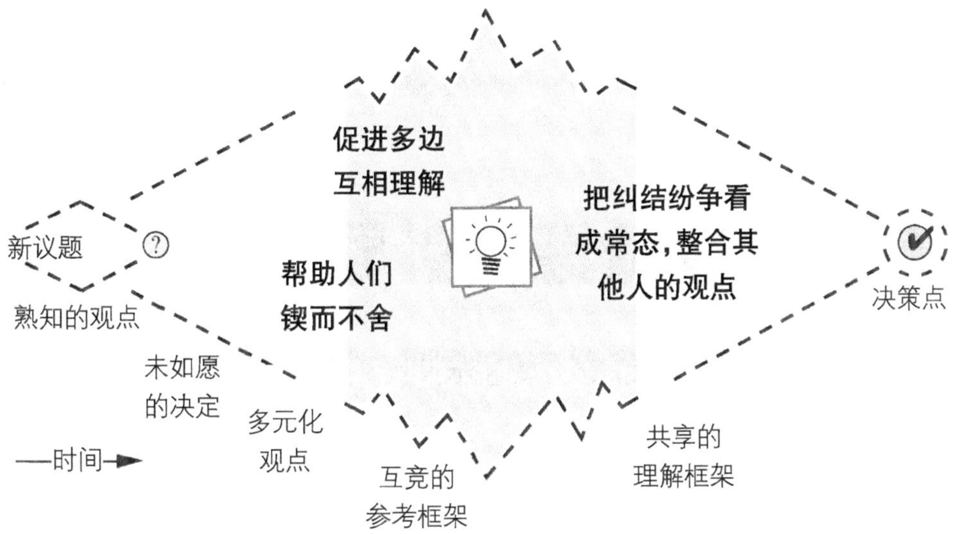

结构化的活动具有导向性，它们被设计成清晰的流程，让大家容易遵循着进行，从而有益于展现大家的诚意、真挚，有益于建立关系。所有这些特点都可以有力地支持那些沟通不畅的团体。

这些特性可以平息团体的纷乱，使团体聚焦于议题，当然团体是否一致同意做这个活动是另一回事。在动荡期，当彼此缺乏信任，关系紧张时，每个人的想法都很容易被误读，包括你自己的想法。你可能被误以为要迫使团体进入一个他们不愿共同体验的感觉和氛围，或者要操纵团体跟从你自己内心偏爱的方向，或者有人干脆认为你就是一个操控狂。

所以当你在动荡期提出一个结构化的活动时，切记你的角色是帮助者，你没有决定权。要耐心、容忍、灵活，不要执着于你自己的建议。尊重异议，寻求建议，这是你在这个工作阶段植入结构化活动的基本原则。

20

收敛期的引导

强化好想法的原则、技巧和工具

- 收敛期介绍
- 常规引导技巧
- 挑战性情境的应对
- 结构化活动
- 总结

收敛期介绍

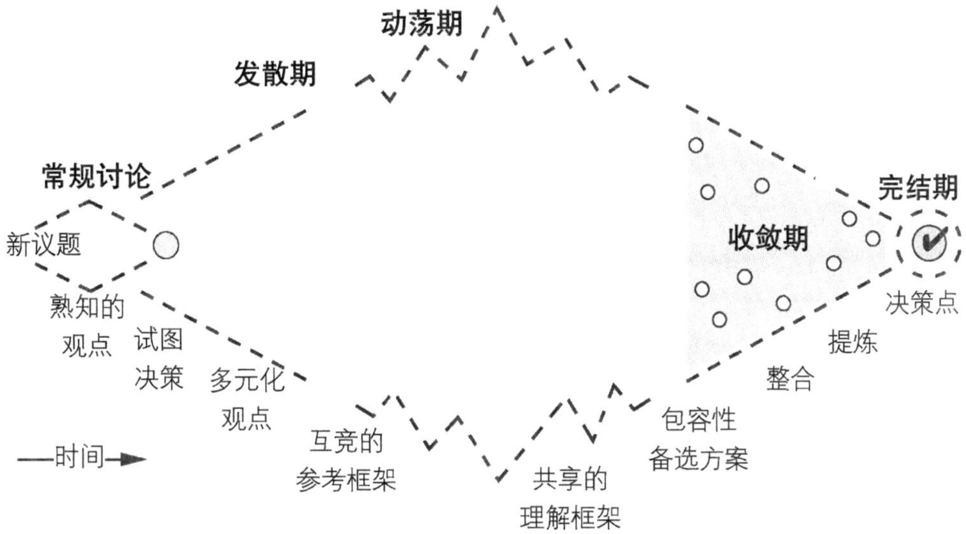

一旦团体发展出相互理解的共享框架，一切都会变得更快、更顺利和更容易，研讨的节奏也会得到有效提升。人们说："最后，我们终于做到了！"想法得到了完善，模糊的概念变得清晰，目标变为详细的计划。

在这样的过程中，大家信心大增。人们会准时出席会议，一直坚持到结束。通过不同的环节，需要被解决的问题得到了解决。

在这样的过程中，人们基于共同的理解，完全融入问题的解决过程。这里不像动荡期，有那么多复杂的情况。人们非常关注彼此，以至于对引导的需求逐渐变小。在这个阶段，人们在困惑最小的状态提出想法、进行策划、做出评估。

在收敛期，引导者第一要帮助团体开发出包容性的备选方案；第二将备选方案整合为大家可以接受的方案；第三强化方案的实际合理性；第四细化策划方案，并投入具体实施。

当有很多问题还在等待解决时，需要运用各种形式的策划、设计、量化和评估。换句话讲，就是需要理性和逻辑的思考。其中困难棘手的部分，可以通过下面几种方式予以解决：报告和宣讲、任务分组、咨询专家、展览秀和列出想法。

在收敛期，会有很多的白板书写工作；看到别人的思考以可见的方式呈现，是提炼优化想法最容易的方式。对于团体来讲，这样做可以达成成倍的效率。这时引导者在倾听技巧上，主要运用倾听逻辑和归纳总结，而较少采用开放式提问，直接提问和带有观点的引导会更加常用。

收敛期的引导

挑战的情境

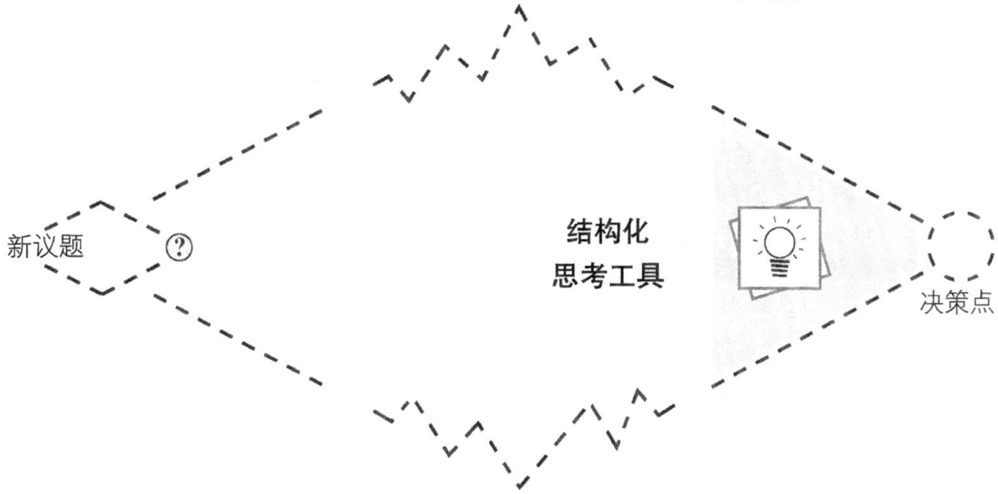

收敛式思考，是指众人在取得一定程度的相互理解的基础上，共同进行的一种思考。由于有良好的沟通，人们可以依靠前页所述方法，取得重大进展。但一个参与式过程能否最终成功，沟通并不是唯一的关键影响因素。另外两个方面同样重要：整体的解决方案是否具有创新性、包容性；在将想法细化为行动计划时，它是否具有足够的合理性和可操作性。

大多数团体都需要一个或多个结构化活动，来激发并达成包容性解决方案。第 16 章描述和例证了如何运用案例分析来达成这一目的。同样，第 17 章提供了很多结构化活动，这些活动利用创造性重构思维，使收敛式思考更具创新和灵感。

为了让最终方案具备合理性和可操作性，后续页面列举了一系列有价值的结构化活动，这些结构化活动能强化及激发好的想法。

定义步骤和里程碑

理由

对于任何一个团体来讲，“思考未来”都是最艰难的挑战之一。对于如何区别大目标和小目标，我们没有什么好的标准可供参考；但对于任何一个复杂的项目，都含有许多不同层级的目标，即目标嵌套目标的关系。

例如，考虑关于恢复贫困社区活力的一个项目。其总体目标无疑会包含许多阶段和里程碑目标（如吸引新公司到该地区做生意）。进一步讲，在各个里程碑之前，每个阶段又包含需要采取的不同步骤，以达成该阶段目标。

由于没有好的参考标准来帮助我们区分什么是步骤，什么是里程碑，所以大多数团体很难进行计划的制订，因为这个策划过程，需要这些参考标准来设定总体目标、定义步骤和里程碑。

做法

1. 横向悬挂一张长长的白板纸。在纸右侧尽头写上团体的目标。例如，“目标：在丹佛新开一个子公司。”
2. 请大家讨论出四五个必须实现的里程碑，以帮助达成总体目标。例如，“完成我们的财务预算。”
3. 在纸上，从左向右写下里程碑。在里程碑中间留出足够的空间。
4. 将大家分成小组，给每个小组分配一个里程碑。针对里程碑的达成，让小组分析并列出每个需要采取的步骤。请他们在即时贴上写下每个步骤。
5. 请各组派人将写有步骤的即时贴贴在墙上，从左到右在里程碑之间依序排列。其他人阅读贴上的内容，并添加遗漏的步骤。

明确评估标准

理由

团体应该如何在不同提案中做出选择呢？一种方式是找到共同认可的标准，然后用这样的标准来评估每个提案。例如，假如团体同意最重要的标准是“容易做”和“花费低”，这些标准能帮助他们否决一些困难的或者花费多的提案，即便那些提案看起来比较有趣。

这个活动可帮助团体在讨论具体提案之前，定义出 5 个或更少的评估标准。

做法

1. 请团体就以下问题，进行头脑风暴：开发这个项目（或者解决这个问题、制订这个计划等），我要达到什么目的?
2. 用一张新的白板纸，标题写为“评估标准”。引导团体把刚刚清单上的每个列项，改写成可能的评估标准。例如，如果头脑风暴的列项为“我们努力让对立双方共同合作”，改写的标准可以为“可让双方合作”或者“可吸引双方”。
3. 向大家解释，接下来标准会缩减为不超过 5 个。为让成员做出更好的判断，可考虑分组讨论哪些标准是最重要的以及为什么。
4. 重新召集所有人。请大家从标准中进行选择，每个清单标准数目不应超过 5 个，并请他们说出理由，为什么某项标准要保留在这份清单中。
5. 给每个人 5 个投票点。计算投票结果，留下票数最高的 5 个，淘汰其他所有项目。这有可能不是评估标准的最后内容，但它可以告诉成员什么是大家最重视的。

实例搜寻

杂志和报纸扫描
不论是简要的小故事，还是描述详尽的报道，都能提示谁可能帮到你。

我们以前做过什么
你的组织以前遇到过类似的挑战吗？你能与其中的关键人物对话并从中学到东西吗？

咨询专家
无论组织内或组织外，总有一些人力资源管理专家、项目经理及其他有经验并能理解你想法的人。

案例分析
在专业杂志中，可以发现一些可靠的、同行审查过的案例分析。许多大部头的专业书籍也包含一些案例分析。书籍和文章作者的联系方法，比较容易获得。

同伴兴趣小组
加入志趣相投的小组，学习他们的奋斗故事。常见的途径包括 LinkedIn、Meetup.com 和许多其他在线讨论社区。

专业协会
不论你的情况如何，总有一个或多个协会有一些懂你的人。去参加会议，或者搜索有成员权限的档案。

其他人此前做过什么
你知道有其他组织遇到过类似挑战吗？谁能够提供一些信息？

搜索
查找有关类似情境的信息，通过互联网进行搜索是目前最快速、最便捷的方式。

从一个好想法的发现到它的成功实施，通常存在巨大的鸿沟。有效降低风险，提高成功概率的方式之一，是研究其他人的类似情境，并从中学习成功和失败的经验。任何人只要愿意尽力寻找，类似上述的案例，随处可见。

收益和风险

理由

这个活动，能通过降低提案附带的成本和风险，来提高提案的可行性。

例如，某大城市的市长，最近获得几百万美元的预算，来改善公共交通。公众期望能把钱投在新的公共汽车线路上，但市长却要把钱用在此前宣布的聘用冻结计划上：除非预算得到平衡，否则不再招募新的市政雇员。一方面，没有新的公共汽车驾驶员，新线路就不能增加；另一方面，如果雇用了新驾驶员，其他的政府部门也会要求启动他们的冻结计划。

“收益和风险”帮助了市长，他的下属们详细地评估了扩增线路带来的风险。通过分析，他们发现一种方式，可以降低风险。他们利用当地报纸发动了宣传攻势，为这次“招聘冻结”的例外解除赢得了政治支持。结果非常成功，没有出现任何反对意见，他们最后增加了 3 条新线路。

做法

1. 悬挂 3 张白板纸。第 1 张标题为“收益”，第 2 张为“风险”，第 3 张标题先保持空白。
2. 在第 1 张白板纸上，列出提案产生的收益。
3. 在第 2 张白板纸上，列出提案附带的风险。
4. 现在在第 3 张纸上写下标题“降低风险的办法”。针对列出的每个风险，探讨降低成本和风险的方法。在第 3 张纸上记录探讨的结果。
5. 对降低成本的方法有了更好的理解之后，向大家征求既能保持原提案的收益，又包含此活动所获启发的新提案。

使用工具的流程

计划评审技术（PERT）图

这个工具以视觉形式来呈现，用来分析和描述项目截止日期，以及其他所需时间。

流程图

这个工具运用日常符号，如圆圈、方块及箭头等，来分析目标、所需步骤的先后逻辑关系，关于是/否决策也需要在图中画出。

甘特图

这个工具适用于复杂项目，用来在一个或多个阶段中，对不同子任务的进展状况进行跟踪。

关键路径法

这个工具显示了复杂项目中不同要素之间的依赖关系。它表明哪些任务必须在其他某些任务完成之后，才能开始。

工作分解结构（WBS）图

WBS 图用于将项目分解为易于管理的组成模块。对于不同任务模块的责任划分也可以通过WBS图来完成。

任何好主意的实施都需要翔实的计划。在众多要素中，如时间、金钱、角色、沟通等必须要得到明确定义、监督和控制。这页给出的工具，能帮助策划者彻底思考要完成任务的逻辑：以什么顺序、由谁，以及何时完成。引文将给你更详细的内容，它对每个相关工具的运用提供了实际的指导。

资源分析：我们真的能做好吗

理由

有时，团体会同意一个看起来不错的提议，但实际上可能没有经过仔细思考。一般来讲，这不是什么问题，因为被如此对待的问题，大多都不是很重要。但偶尔团体也会就一个重大事项达成一致，但却对要做的事情完全没有概念。

例如，有 8 个护士决定组织一次重要会议，参与者是来自 100 多家机构的代表。会议的目的是建立一个联盟，以影响州政府的资助政策。对于需要投入多少努力，筹办者没有一点儿概念，但还是公布了会议的消息，并持续对于新任务、新职责大包大揽。最后，一个人因此失去工作，另外一个人得了重病。会议的出席率差得可怜，会议组织十分混乱。最后的结果可想而知，会议没有一点儿成果。护士们后来反省道，“我们在一开始就应该实际一些、接地气一些。”

做法

1. 请大家思考，如果要具体实施某个提案，哪些是必须完成的主要任务？
2. 给两三个人分配一个任务。请他们选择一个记录者和一个发言者。
3. 对大家说：“给各位 10 分钟，请思考完成任务所需要的步骤。请将任务分解为可以执行的具体行动步骤。”
4. 结束时，重新召集大家，请各组发言者就小组讨论进行报告。
5. 所有小组完成报告后，请大家讨论提案整体是否充分，或需要进行什么修改。

谁在何时需要做什么

理由

团体决策往往被视为徒劳无功的操练。许多人都有这样的体验，会议上达成了决议，即使能够执行，效果也可能很差。

但如果大家肯花时间来具体弄清楚：需要做些什么、谁来执行、什么时候完成，以及需要何种资源，执行成功的概率则会大大提高。而这些步骤在现实中通常会被忽略。相反，大家好像认为，一旦达成决议，下一步的执行就会自然地发生。

当团体模糊处理决议后续的实施细节时，可能有两三个人会承揽所有任务，但他们通常没有足够的资源。另一种情况是，没有人承担责任，也就什么都不会发生。

这个活动可以帮助团体提前思考：谁要做什么，什么时候完成。所以，责任通常也能得到更均衡更有效的分配。

做法

1. 画一个 4 纵列的表格。每列标题分别为“任务”“谁”“何时”“所需资源”。
2. 在第 1 列任务下，列出所有需要完成的任务，如果后面发现其他新任务，下面添加即可。
3. 给每个任务一个编号。然后讨论：“这个由谁来做？什么时候完成？需要什么资源？”这个环节可以用开放式讨论的方式来进行，无须规定问题回答的先后顺序。
4. 一旦达成具体的协议，就记录在表格中。

还需要谁评估此提案

理由

决策，不仅影响决策者自身。很显然，不是每个受决策影响的人都能参与决定的制定，以及决策的实施。实际上，一定会有一些人不能参与到团体讨论中。然而忽略这些人的想法，就会付出巨大的代价。

这个活动可以帮助团体提前思考这样的问题："还需要听取哪些人的想法？"通常，团体可能要用 2~3 小时，有时需要更长的时间来将如下步骤走一遍。在策划的一开始是否决定花这个时间，可能是走向成功和失败的分界线。

做法

1. 请大家列出以下角色：
   - 谁会直接影响这个决策？
   - 谁有最终的决定权？
   - 谁来执行这个决策？
   - 谁可能会在过程中蓄意破坏？
2. 要花点时间来审视这份名单，并讨论以下问题："这些利益相关者不赞同最终决策的可能性有多大？如果他们有人不支持这个决定，对我们的执行会有怎样的影响？"
3. 接下来，就名单上的人或者团体展开逐一讨论。思考：在最终决策前，我们需要听取谁的意见？
4. 就需要听取意见的每个人和团体，选择合适的沟通方式。可以选择的方式有：访谈、焦点小组、问卷调查或者考虑邀请对方参加核心小组会议。

收敛期的引导

总结

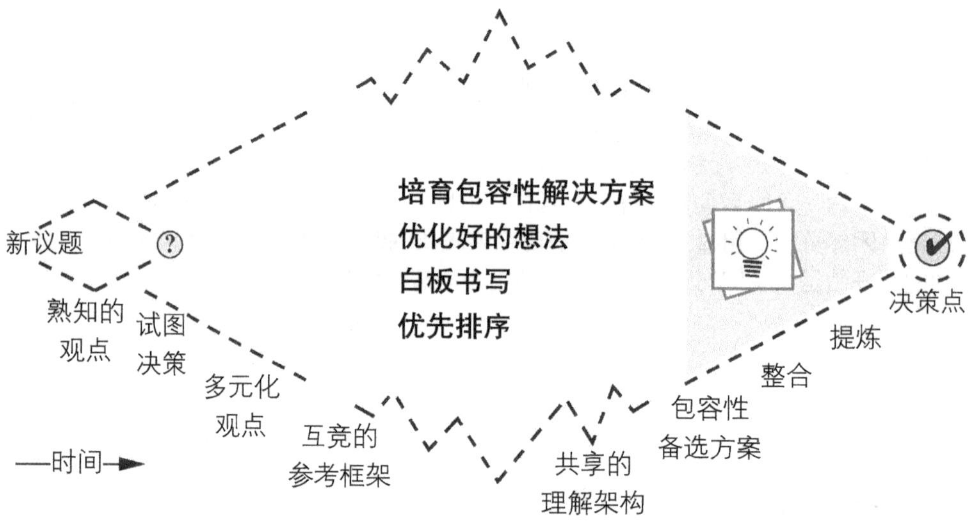

持久的决议需要深思熟虑的想法，意味着需要包容每个人的需求和目标。如果说动荡期的努力和纠结是持久性决议的“心脏”，那么收敛期的智慧和创造就是持久性决议的大脑。

在团体看起来陷入“非此即彼”的思维模式时，结构化的思考活动就可以派上用场了。这时的团体需要鼓励和激发，然而当成员只关注自己的立场时，就不大可能达到这样的效果。为达到这个目的，认真学习第 16 章（现实中的包容性解决方案）和第 17 章（创造性重构）是很有帮助的。

在团体提炼想法的内在逻辑及从细节上策划工作以便使想法更能有效地实施时，结构化活动也可为团体提供支持，让研讨秩序更加良好。

但团体也许会进入一个误区，即在收敛期，团体需要在结构化思考上花费大量时间。事实刚好相反，成员在收敛期的讨论，很大程度上会进行自我管理。对于很多引导者来讲，收敛期最困难的部分是学习拿起马克笔，面对白板纸，不要阻碍团体按照原有的方式向前进。

21

向团体传授团体动态的概念

通过参与式决策的钻石模型传授团体动态的概念

- 设定学习框架
- 如何介绍发散式思考
- 如何介绍收敛式思考
- 如何介绍动荡期
- 如何将部分整合为整体
- 在日常工作中的应用和启示
- 参与式决策钻石模型要诀的传授

向团体传授团体动态的概念

1. 设定框架

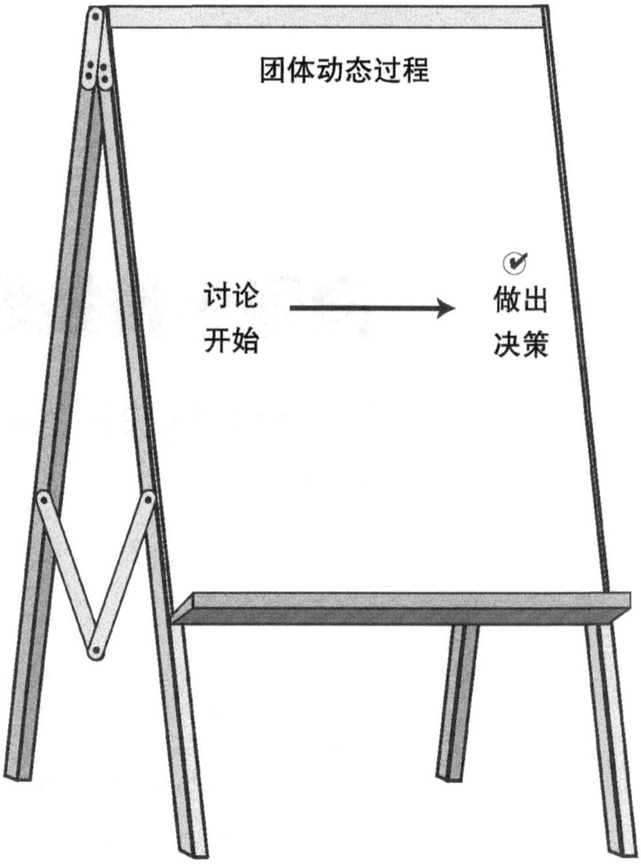

打开一张白板纸，标题为“团体动态过程”。

整个页面除了以下 3 点全是空白：

- 靠左边的“讨论开始”；
- 靠右边的“做出决策”；
- 连接二者的箭头。

向团体说明，你现在要呈现一个模型，来显示为什么一些会议会毫无成果，让人失望。

向团体传授团体动态的概念

2. 介绍发散式思考

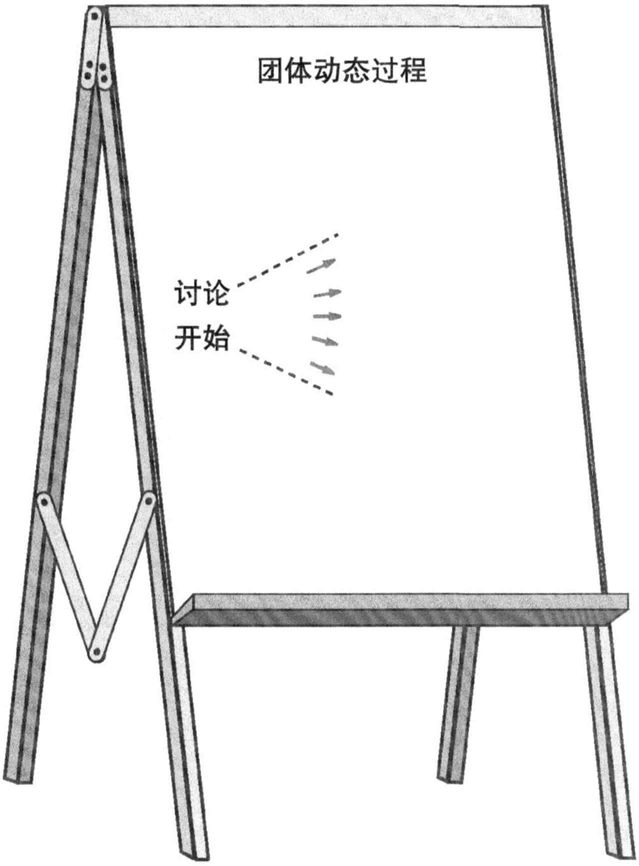

在白板纸的左面画几个箭头（如图）。

介绍："这里有一种方法可以帮助我们看到会议中的团体动态过程。想象大家开始讨论一个难题。"

每次指着一个箭头，用幽默的语气说：

- "第一个人说：'我想我们应该做 ABC。'"
- "第二个人说：'我不同意，这个想法太差劲了。'"
- "然后第三个人说：'我想 XYZ 更好。'"
- "第四个人说：'我想这根本不是一个问题。'"
- "第五个人说：'难道 Joe 不该来参加这个议题的讨论吗？'"

向团体传授团体动态的概念

3.

展示两种形式的思考

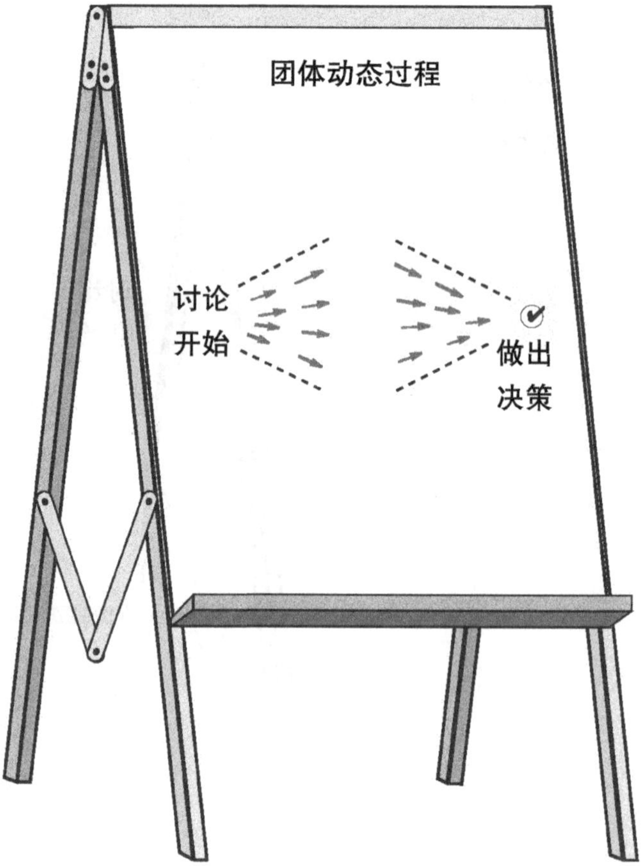

在白板纸的右面画下收敛的箭头。说：

“通常，会议进行一段时间后，这群人依然还在各执己见、自说自话。”

用手从左划过整张白板纸到右边，说：

“例如，这群人同意接下来花 10 分钟时间集中讨论 ABC 想法的优点和缺点。之后，他们又花了 10 分钟时间，把讨论重点转移到 XYZ 想法的优缺点上。”

向团体传授团体动态的概念

4.
介绍模型

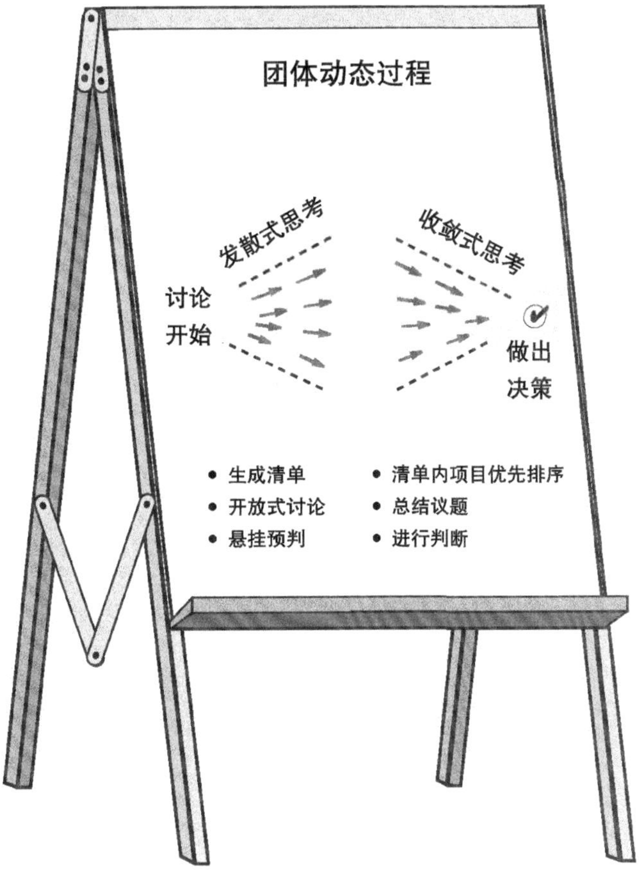

翻到事先画好的新的一页：

- 发散式思考；
- 收敛式思考。

在这个图解的下面，你要列出每种思考方式的例子（如图所示）。一开始制作这个图解的时候，你可以参考本书第 6 页的例子。

向团体传授团体动态的概念

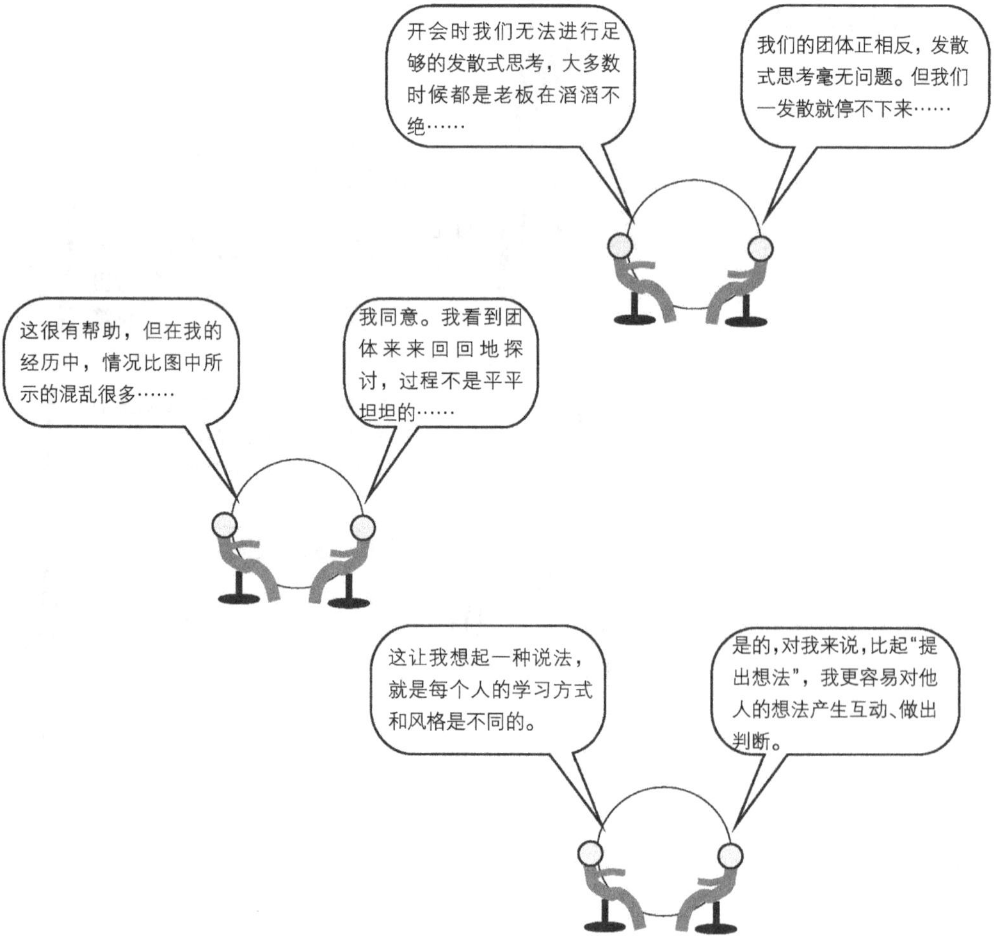

5.
分成二人小组

让每个人和旁边的人结为伙伴。找到伙伴后，请他们就刚刚学到的钻石模型，分享各自的想法和疑问。

向团体传授团体动态的概念

6.
再回到大组进行总结

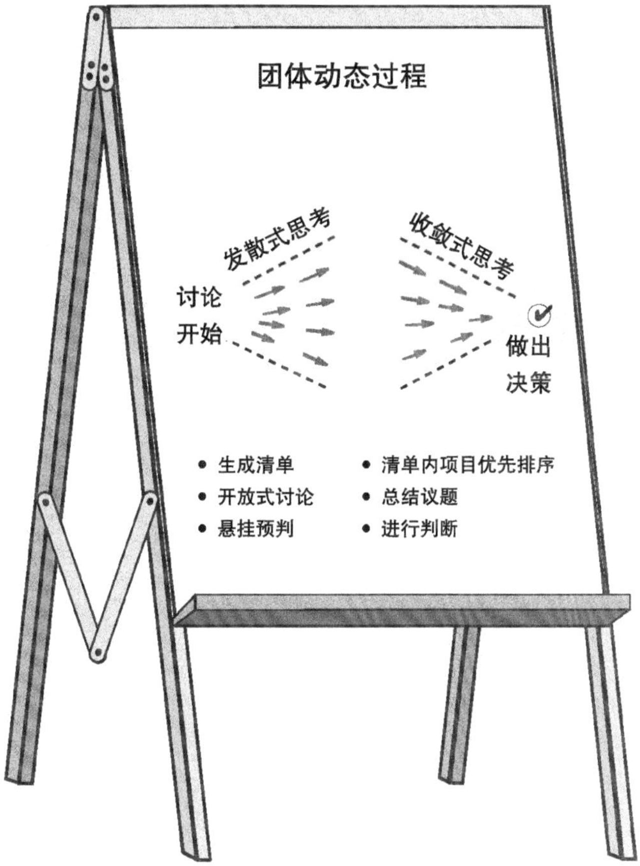

3～5 分钟后，让每个人回到大组，问:

“哪位想发言？有什么问题吗？”

讨论所有的评论反馈。会有人指出，实际工作中的情形比你刚刚画的图解更混乱。这正是你引入“动荡期”概念的契机。

指着图中中部的空当（还没有被命名）说“这段时间对团体而言充满压力”，并用一些例子来说明（如人们不断重复自己的观点或打断对方发言等）。要在有差异的、多种不同观点之间实现良性沟通，是十分艰巨的。

向团体传授团体动态的概念

7.
介绍动荡期

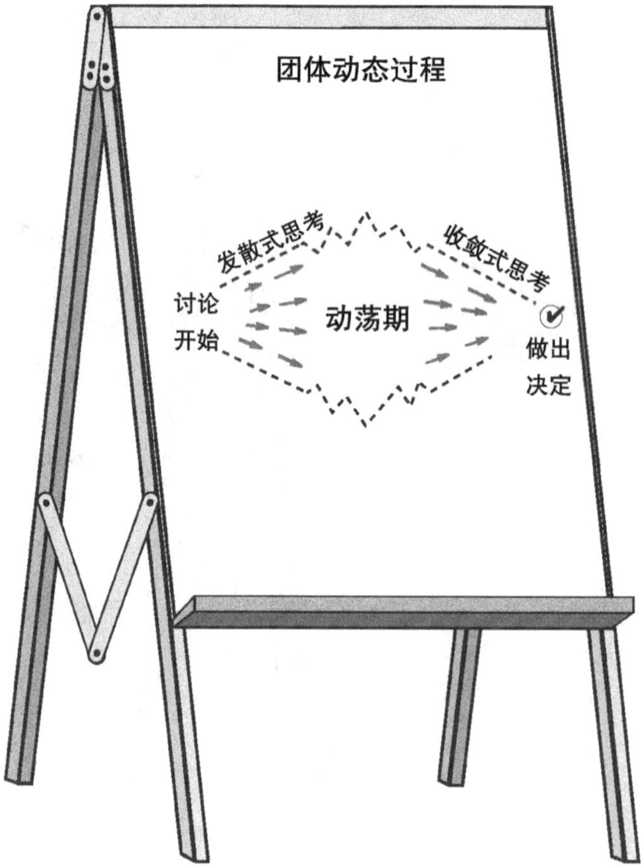

发问：“有多少人能从自己的个人经历中，认识到曾经有过失望、挫败和被人误解的时刻？”可以问一下有无成员有过这样的经历。

此刻指出，尽管这种时刻在日常的团体会议中非常普遍，但从来没有人用英语词汇来命名或描述过这个时刻。

用花式字体，在白板纸的中央写下“动荡期”这几个字。

等哄笑平息后，再翻到下一页。

向团体传授团体动态的概念

8.
显示全部框架

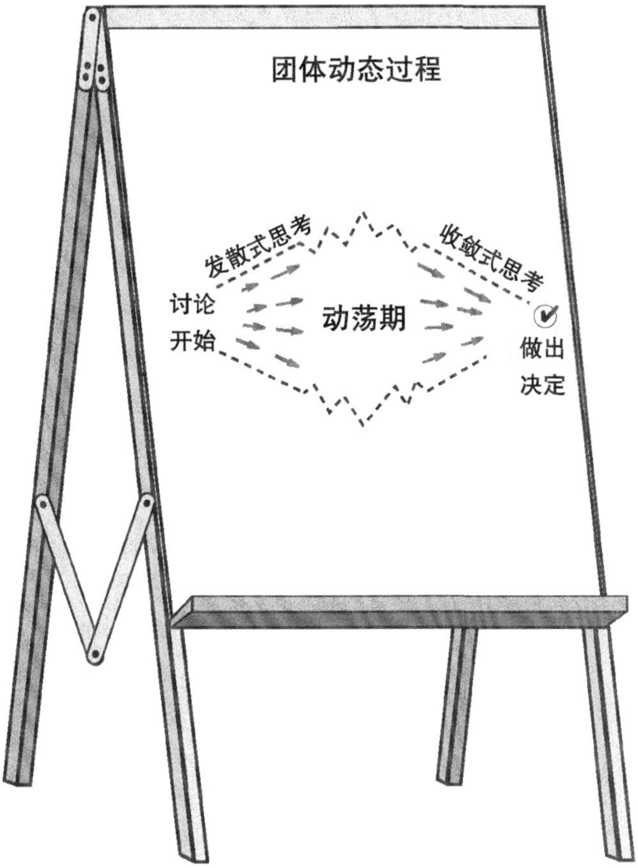

打开另一页白板纸，标题为：

“参与式决策的钻石模型”。

这个图解应该和之前的那几个一样，除了以下几点：

- “发散期”替代了“发散式思考”；
- “收敛期”替代了“收敛式思考”。

然后，把团体分成数个 3 人或 4 人小组。

向团体传授团体动态的概念

9. 把它运用在日常工作中

请每个人找两三位伙伴组成小组。等每个人都进入小组后，说明一下，你希望大家接下来花 10 分钟时间检验一下这个模型。

1．请每个人默默思考一下自己正在参与的决策小组。

2．现在，每组请一位代表，描述一下他们组沟通及解决问题的模式。小组内其他成员应该给予评论并提问，目的是探索钻石模型在团体动态中给予我们的启示。

3．请小组按意愿轮流发言，每组几分钟。

向团体传授团体动态的概念

10. 讨论对我们的启示

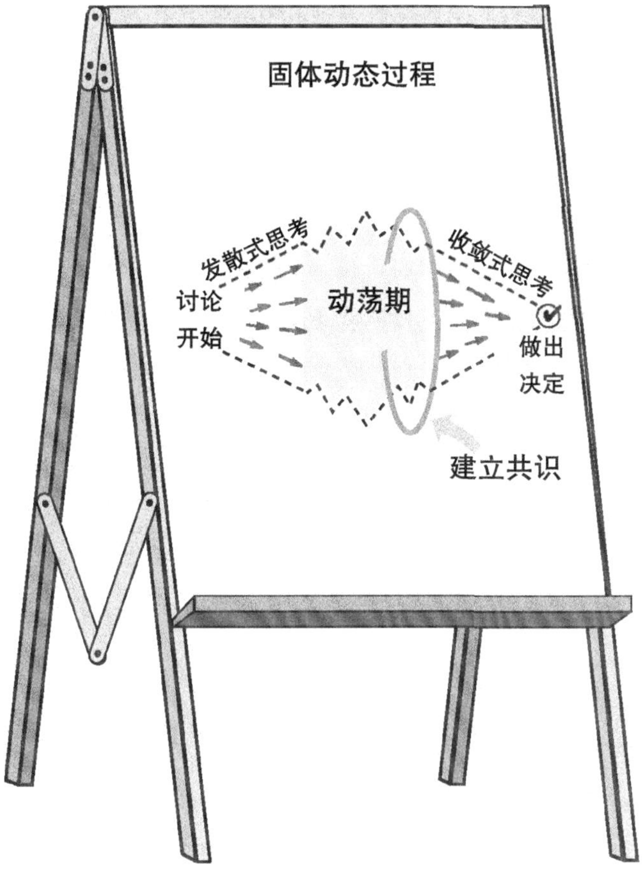

重新召集大家回到大组，一起总结小组讨论的结果，请大家提问及讨论。

当你引导讨论的时候，要帮助团体明白这样的道理：如果团体真心想达成可持续的共识，很关键的一点就是，给予动荡期足够的时间。一旦相互理解的共享框架得以建立，动荡期就会自然化解。

为了清晰地说明这个概念，在上面的图中要写明“建立共识”。然后像图示的那样，画一个椭圆。解释一下，这里是走向“合作共创”的转折点。

参与式决策钻石模型要诀的传授

- ❑ **1.** 遵循本章的方法，匀出 45 ~ 60 分钟的时间。
- ❑ **2.** 运用这个方法的最佳时机是会议一开始或者团体结束茶歇重回会议室的时候。
- ❑ **3.** 第一轮小组讨论结束后，收集每位发言者的评论。这时会有人指出，实际情形要比图解更混乱复杂，此刻不要马上回应。只需理解他的观点，过后再回应。 当你有足够的时间介绍“动荡期”时，再回应这个问题。
- ❑ **4.** 当讨论团体的各种言论时，在一些容易混淆、令人不舒服的问题上，无须有问必答，而要让他们自我挖掘探索，例如可以问：“还有谁对此有自己的想法？”
- ❑ **5.** 准备好你的图解白板纸，不管有没有计划用到它。唤起众人意识的最佳时机往往是在不经意间。如果你喜欢应用钻石模型，那么你的引导工具箱内的标准配置中，应该包括一组准备好的图解白板纸。
- ❑ **6.** 始终保持幽默，夸张性的语调很管用。要成为有趣的模型玩家，这反过来也将支持人们根据他们自己的情况，互相分担动荡期的焦虑。
- ❑ **7.** 在二次总结中（接下来的讨论也一样），自始至终提醒大家：“这是痛苦的过程，但却是正常状态。”
- ❑ **8.** 有时候，在团体处于令人气馁的动荡期，引入钻石模型可以提起大家的兴致。此时的策略是运用简洁版的传授方法。首先，提议一次短暂的休息。然后在同一页白板纸上显示整个模型，解释一下每个区域的基本概念，快速地举几个例子。然后两两分组，以便大家消化刚刚听到的内容。在总结的时候，问一下该模型是不是符合他们正面临的会议体验。

第 5 部分

完结讨论

22

明确决策规则的重要性

厘清团体决策最重要的结构化要素

- 明确决策规则带来的好处
- 常见的决策规则
- 没有决策规则的决策
- 几个主要决策规则的用途和影响
- 不同的决策规则如何影响成员的参与度

决策规则

介绍

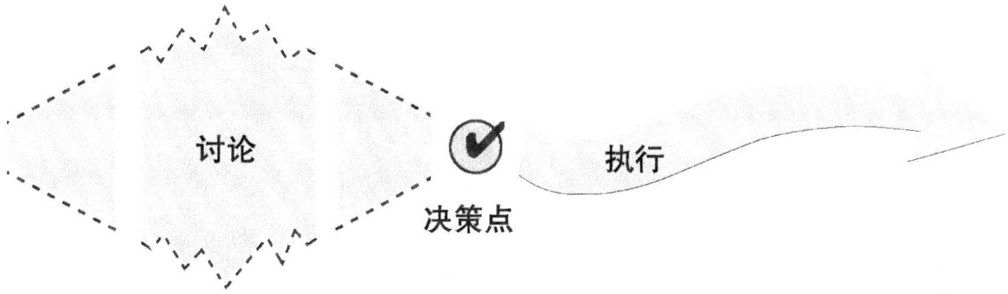

上图描述了两个完全不同的团体行为区域：讨论期和执行期。在讨论期，大家思考、讨论、考虑他们的选择。在执行期，大家按照已定下的决策来行动。例如，在讨论期，参与者制定出了一个项目的预算；而在执行期，大家则根据预算花钱。

也就是说在讨论期，团体在想法的世界里运作。决策之后，团体则转入行动的世界里。

在想法的世界里，人们探究各种可能性，他们发展出理论模型，并想象该模型应用于实际将会如何。他们假设、推理、评估各种可能性，逐渐制订出计划。在行动的世界里，团体承诺把确定的方案变成现实，包括：签约、招募人员、部门重组、办公室迁址等。

决策点是区分从想法到行动的分界点，是授权开始后续行动的时间点。讨论存在于该点之前，执行发生于该点之后。

决策规则

典型问题

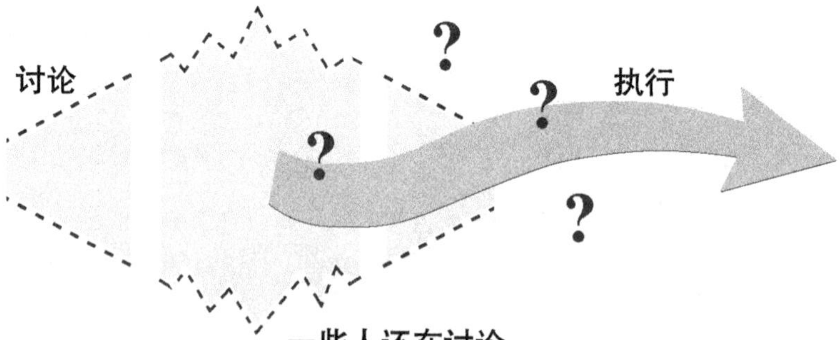

一些人还在讨论，
一些人已经在执行。

在开始解决问题前，很多团体试图不先厘清决策规则就贸然采取行动，这会引起非常多的困扰。

例如，一些人以为决策已经完成，他觉得已经可以根据决策开始行动了。同时，另一些人以为决策还没有完成，他们把前者看成“冲动者”或“自成一套者”，认为他们没有团体精神。常常发生这样的场景：那个被责备冒进的人为自己的行为争辩道：“我以为大家都已经同意这么做了……”

反过来也是如此，那些决策点之后还不行动的人，常常被认为“不服从”“消极抵抗”“不忠诚”。这种情况下，常常听到他们这样为自己辩护：“我不记得我们就那件事做过决策。”“我从来就没有同意过。”

这些例子提醒我们，人们需要一个清楚明晰的指示来表明决策已经完成。例如，用“多数原则”做决策的团体，成员们都知道，在投票、计票结束前，团体就一直还在讨论阶段。但是很多团体是模模糊糊的，他们缺乏明确的规则来把讨论带入终点。

本章描述了 6 种最常用的规则，并探讨了每种规则的含义。

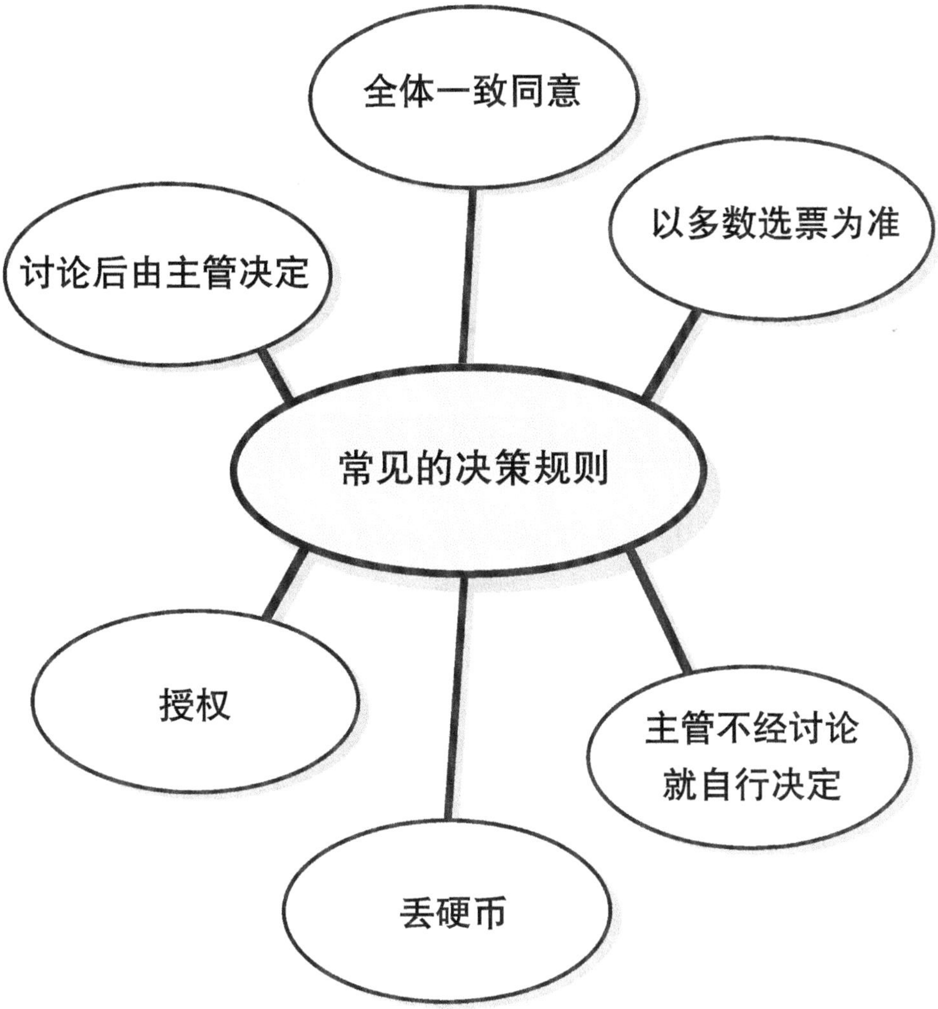

所谓一个决策规则，就是针对下面这个问题的答案："我们怎么知道决策已经做好了？"上图所示的每个规则，都演绎了该问题的某一个回答。

没有决策规则下的决策
每个人按照自己观点各行其事。大家都不知道彼此在干嘛 。
会哭的孩子有奶喝。
一些人说："让我们暂时把这些议题搁置，留待下次会议再做讨论。"但是真的到了下次会议，又有其他更重要的事情要优先处理。
时间快用完的时候，有人提了一个新建议，于是这个建议就成了"决策"。
人们假设，因为这事情已经讨论过了，也就等于做过决策了。
某人的名字被模糊地连到一个定义不清的任务上。（如"Duane，你为什么不去查看一下？"）后来这个人就被指责跟进不到位。
会议结束后没有得出任何决策，于是一小撮人又关上门，做了实际的决策。
一个利益关联最大的人独自做了决策之后，大家对其表示愤怒，因为他的行动不符合其他人的需求。
总是某些人如愿。
为了不失去机会而必须做出快速决策时，保守派成员通过阻挠讨论来变相行使否决权。这样，"没有决策"就成了无法操作的决策。
主管问："大家都同意这个想法吗？"几分钟沉默之后，主管就进入下一个议题了，他认为每个人的沉默就表示"同意"，而不是"反对"或者"再考虑一下"。
会议超时，无休无止。

几个主要决策规则的用途及影响

全体一致同意

高利害关系下的决策

把“全体一致同意”作为决策标准的团体，成员必须不断努力沟通，了解彼此的观点，直到大家把所有观点整合到一个共享的相互理解的框架中。一旦人们对彼此的观点足够熟悉了，他们就有能力制定出每个人都认可的创新提案。这需要花费很多的精力，但当利害关系很大的时候，恰恰是这种决策规则，才具备最大的可能来产生可持续的决议。

用“全体一致同意”这个规则的困难在于，大多数人不知道如何去探寻“二者兼顾”的双赢方案，而是迫使彼此忍受内心并不赞成的决策。团体常常以“和稀泥”的妥协方式草草结束会议。

这个问题之所以发生，是因为团体常常有一种倾向，就是迫使彼此快速做出决定：“我们需要一致通过是因为我们需要获得每位参与者的认可。但我们也同样希望进度越快越好。”这样的心态完全违背了“全体一致同意”规则的本意：疏通引流，把多元化观点的紧张对立转化成创意思考的源泉，从而创造出对每个人都可行的崭新想法，而这是需要时间的。为了让大家认识到“全体一致同意”的潜在力量，我们应该鼓励大家，为了相互理解不断努力，直到制定出多赢的提案，也就是获得最广泛参与者热烈支持的提案。

低利害关系下的决策

对于利害关系不大的问题，用“全体一致同意”这个规则做决策和用其他规则做决策相比，就品质而言，差别不大。参与者会试着赞同尚能容忍的提案，而不是坚持着要弄出一个耗费大量时间和精力的创新方案。

针对低利害关系问题，用“全体一致同意”这个规则的一个好处是，不会产生令少数人厌恶的决策；而用其他决策规则，可能导致一个大多数人接受、而一两个成员无法忍受的结果，但这个结果依然会被采纳，因为大多数人赞同。从定义上来说，“全体一致同意”的规则不会导致这样的决策。

几个主要决策规则：用途及相应的影响

以多数选票为准

高利害关系下的决策

“以多数选票为准”的决策规则，通过一种对抗的流程产生单赢的解决方案。在利害关系很大的情况下，使用这个规则的传统理由是：各种想法之间的竞争能创造压力。这样，随着相互之间争论的持续，理论上，每个人的逻辑思辨质量会越来越高。

这个传统理由的缺陷是，人们常常不按照辩论的逻辑来投票，而是在投票前讨价还价，或者基于政治原因投反对票。对一个提案投什么票，最好是单纯基于提案本身的品质而非其他。为了增加这种倾向性，可以考虑采用秘密投票的方式。

低利害关系下的决策

“全体一致同意”的特点是讨论非常耗时，它的反向极端是快速省时但缺乏深思熟虑。当便利性的要求远远超过决策品质的要求时，“多数选票为准”的规则在上述两个极端之间达成了一个很好的平衡。在这种决策规则下，我们可以鼓励成员快速地进行一轮利弊得失的讨论，然后进入投票环节。

丢硬币

高利害关系下的决策

丢硬币是一种任意、随机的决策方法，跟我们常用的抽签类似。在高利害关系状态下，没有思维正常的人会考虑这种决策方法。

低利害关系下的决策

一旦知道决策将会任意做出，多数人就不会参与讨论。如果自己的言论不会对实际结果产生任何影响，谁还会喋喋不休呢？

几个主要决策规则：用途及相应的影响

讨论后由主管决定

高利害关系下的决策

当利害关系很大时，就有很强的理由采用这个决策规则。一方面，毕竟主管是一个有资源、有权力、有门路、有信用能执行决策的人；另一方面，大家的建议能让主管对问题的理解更全面，从而形成更好的行动计划。也就是说，这种决策规则在以下两个极端之间达成了平衡：一端是有充分的理由让主管自己做出某个决策，另一端是寻求团体咨询带来的好处。

遗憾的是，一些团体成员只给出虚假建议，只说主管想听的话，而不是表达他们真实的想法。

有几个方法可以克服这个问题。一些团体提出“唱反调”思维，这样可消除大家心中“承诺不浪费时间”的压力。另一些团体则在计划会议时先不让主管参与，之后再将所得到的最佳方案提交给主管再做进一步讨论。

低利害关系下的决策

有 3 种决策规则是鼓励“团体讨论”的，“全体一致同意”“多数选票为准”和“讨论后由主管决定”。对于低利害关系的事情，所有这 3 种规则产生的结果在决策品质上大致相同。

低风险事宜提供了一个向主管谏言的机会。当利害关系不大时，主管在“做对事情”上几乎没有压力，这样，主管的防御心理会大大减弱，心态会更开放。同样，团体成员也不用担心来自冒险的惩罚。

几个主要决策规则：用途及相应的影响

主管不经讨论就自行决定

高利害关系下的决策

当主管不经讨论就自行决定时，实际上意味着他对分析问题、做出决策承担全部责任。赞同者认为这种规则清晰地划分了权利、义务和责任的关系。反对者认为这种规则会造成相当多的潜在盲点和不合理性。

在高利害关系状况下，主管不经讨论就自行决定的规则最适合的使用时间点，莫过于在一个危急时刻。在那一刻，如果没有清晰决断的决定，将面临灾难性的后果。但一般而言，利害关系越高，没有讨论过的决策的危险性也就越大。

面对这样的决策规则，团体成员会表现出何种行为呢？这取决于每个人的价值观。有些人相信一个好的团体成员就应该是一个忠诚、守纪律的下属，有责任做好自己的角色，执行命令。而有些人则认为，不同意决策的人应该组成一个类似工会那样的正式组织，来确保他们的观点在被考虑之列。

重点在于，无论何时，当只有一个人对分析问题、做出决策全面负责时，那个决策者可能会缺乏必要的信息。此外，随后执行这个决策的人们可能会因为自己不同意或无法理解，阻碍决策的执行。主管越了解不经团体讨论便自行决定的危险，就越有能力评估，每次“当下”形势下，利害相关是不是太大，以至于不值得冒险。

低利害关系下的决策

按照这个规则做出的决策，并不总是差的。事实上，很多决策看起来都很不错。当利害关系很低的时候，不好的决策常常可以取消或者有机会弥补。

不同决策规则对参与度的影响

主管不经讨论自行决定

这种规则使团体成员养成“事事听令”的习惯。会议上，他们被动聆听主管指示，没人提出任何质疑。

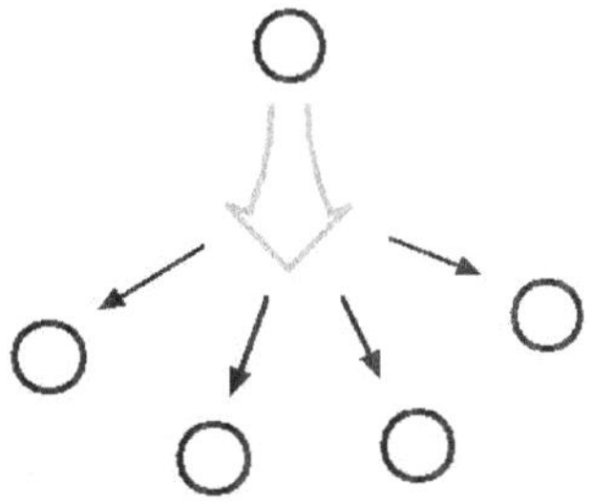

集体讨论后由主管决定

当主管是最终决策者时，他是一个需要被说服的主要人选。每个人都倾向于直接向主管发表意见。

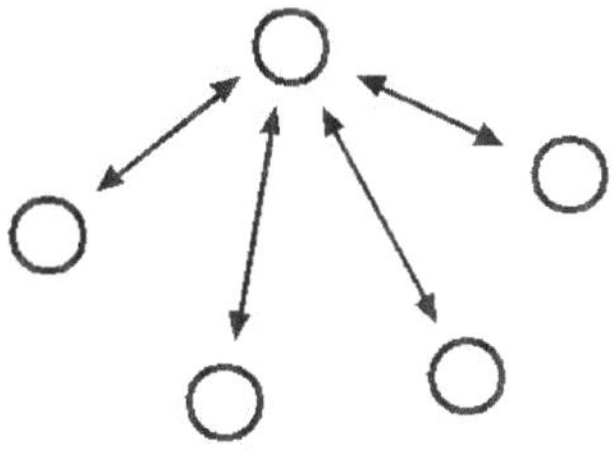

多数选票决策

由于目标是获得51%以上的赞同，因而“影响”的过程就是一场争夺尚未决定立场者的战役。一旦多数派形成，就可以不理会少数派的意见。

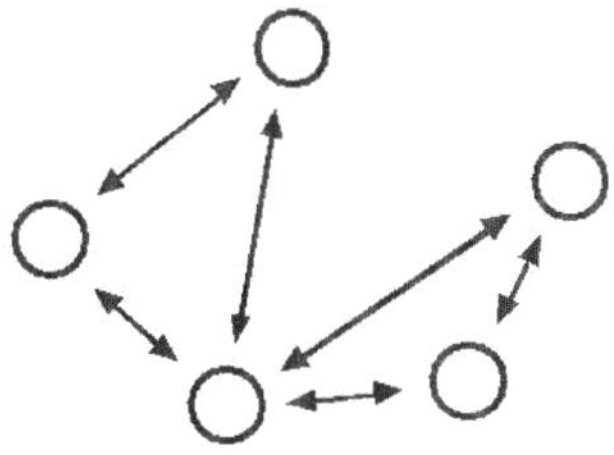

全体一致同意

当每个人都有能力阻碍某个决定的时候，每个参与者都有权利期望自己的想法被采纳，这就迫使全体成员向“互相理解”的方向努力。

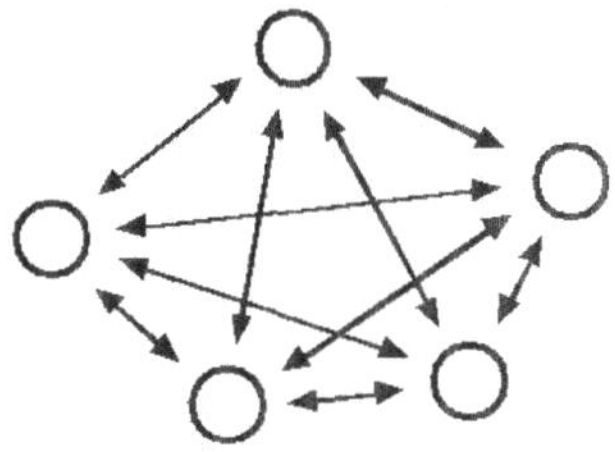

每种决策规则都会对团体行为产生不同的影响。每个成员个体，都会根据自己的行为能以何种程度影响决策，来调整自己参与的质和量。

23

力求全体一致

使用“同意梯级”工具

- “全体一致同意”和“共识”的区别
- 介绍“同意梯级”量表
- 如何使用“同意梯级”量表
- “同意梯级”的实际运用
  - 热忱的支持
  - 温和的支持
- 何时寻求热忱的支持
- 哪种支持程度最合理
- “同意梯级”的实际运用
  - 模棱两可的支持
  - 多数支持少数反对
- 改编“同意梯级”量表
- 团体投票的各种方法

为全体一致而努力

介绍

“全体一致同意”的力量

英语“unanimous”这个词语来源于两个拉丁词汇：unus 指的是“一”，animus 指的是“精神”，合在一起即“全体一致”。达成“全体一致同意”的团体是一个在共同精神下行动的团体。按照这样的理解，全体一致的同意，应该包含着睿智和完美的判断，因为它表达了每个人真实的、正确的想法。就如贵格派教徒所说的那样，该决策说出了每个人的心声。

要实现全体一致同意，就必须得到每个人的认同。这意味着每个人都有一票否决权。所以，任何人觉得自己的利益未得到考虑时，就能够让讨论维持几小时、几周甚至几个月，直到获得一个他认可的解决方案。这种否决力，是“全体一致同意”有力的关键因素。当一个团体承诺要取得“全体一致同意”时，实际上就是团体成员做了这样的承诺：持续讨论直到建立起一个包容性的解决方案，一个把每个人的需要都考虑在内的解决方案。

“全体一致同意”与“共识”

英语“共识”也来源于拉丁词汇。它的词根是“consentire”，是两个拉丁词汇“共同”和“思考及感受”连起来的。“consentire”于是就被翻译成“共同思考和感受”。

“共识”是一个过程，是团体成员在走向决策终点的途中，共同思考和感受的参与式过程。相对而言，全体一致同意，指的是过程结束后的那个决策终点。

贯彻实行“共识决策”的很多团体，在决策的终点，并不是用“全体一致同意”来作为他们决策的基本规则的。例如，Seva 基金会用“全体一致同意减一票”作为共识标准。一些绿党分会用 80%同意作为可接受的标准。然而所有这些团体都把自己看成“共识决策”的忠实践行者。尽管单一成员没有个人否决权，但个人的声音还是行使了重大的影响力，以保证整个团体融入一个真实的、共同思考及感受的过程。

力求全体一致

理想与现实

沉默不代表同意

在一些高风险的、对工作有重大影响的事情上，很多管理者都要求自己的团体保持立场高度一致。在处理这类事情时，管理者常常在会议上声明:“今天，我需要在场所有人的认可与支持。”显然，这些管理者是希望他的团体达成全体一致的同意。

但是，我们再近一点观察，这类会议是如何进行的，就会看到实际上发生的状况:也许在一段时间内，讨论进行得还可以，可是一旦进入团体动荡期，管理者常常感到压力，想赶快完结讨论，做出决定。

为了尽快结束讨论，管理者常常会总结一些关键提案，然后说:“听起来大家都想做这些……和这些……”然后他继续说:“每个人都同意这个提议吗？”很典型地，几秒钟的沉默之后，他继续说:“好吧，我们都同意了，这就是我们接下来要照着做的。现在进入下一个会议环节。”

这真的是全体一致的同意吗？不尽然。事实上，他们并不知道沉默的员工心里究竟是如何想的。

“是”与“否”的问题

全体一致同意，意味着每个人都说“是”，但说“是”不等于就是认为“对，这是一个超棒的主意”，它也可能只意味着“好吧，我持保留态度，只不过具体执行的时候，我会尽力去做”，或者“好吧，尽管我不喜欢这个想法，但希望在别人眼中我是个有团体精神的人，我会顺应多数人意见的”。

此外，说“不”的人实际上是在说:“我需要大家花更多的时间来讨论。”大多数人不太愿意成为那个说“不”的人，因为他们不希望自己因为拖延了讨论而被责怪。

这样，“是”与“否”这种语言的表达就成了基本的问题所在。为了力争全体一致，团体成员需要用一种方法，来精确而真实地表达出自己对某个提案的程度（支持或反对）。

同意梯级

更好的用语

1	2	3	4	5	6	7	8
全心支持	**同意但稍有不同看法**	**支持但有保留**	**弃权**	**需要更多的讨论**	**不喜欢但会支持**	**严重异议**	**反对**
“我真的很喜欢它。”	“不完美，但已经够好了。”	“我可以存异求同。”	“这事和我关系不大。”	“我还不够了解，我没有完全搞懂这事。”	“虽然不好，但我不想拖大家后腿。”	“我不同意，别指望我。”	“我坚决反对这个提案。”

这就是“同意梯级”量表。这个连续性的量表，让团体成员可以对方案表达不同程度的支持。凭借这个工具，团体成员在表达支持时，就不必再局限于“是”与“否”之间了。

山姆：

你好，感谢你在“同意梯级”上的工作，我们把它引入了员工研讨会，在讨论一个项目未来方向这个重要议题上，它使团体取得了重大突破。在这个工具的帮助下，原本异常严重的多级分化，转化为热情的支持。我一直很欣赏这个工具的功效，但是真没想到它在一个相对短暂的时间内，能取得如此戏剧性的突破。

琳达

好评咨询顾问琳达的叙述

一位大学员工请求引导者协助，想解决一个与学科未来发展有关的僵局。和团体成员交谈后，引导者发现大家在基本概念上是认同的，这点令人乐观。但成员间信任度较低，各派关系紧张。主管期望引导者介入，以达成一个全队都能支持的协议。

引导者在白板纸上画了“同意梯级”模板，附上了初步的描述来表达最关键的争议问题。团体对初步的描述做了些修改，以更好地反映出面对的实际问题。每个成员对修改提案都有自己的想法。于是他们在连续的梯级量表上，选择了最能代表自己想法的数字。

对于实际问题，员工们可以进一步详细交流他们的愿望、假设和恐惧。这样的对话使员工有很多机会在重要观点上互相澄清，互相提供相关数据，驱散冰封已久的深度误解。

然后，再要求员工在“梯级量表”上第二次选择符合自己立场的数字。新的一轮数字选择后，显示已经非常接近“一致同意执行提案”了。他们自愿要求执行集体决定的任务，还画出了执行的时间路线图。

原先讨论中的相互为难和彼此干扰行为大为减少，证明了团体的互动质量有了显著的提高。

在成员们自愿认领各项任务，努力推动工作的过程中，团体成员的整体参与度也变得井然有序。

这个过程在以下方面帮到了团体：

- 更好地理解同事们的真实动机和顾虑；
- 对关键术语和条款有了共同的定义；
- 大家认识到，比起以往各路分化造成的思考方式，目前大家的思考模式更趋一致。
- 作为同一个团体，大家共同前进，无须太担心以往的负面阻力和障碍。

“同意梯级”这个工具提供了一个每个人都不失面子的系统框架，由此可以理出一条集体创造的成功之路。

如何使用“同意梯级”量表

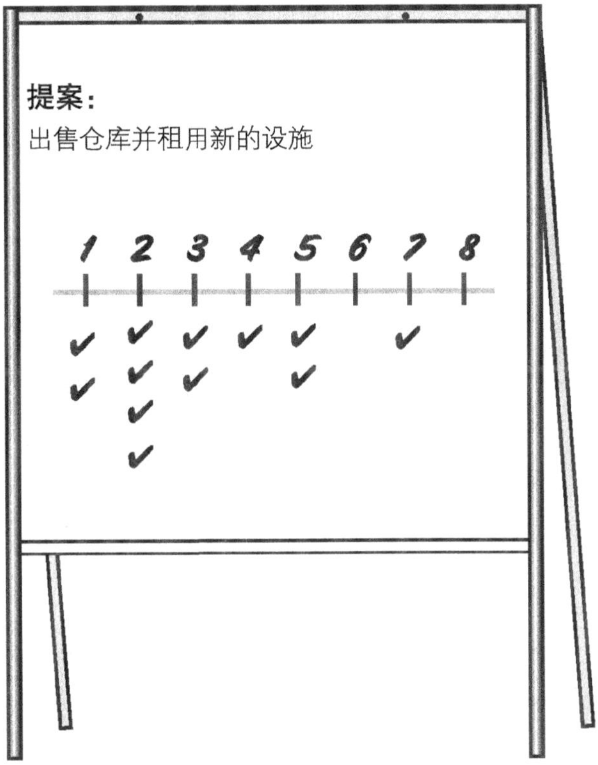

在会议开始前，先把“同意梯级”量表画在白板纸上。有些引导者在会议一开始就让大家看到这张量表，并且征求大家的意见。有些引导者则是等团体准备做决策时，才向大家介绍。

当使用量表做意见调查的时候，请遵循以下步骤：

1．在白板纸上写下讨论中的提案。

2．确定一下，是否每个人都了解了提案。

3．询问是否需要对提案中的用字做最后的修改。

4．在提案下面画一个计分卡，如上图所示。

5．定义一下各个层次（如“1”表示“非常喜欢”）。

6．问大家：“针对这个提案，你们每个人的立场在哪里？”

7．进行调查，在量表上记录每个人的立场。

注意：这个不是投票，只是一个调查。调查结果只是显示提案受到的支持程度。

“同意梯级”量表的实际运用

热忱的支持

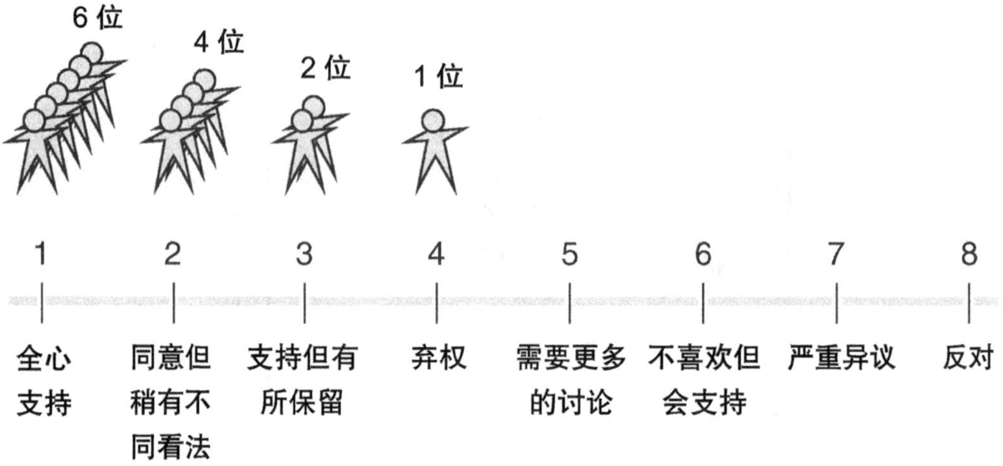

上图描绘了一个 13 人团体的假设性调查结果。调查结果的呈现形式又称为“分布”，显示了大家对此提案高度热忱的支持。

获得支持率如此高的决议，常常执行起来会很成功。毕竟，团体中有 6 位成员全心支持，其他成员也没有落后太多。因此可以推测，这些参与者对自己将创造的结果很重视。

“信服”“视为己任”这些词语，和“热忱支持”有同样的含义。它们表示，当投入能带来高度支持的优质思考流程时，团体能感受到高度的热忱和可靠的承诺。

“同意梯级”量表的实际运用

温和的支持

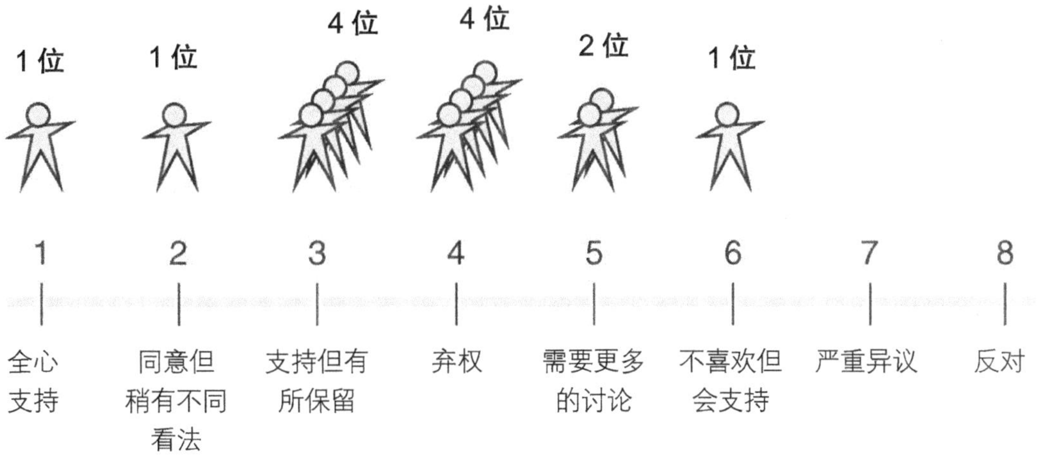

这个图显示了同样的 13 人团体所得出的不同调查结果。这里的成员“分布”显示，大家对提案的热情大为降低，尽管如此，这种分布依然属于“全体一致同意”。没有人否决这个提案，也没有人要阻挠提案的实施。事实上，也完全没出现严重的异议。

很多情况下，这种温和的支持是非常恰当的。例如，当利益相关性较小时，通常不值得花很大精力去推动更高的支持。但在其他情况下，当需要很强的激励和持久的努力才能达到目标时，温和的支持就不足以达成目的。

何时该寻求热忱的支持

整体的重要性

当利益相关性大，项目失败将产生严重后果时，就值得追求热忱的支持；反之，当利益相关性小时，团体可能不想花时间和精力来获得热忱的支持。

影响的时间长短

有些决定一旦实施就无法从头再来 ，如“把总部迁到一个新的城市”这样的决策，就值得多花时间把它做好。而其他一些决策，如“某员工休假两周期间，如何安排替代人员”的决策，其有效期很短，要让这样的决策变得完美无缺，所需耗费的时间，可能会比它的有效期还长。

困难程度

一个问题难以解决的主要因素是其复杂度、模糊度及冲突的严重性。问题越难，团体需要投入的时间和努力就会越多。相反，常规问题就不需要进行这样长时间的讨论。

利益相关者的认可度

当很多人的利益都和某个决策的结果有关时，就比较值得花更多精力，努力把每个人的想法都包括在决策的制定过程中。而当决策只关乎少数人的利益时，决策流程就不需要如此高的包容性。

团体成员的权限

团体成员越是被期待用自己的判断力和创造性去执行一个决策时，他们越需要了解决策背后的逻辑思维。寻求“热忱支持”的过程，能督促大家将目前议题的内在逻辑思考透彻。

哪种程度的支持最理想

当议题有下列特点时，
热忱的支持是必不可少的

当议题有下列特点时，
温和的支持就已足够

“同意梯级”量表的实际运用

模棱两可的支持

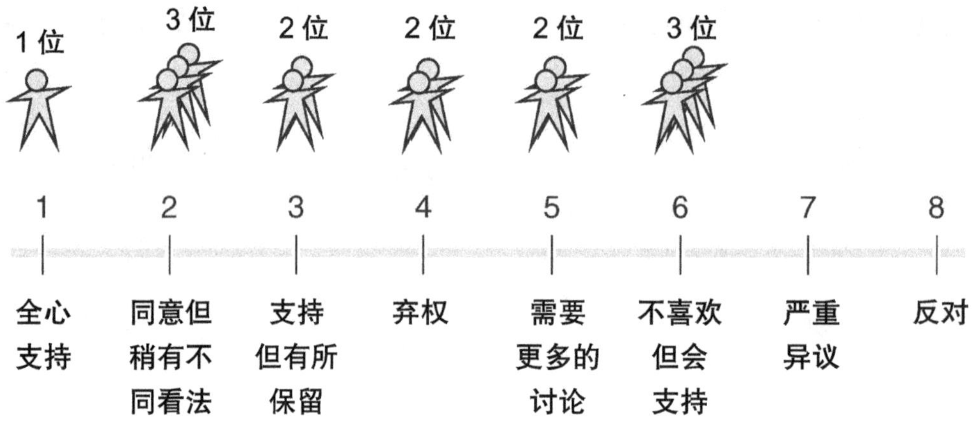

上图描绘了团体成员对提案的支持比较分散。可以肯定这个团体需要更多的讨论。

模棱两可的结果，通常表示原始的问题没有被很好地定义。就像 Michael Doyle 和 David Straus 所说的那样：“‘如果连问题点在哪里’的意见都不统一，就更难得出统一的解决方案了。”

“同意梯级”量表的实际运用

多数支持但少数反对

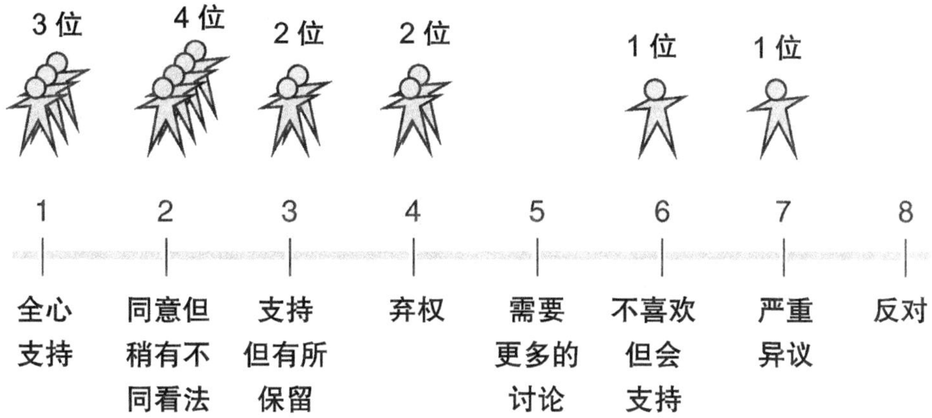

出乎大家意料的是，这种分布在现实中很普遍。出现这种情况时，问题就归结为：究竟是无视个别人的反对，还是大家应该继续努力来处理好这些反对意见。

通常，团体负责人会试图采取折中方案，问提出异议者，什么样的修正能够提升他们的支持度。

但这样做，不是经常有效。这时要看是否需要获取“热忱支持”而定。当某些决策需要每个人的倾力支持时，温和的妥协是不够的。在这种情况下，团体必须继续努力寻找真正具有包容性的解决方案。

改编“同意梯级”量表

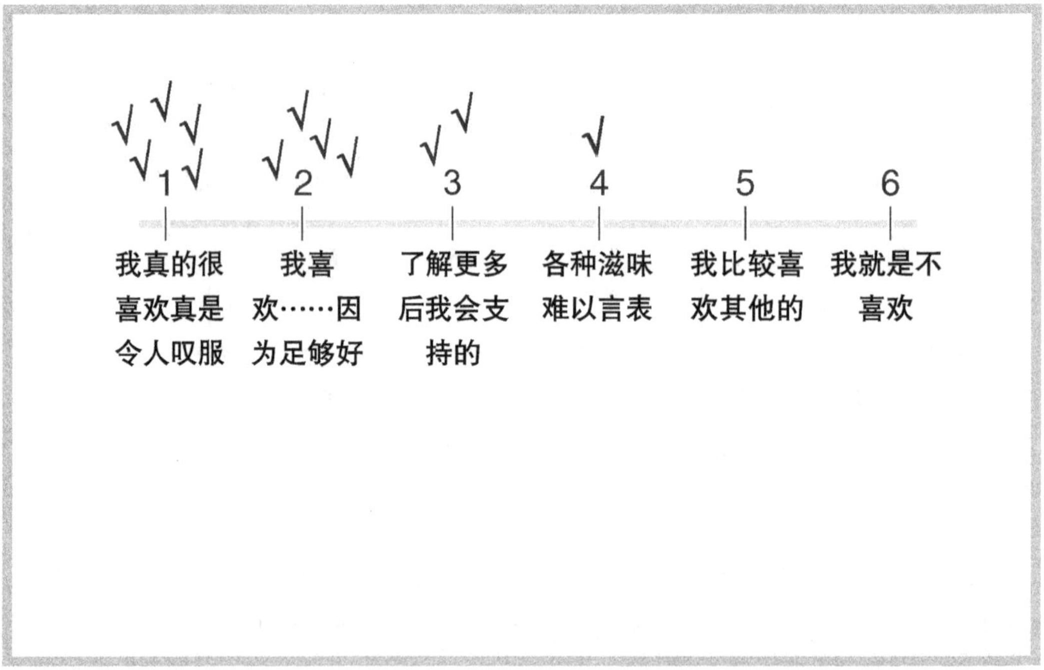

很多团体主管喜欢创造他们自己的“同意梯级”，以符合自己的领导风格或者团体文化。为了协助他们这样做，引导者可以：

1．解释使用“同意梯级”工具的好处；

2．展示通用型量表（就是本章一直在用的）；

3．问他是不是想根据团体的情况定制量表；

4．一旦主管修改了量表，让他向大家展示量表。如果需要，请求大家共同做进一步的修改。

即便团体在开始几次决策时已经使用了通用版的量表，在以后的讨论中主管（或者参与者）也完全可以修改量表。

团体调查的各种方法

向大家说：“如果你的立场是 1，请举手。”在白板上记录数据，然后说：“如果你的立场是 2，请举手。”在每个梯度重复这个步骤。

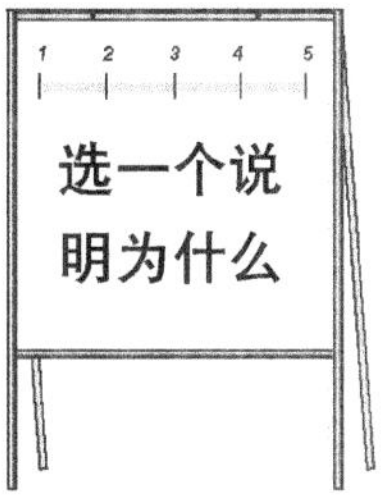

在会议室轮流问每个人，请大家说出自己支持的数字并说明原因。此处不讨论。在白板架上记录每个人偏好的数字。

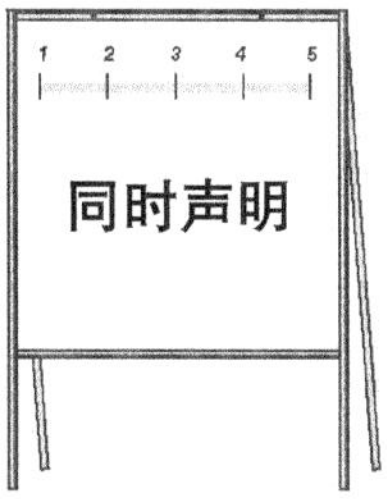

让每个人在纸上写出自己选择的数字。然后，每提示一次，让大家根据提示举牌，在标尺上记录某个数字的总和。

让每个人把自己的偏好数字写在纸片上。都写完后，收集纸片，统计分数。把统计结果发布在白板上。

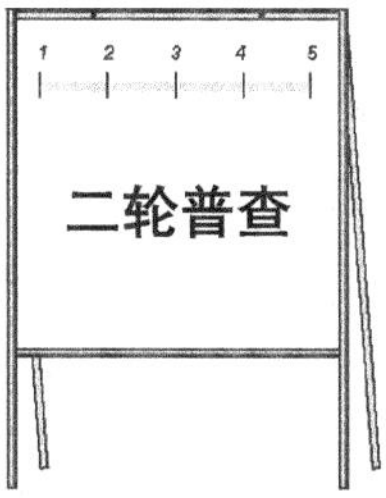

开始前，说明一下，第一次调查后会有一个简短的讨论，然后再做最后一次调查。先用上述任何一种方法收集第一次调查数据。简短的限时讨论后，再开始一次调查。这种方法，让大家在最后决定自己立场之前，有机会看到其他人的立场。

24

逐步完结讨论

运用“职场共同体”发展的流程完结讨论

- 两大难：清晰度与灵活度
- 后设决策及其用法
- 14 个真实案例
- 选出后设决策者的几种做法
- 结束讨论的步骤
- 帮助主管设计决策流程
- 导入决策流程
- 总结

完结讨论
弹性对明确

决策规则：基本的两大难

很多团体在建立清晰的决策规则时会遇到困难。问题常常来源于主管，主管认为没有必要使用单一的决策规则。一位部门管理者说：“有时候，在执行一项计划前，我要团体里的每个人都同意这个计划；而有时，我又不想浪费时间，所以我就自行做了决定。”

从主管的角度来看，无法理解为什么要把决策限制在一个特定的规则中。但是从团体成员的角度看，规则的不确定会让大家产生很大的困惑。

例如，一个软件出版公司的首席运营官主持一个所有部门管理者都参加的月度会议。管理者抱怨会议让人非常沮丧。他们说：“有时候才过 5 分钟，老板便中断了讨论；有时候却放任大家一直讨论个不停；有时候又似乎想让我们认可他早已做好的决定；有时候他又根本不在乎我们的想法；有时候又会叫我们制定出每个细节。这种做法快把我们逼疯了！”

这个例子确实耐人寻味。从该首席运营官的角度看，他的行为绝对符合逻辑：在每个特定的案子中，他独自判断应该给每个议题分配多少讨论时间。 在有些时刻，当利益相关性不大或解决方案显而易见的时候， 他决定以很少的讨论来快速决策。在另一些时刻，当他希望每个人对结果都有主人翁精神的时候，他就让讨论持续，直到获得更好的想法。

问题是他没有事先明确说出自己的理由，团体成员就不明白看似毫无章法的背后有其逻辑性。为了解读他明显的前后不一致性， 成员就会编出这样的故事：他在操控大家，他害怕公司里的人际关系，他缺乏领导能力。

对决策而言，一端是对流程灵活度的需要，另一端是对流程清晰度的需要，以上这个例子清楚地揭示了这两端之间的角力。主管觉得一个清晰、不可变的决策规则将妨碍自己对时间分配的灵活判断；但放任决策规则的模糊同样不可行，它使得成员不清楚何时该坚定参与，何时该被动聆听。

完结讨论

后设决策★

讨论进行到停顿点

选择 A

主管决定，讨论已经够充分了。他觉得已经做好了充分准备，可以通过做出最后的决策来完结此议题。

选择 B

主管决定，如此重要的事宜仍需三思，他要团体继续讨论。

上图显示出一个团体总是会碰到的情形：实际上任何一场讨论到了某个特定时间点，主管都不得不做出决定：是否应该结束讨论并做出决策？

对于大多数做主管的人而言，直观上，这种情形显而易见。他们可以识别这种情况，因为每天都会碰到。但对于其他参与者，这种情况就不是那么显而易见了。他们常常不知道如何解读当下的情形。由于有这样的困惑，他们可能会感到挫败、生气、消极， 就像上页提及的那个例子一样。

幸运的是，要减少主管的观点与其他成员观点间的不对称，是很容易的。解决之道就是让大家明白主管正在做什么、想什么。例如，你可以展现一个像上面一样的图表，解释一下几个选择。当选择点很清晰的时候，困惑也就消除了。

★“后设”原文为 Meta，来自希腊文，意为“……之上”或“关于……”。做一个关于“是否要决定”的决策，就称为“做一个后设决策”，或者“决策之决策”。

三种后设决策

Doyle 和 Straus 退回法

新主题被导入后，主管为达成“全体一致同意”设定一个时间限制。时间一到，主管就做出后设决策：要么大家结束讨论，做出一个最终决策；要么大家约定一个新的限定时间段，重新开始讨论。

Caroline Estes 的用投票决定“是否要投票”法

在没有主管的团体中，也一样有需要后设决策的情形。例如，以“全体一致同意”作为决策规则的美国绿党，有一种后设决策，允许决策规则从“全体一致同意”切换至“以多数选票为准”。这个后设决策叫作“用投票决定是否投票”，是“大团体共识决策”领域的全国领先专家 Caroline Estes 倡导的。

绿党修改这个流程如下：任何成员都可以发起一次“即刻投票”以完结讨论，以确定是否把决策规则从“全体一致同意”切换到“以多数选票为准”。如果 80%的选票同意切换，讨论就结束，团体转换到“以多数选票为准”的规则来决定目前的提案，如果同意切换的选票少于 80%，则保留“全体一致同意”的规则，继续讨论。

Sam Kaner 的后设决策法

这个流程如下页所示。它的主要假设是：调查可以帮助团体从后设决策的运用中获得最大利益。

在有主管的团体中，主管在决策前用“同意梯级”量表做调查，大有益处。如果他发现团体给予了足够的支持，他就有信心做出易于执行的决策。然而，如果提案缺乏足够的支持，他可以重开讨论。

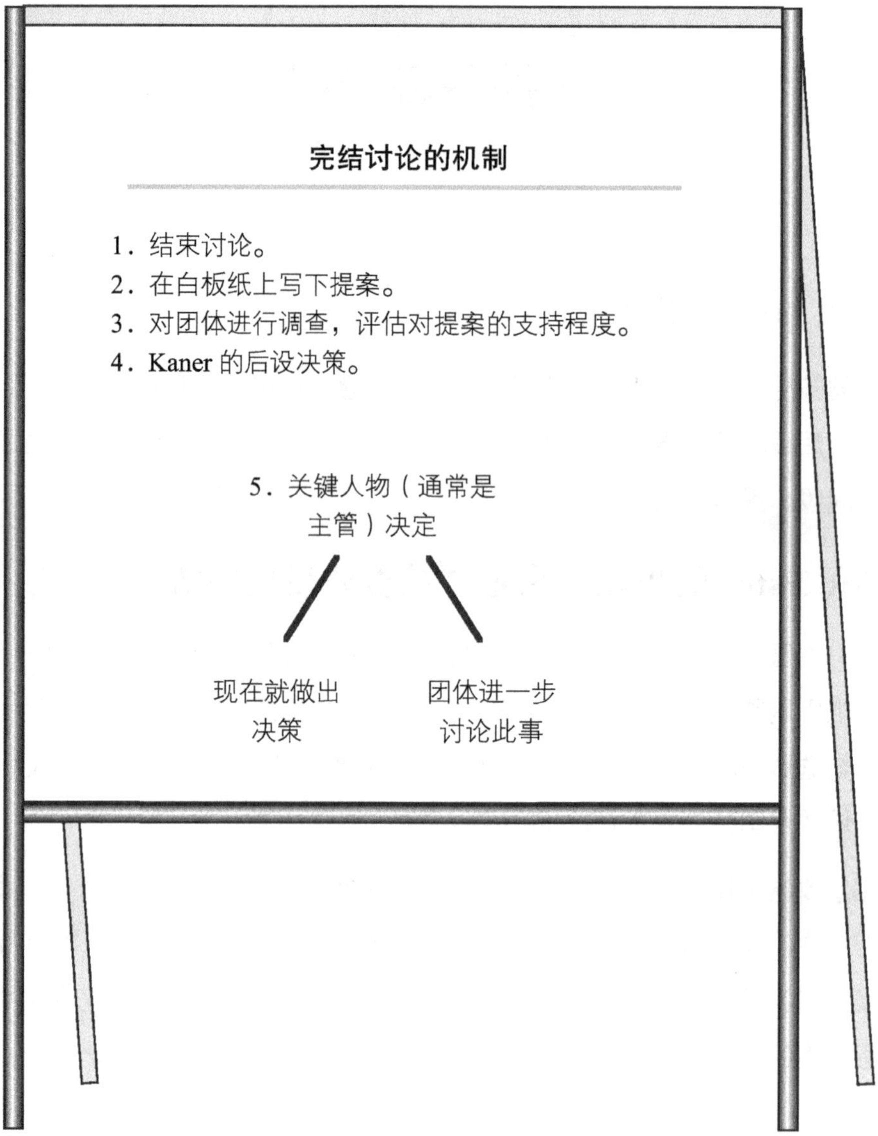

这就是“职场共同体”完结讨论的机制。

它帮助团体快捷地做出简单的决策。当利益相关性很高时，它也能支持团体通过充足的讨论来得出更好的决策。

无论所在组织是不是有很重的官僚作风，它都能为团体提供“参与式决策”带来的好处。

我们鼓励所有使用这个流程的团体对其进行适当修改，以使该流程更符合各自的环境条件。

Kaner 的后设决策

真实案例

VISA 国际组织
全球登录技术

1. 任何人都可以提议完结讨论。一旦提议，团体就开始投票，如果出现异议，主管再决定是否结束讨论。
2. 写下提案，以澄清提案。
3. 使用“同意梯级”量表进行调查。
4. 如果无人否决，主管便决定
   - 同意度已够，可以正式决策了
   - 团体应该进一步讨论此事

加州 Alameda 县行为健康医疗服务 A.C.S.C. 经理会议

1. 征得团体同意，任何人可以提议完结讨论。
2. 写下内容，以澄清提案细节。
3. 用“同意梯级”量表调查团体，以评估支持度。
4. Michael 或者“主管”（TBD）做后设决策
   - 他将做出决策
   - 团体将继续讨论该议题

Charles Schwab 公司零售员业绩支持

1. 澄清使用的决策规则。如果使用后设决策流程，先明确“后设决策”的决策人，然后按以下流程进行。
2. 任何人都可以提议完结讨论。
3. 任何人都可以提供提案。如果有人不清楚，澄清提案。
4. 对团体进行调查，任何人都可以否决。
5. 后设决策者决定
   - 他现在做出决策
   - 团体应该继续讨论该议题

Kaner 的后设决策

支持真实案例

Marshall 医疗中心

1. 任何人可以提议完结讨论，然后会议主席决定是否结束讨论。
2. 团体中任何人都可以提出提案，然后写下来。
3. 用提问和“善意修改”澄清提案。
4. 用“同意梯级”量表做调查。

5. 主席决定

按照提案进行

议题需要进一步讨论

放弃提案

好客度评估财务服务

1. 分辨议题是团体的议题，还是主管决策。如果是团体的议题，按如下程序进行。
2. 澄清提案。
3. 对团体进行调查。

4. 主管决定

他将做出决策

团体将继续讨论该议题

5. 按照步骤 4 的决策进行。
6. 主管做出决策之后，欢迎大家给予反馈。

Watsonville 健康家庭合作项目

1. 每次开会都挑选一位调查评估员。
2. 任何人都可以提议完结讨论。
3. 澄清提案，写下来。
4. 用“同意梯级”量表对团体进行调查。在场的每位成员或机构代表都可以参与。

5. 如果没有人否决，调查评估员决定

调查结果足以支持做出最后决策

我们需要进一步讨论

6. 如果 3 轮讨论之后还不能最后决策，就把决策规则切换到“以多数选票为准”，每个机构拥有一张选票。

Kaner 的后设决策

真实案例

San Lorenzo 学区设施规划团体

1. 任何人都可以提议完结讨论。
2. 澄清提案
3. 采用“同意梯级量表”，用举卡片的方式表达每个人的支持倾向度。
4. 主管评估是否有足够的支持度来做最后决策
   - 如果是，就是最终决策
   - 如果不是，继续讨论，让成员说出不支持的地方，提出修改意见

Hollister 学区策略规划小组

1. 发起完结讨论的要求。
2. 澄清提案。
3. 调查大家的偏好。
4. 问大家：“目前支持度够吗？”
   - 不够：重回讨论，目的是修改提案以获得更高的支持度(最多进行 3 轮的讨论，然后最终决策)
   - 够了：定下决策，如果“5”的标尺下有一票否决，提案就不能通过

Santa Cruz 花园学校

1. 完结讨论：
   - 任何人都可以提出终止讨论；
   - 需要第二个人和第三个人附议；
   - 给出时间让没有发过言而又想发言的人发表看法。
2. 产生或者澄清提案。
3. 团体调查。
4. 后设决策：主管决定
   - 他现在将做出决策
   - 团体应该继续讨论该议题

Kaner 的后设决策

真实案例

城市策略委员会领导力技能小组

1. 提出要求，完结讨论。
2. 澄清提案。
3. 通过调查了解共识度。

4. 后设决策者（每次会议大家轮流担任）决定

支持度已经足够，可以正式决策了

支持度不够，不足以决策，重新讨论

Marin 县青年倡导会

1. 用全体一致同意的规则决定是否完结讨论。
2. 收集提案。
3. 调查哪些提案最受欢迎。

4. 主管决定

主管现在可以做出决策

团体应该继续讨论

流程主持人（各次会议大家轮流的）将做出决策

5. 按照步骤 4 继续进行。

Larkin 街青年服务处

1. 收集提案。
2. 投票选择备选方案。
3. 限时达成全体一致的同意：
   - 限定所用时间；
   - 时间一到就停止。

4. 主管决定

他现在将做出决策

团体应该继续讨论该议题

Kaner 的后设决策

居然还有更多的真实案例

独立自然食品零售者合作社

1. 提出了一个提案，同时有人附议。
2. 询问是否有进一步的问题，澄清、讨论。
3. 考虑善意的修改。
4. 用 5 点“同意梯级量表”测试同意程度。
   - 如果量表上没有 4 或者 5 点，平均点数小于等于 2，则跳到步骤 6
   - 如果量表上有 4 或 5，平均点数大于等于 2，重回讨论
5. 如果需要更多讨论，则重复步骤 1～4。
   - 如果平均点数小于等于 2，到第 6 步
   - 如果平均点数还是大于等于 2，向那些选择 3，4，5 的人征询最后一次意见，然后到第 6 步
6. 做最后一次赞成或反对的投票。

Santa Cruz 禅修中心理事会

1. 提出请求，完结讨论。
2. 澄清提案。
3. 用“同意梯级量表”调查各人偏好。
4. 总裁决定
   - 支持度足够，可以决策了
   - 团体应该进一步讨论此事
5. 如果在 3 次会议中已经讨论过 3 轮，仍然没有达成共识，而且 2/3 的在场理事希望投票表决，则采用投票表决的规则。
6. 要想通过提案，至少需要 2/3 的选票。参与过所有 3 次会议的成员才有资格投票。

后设决策者的任务，就是决定是否需要进一步讨论提案。后设决策者这个角色，可以用上述方法中的某一个来进行指派。

团体可以运用上述流程中的任何一个来完结讨论。一旦选定了你偏爱的那个流程，就要前后保持一致，这样每个人都会知道如何更有效地安排自己的参与时间。

帮助主管设计决策流程

1. 写一张“完结讨论的流程”白板纸给主管看，并大声念出来。告诉他，你将解释每个步骤的机制和原理，从步骤 4“Kaner 的后设决策”开始。
2. 说明后设决策的运用方法。解释“热忱的支持”和“温和的支持”有什么不同。问主管:“在什么情况下，你觉得温和的支持已经足够了？在什么情况下，哪怕要重新开启讨论，你也要获得更多的支持？”
3. 介绍“同意梯级”量表，解释一下调查程序的运作方式。在量表上贴几个圆点以示范结果。解释一下，量表上的标志或圆点没有特殊神圣的意义，大多数的团体都会对其进行改版，以符合各自的团体文化。
4. 简要解释一下为什么完结讨论需要一个规则。举例说明团体“完结讨论”的几种不同方法。见上页“完结讨论的常用方法”。
5. 简要说明把提案写在白板纸上的好处。

   强调一下，第一张草稿不需要很完美。在调查前，大家可能会再做一些调整。
6. 邀请并鼓励客户按需修改整个流程的任何一步或全部。

   确认主管对修改后的后设决策完全满意。
7. 计划一下，如何把修改好的流程呈现给团体。鼓励主管预期（甚至是希望）成员进一步修改他们自己的流程。

导入决策流程

1. 设定框架

主管：告诉团体成员你将展示一个关于决策流程的提议。解释一下，你希望大家根据实际需要修改提议，直到适合团体所需。然后概述一下核准程序。

2. 展示你的提议

主管：向团体完整展示你提议的决策流程。使用白板纸，这样修改起来更方便。

3. 讨论每个步骤

引导者：描述“同意梯级”量表，解释调查过程的运作方式。然后解释后设决策的概念，引导团体对每一步骤的讨论。在白板纸上记录所有的修改建议。

4. 修改并批准

引导者：让团体根据提议的流程结束讨论。然后调查，以确定对每个修改建议的支持度。根据需要让主管做出后设决策。通常会考虑几个修改建议，那么就每次针对一个建议来一轮全部步骤，重复这个过程直到每个建议被采纳或被否决。最后再做一次调查，以确定对修改后的最终版本的支持度。

进入完结期

总结

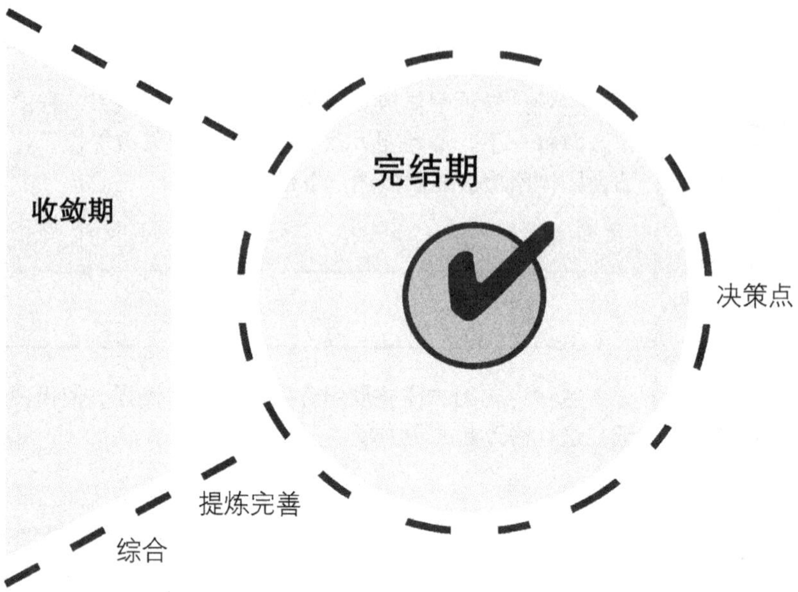

完结期可视为决策的最后阶段，它包含了 4 个不同的步骤：

1．结束讨论；

2．在白板纸上写出提案；

3．对团体成员进行调查；

4．用团体决策规则达成最终决策。

有时候上述步骤可以用快捷而不拘形式的方式进行，无须明显的流程形式，如当有人提出了一个人人都觉得很棒的解决方案时。

但是长远来看，基于本章讨论的所有理由，一个清晰、正式的决策规则对团体大有益处，哪怕偶尔用一下也很有好处。建议引导者好好学习本章的原理。任何人，如想帮助团体建立可持续的决议，懂得怎样进入完结期是十分有必要的。

25

引导可持续的共识

本书主要观点的总结和整合

- 总览
- 发散期
- 动荡期
- 收敛期
- 讨论完结期
- 最后回顾一次引导者的角色

引导可持续的共识

介绍

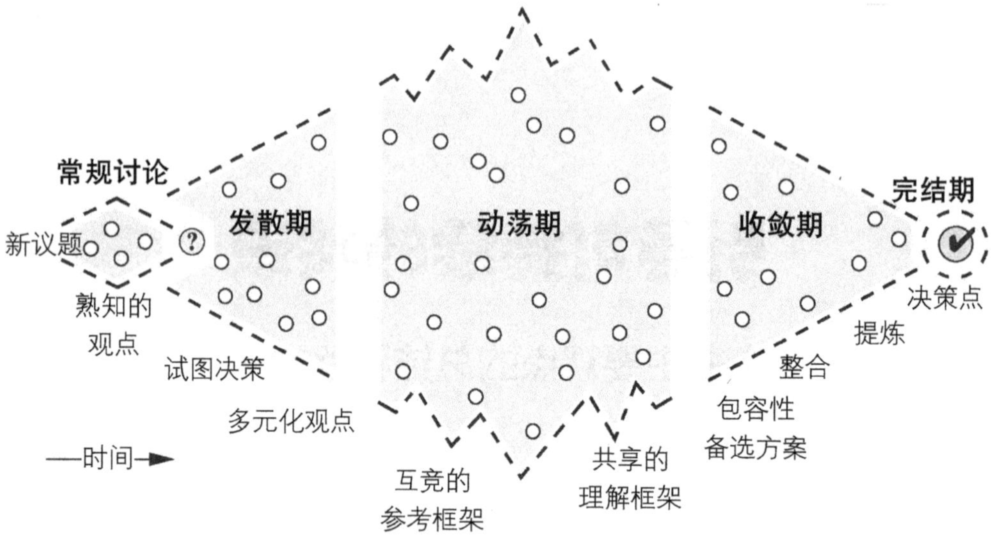

可持续的共识不是靠大家的灵光乍现或心血来潮，而是慢慢孵化而成的，它需要大家花费时间和精力来建立互相理解的共享框架。在过程的不同节点，团体需要不同类型的支持。了解这一点的引导者会根据团体的当下情况，灵活应用各种技巧来匹配团体需求。

下面几页内容，回顾了参与式决策的钻石模型。每页总结了钻石模型某个区域的重要内容，并把重点放在引导者最关注的点上。

引导可持续的共识

常规讨论

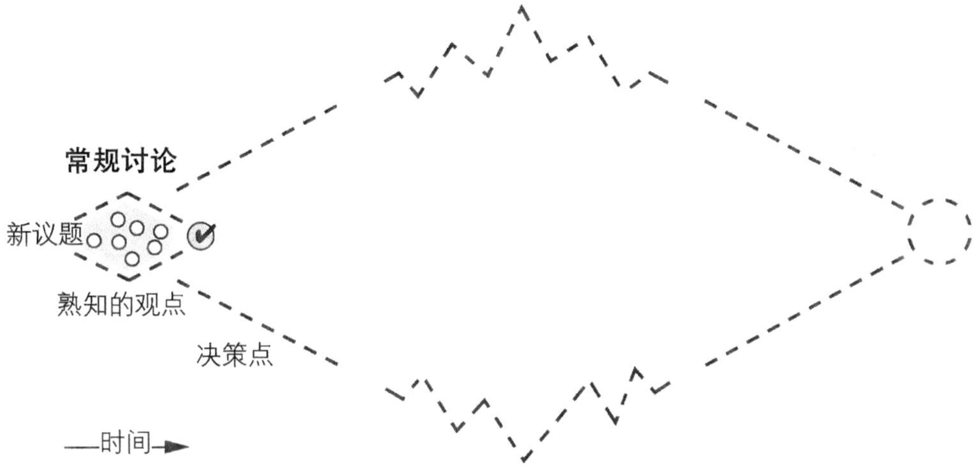

通常在讨论中，当一个新的主题到来时，大家首先会对明显的问题提出显而易见的解决方案。这时的成员的情绪和讨论的氛围通常很友善，但也很表面。人们会克制自己不要乱说，以免使自己陷入被“围攻”的局面。如果一个想法看起来可行，常常就会引向一个快速达成的共同决定。人们会说：“这听起来不错。”这时，引导者的主要任务是关注每个人的参与质量。每个人对讨论都很投入吗？每个人都能自由地发表想法吗？ 如果是，那就太好了！于是引导者就可总结想法，然后帮助团体快速达成共同决议。

但假如某些人迟疑不决呢？“我确实还有疑问，只是不想挡大家的道。”这时，引导者就要帮助团体看到这种言论背后的含义。也就是说，更多的讨论对团体是有好处的。然后，引导者就可以帮助他们突破常规想法的狭隘区域，把讨论推向发散期。

引导可持续的共识

发散期

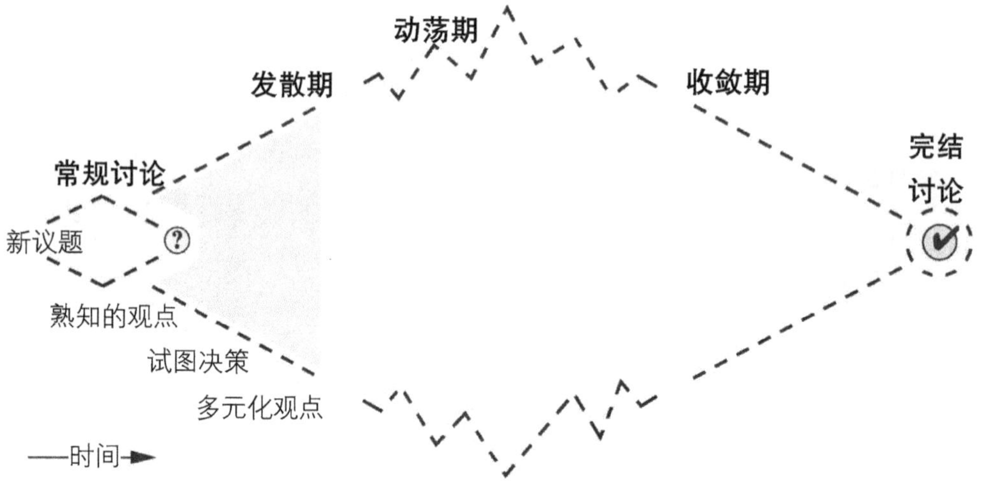

引导者带领团体从常规讨论进入发散期后，团体情绪的变化将是戏剧性的。常规讨论乏味僵化，人们过于审视自己而不敢冒险，怕自己处于被批评的尴尬状态。相反在发散期，笑声和嬉闹是发散期常见的，还包括好奇心及探索欲。(“哇！”一个成员会对另一个说，“这是你的想法吗？我居然一点都不知道！”)

是什么造就了如此不同的反应？总体来说，答案就是“悬挂判断”的态度。

“悬挂判断”是引导者能教给团体最重要的思考技能之一。通过类似头脑风暴和轮流发言这些形式，引导者使团体有机会体验“悬挂判断”。通过传授“悬挂判断”，通过无时不在的言传身教，一位尊重他人、支持他人的引导者能够创造一个放松、开放的氛围，允许大家畅所欲言，而发散式思考的本质就在于此。

引导可持续的共识

动荡期的痛苦

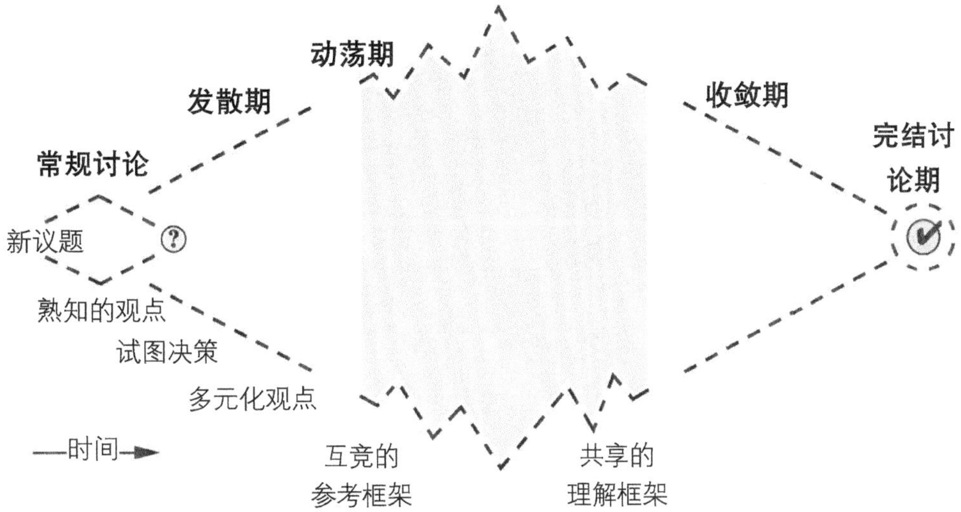

一旦大家发表了一些发散的不同观点后，团体就进入了一个两难境地。大家常常不能很清楚地了解对方的观点，但要解决问题，首先就得互相了解。这是团体工作中最根本的难题之一。

即使团体成员之间相处和睦，动荡期依然是令人痛苦不堪的。人们不得不在陌生概念和异样偏见中纠结角力，不得不试着去理解别人观点背后的理由，哪怕自己并不赞成这种理由引出的结论。

雪上加霜的是，很多人面对这类压力反应迟钝，毫无章法。在压力状态下，一些人的讨论偏离焦点，漫无边际，另一些人则变得急躁无礼。一些人觉得被误解而无休止地重复观点，另一些人则变得毫无耐心，对一切都点头赞成："让我们快点结束吧，就现在！"

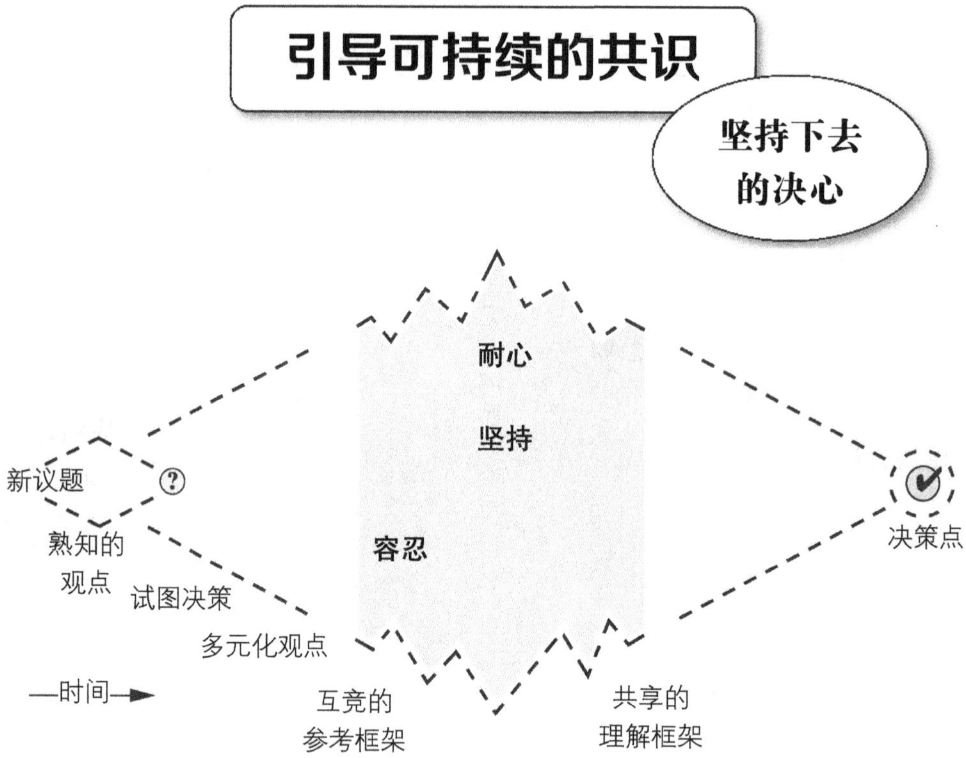

很多引导者，尤其是新手，认为自己的任务是让大家避开动荡期的痛苦和挫败感，但这是不正确的。如果要让团体避开动荡期，只有一条途径，那就是让大家避开有压力的、艰难而又必需的辛勤努力，而这种努力又恰恰是建立相互理解的共享框架所必不可少的。

那么在动荡期，引导者的任务是什么呢？基本的任务就是在那里坚持，在团体成员非常努力而又纠结地争取互相理解的时候，保持对团体的支持。支持他们在困难中坚守，支持他们不要放弃，不要分心。

引导者的坚韧来源于“以客户为中心”的态度。也是基于这样一种信念：“只要大家不放弃努力，解决当前问题的智慧总会从团体中浮现。”正是这种态度，让引导者能够忍受过程中的阵痛，而正是这个过程，让团体获得了真正的互信合作。

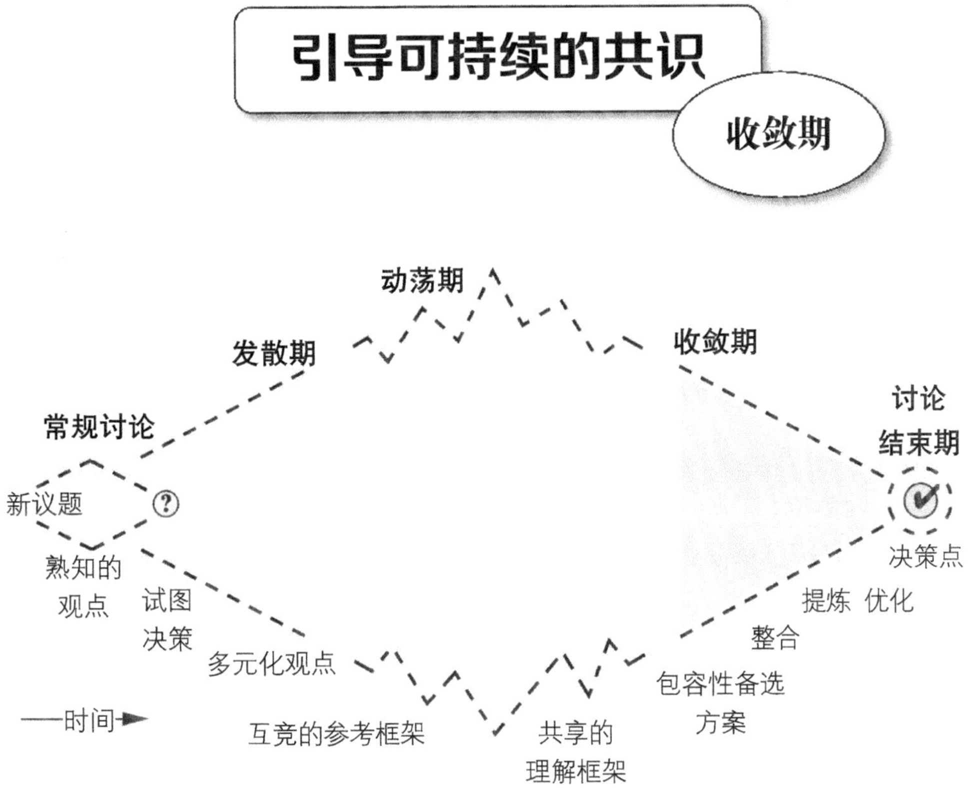

一旦团体逐渐建立了互相理解的共享框架，思考过程也就变得快速、流畅和容易，讨论的节奏也会加快。大家会说："终于，我们自己解决了一些问题！"这期间，大家自信满满，准时到会，一直待到会议结束才离开。

寻求包容性解决方案的体验让人振奋并鼓舞人心。大家惊喜地发现，原来彼此可以这么好地互相理解。于是成员们把团队看成一个团体。多年以后，很多人依然会记得这充满喜悦的一幕。

在团体的这个工作阶段，引导者担当着双重角色：有时候教导大家，有时候则退居一旁。很关键的一点是引导者要教会参与者如何把"非此即彼的结论"转化为"二者兼顾"的解决方案。常常有这种情况发生：引导者是现场唯一一个认为"双赢"思考可行的人。但更多的时候，引导者只需写写白板纸，管控时间就可以了。如果是这样，那么引导者应该感到开心，因为这意味着引导正走在成功的轨道上。

引导可持续的共识

完成讨论的体验

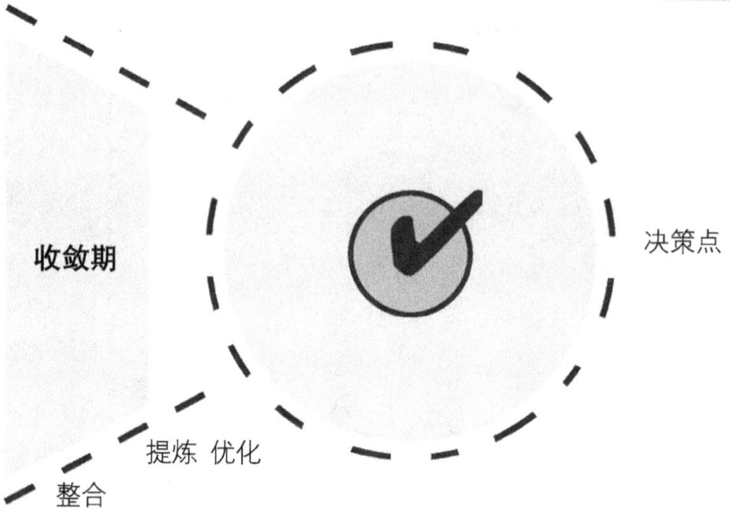

在讨论的完结期，大多数人都很专注。他们几乎留意每个建议，大多数建议简明扼要而又非常到位。

当然，只有当团体明白决策将会如何获得时，这样的体验才会发生。当团体不是很清楚地知道他们将如何走向决策终点的时候，引导者必须尽快寻找机会帮助成员厘清他们的决策规则。

团体应是掌握“引向讨论完结区”的各种工具。如“同意梯级”量表能帮助成员领悟每个人对该提案的真实支持度；“后设决策”的流程，使团体可以根据不同的环境选择不同的决策规则。

总而言之，如果掌握了“迈向决策终点”的原理和机制，整个团体的能力将得到飞速提高。

引导可持续的共识

引导者的四个功能

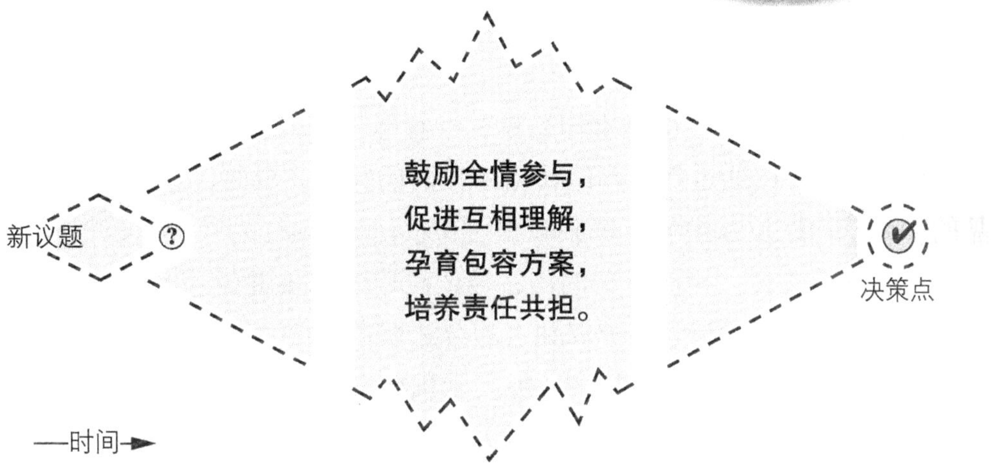

引导者的使命，是支持大家做出质量最佳的思考。上述四大功能，是达成这个使命的指导原则。

参与式决策的核心价值蕴含于四大功能之内，它们是团体引导工作的基础。它们既强化了个人，也强化了整个团体，使得团体能触及成员间深层的集体智慧，从而发展出睿智、理性、可持续的共同决议。

做引导的时候，我们自己就处于这个“参与式核心价值”的传播体系。我们体现了这种价值，表达了这种价值，也演绎了这种价值。因此，我们是火种的保有者，是“引导学”的倡导者、教育者、助产士，能够针对世界上最棘手的问题顺利孕育出包容性的解决方案。

反侵权盗版声明